U0670528

大学生
入学教育

主　编　高　亮　罗　平

副主编　蒲虹宇　朱　李　黄　丹

吴蓝岚　范小庆

DA XUESHENG

RUXUE JIAOYU

重庆大学出版社

图书在版编目（CIP）数据

大学生入学教育 / 高亮, 罗平主编. -- 重庆：重庆大学出版社, 2024.9. -- ISBN 978-7-5689-4768-8

I. G645.5

中国国家版本馆CIP数据核字第2024FD0280号

大学生入学教育

主　编　高　亮　罗　平

副主编　蒲虹宇　朱　李　黄　丹

吴蓝岚　范小庆

责任编辑：夏　宇　　版式设计：夏　宇

责任校对：谢　芳　　责任印制：邱　瑶

*

重庆大学出版社出版发行

出版人：陈晓阳

社址：重庆市沙坪坝区大学城西路21号

邮编：401331

电话：（023）88617190　88617185（中小学）

传真：（023）88617186　88617166

网址：http：//www.cqup.com.cn

邮箱：fxk@cqup.com.cn（营销中心）

全国新华书店经销

重庆正文印务有限公司印刷

*

开本：720mm×1020mm　1/16　印张：14.75　字数：283千

2024年9月第1版　　2024年9月第1次印刷

ISBN 978-7-5689-4768-8　定价：44.80元

前　言

　　大学新生入学教育是学生迈入大学校园的第一课，也是高校学生思想政治教育的一个重要组成部分，是引导新生适应大学生活的关键环节。针对大学新生的特点，有计划地组织一系列教育，直接影响到大学生涯的学习、心理健康和以后的成长成才。大学生要在大学这个广阔平台上丰富知识、拼搏进取，在不断学习中遇见更好的自己，在不断进步中沉淀出更优秀的自己。然而，刚进入大学的新生会面临困惑、迷茫，甚至是煎熬，为了引导大学新生尽快适应大学生活，养成良好的行为习惯，树立明确的目标，顺利完成大学学业，特编写本书。

　　本书从西南财经大学天府学院学生的实际出发，了解到大学新生从迈入大学校门开始，就会遇到一些挫折与挑战，包括以下几个方面：首先进入校园，到了一个陌生的环境，很多事物都是新鲜的，不仅需要处理好人际关系，生活习惯也可能发生变化，要在心理上适应大学环境；其次，大学是追求自由、自主、自发的学习，大学新生如何在学习方法上完成从高中到大学的转变，如何树立正确的学习观，如何以职业生涯为导向明确学习目标、改善学习方法，规划大学生生活等都是新生要面临的问题。最后在进入大学后，加强对学生的社会实践教育，坚持实践育人，引导学生在实践服务中成长成才。本书从认识大学、大学学习、校规校纪、当代大学生应具备的品质、大学生身心健康、大学生职业规划等方面系统阐述了大学新生入学教育的内容和要求，旨在为他们提供一些有参考价值的信息和建议，提升他们的人文素养，为将来立足社会打下深厚的根基。

　　参与本书编写工作的都是西南财经大学天府学院从事入学教育、心理学教育、职业生涯规划教育的一线老师，他们贴近学生、了解学生、教育教学经验丰富。本书由高亮负责书稿的总体策划和定稿工作，罗平承担该教材的提纲审定、内容设计编校工作，具体编写分工如下：吴蓝岚编写绪论和第一章，范小庆编写第二章，黄丹编写第三章和第六章，蒲虹宇编写第四章和第五章，朱李编写第七章和第八章。

本书是西南财经大学天府学院实践教学的一次探索，由于编者经验不足、水平有限，书中疏漏之处在所难免，恳请广大读者批评指正。

编　者

2024 年 5 月

目　录

第一篇

走 进 大 学

绪 论

📖 本章导读

狄更斯在《双城记》的开篇写道:

这是一个最好的时代,

这是一个最坏的时代;

这是一个智慧的年代,

这是一个愚蠢的年代;

这是一个信仰的时期,

这是一个怀疑的时期;

这是一个光明的季节,

这是一个黑暗的季节;

这是希望之春,

这是失望之冬;

人们面前应有尽有,

人们面前一无所有;

人们正踏上天堂之路,

人们正走向地狱之门。

这样的开篇叙事同样适合描绘大学生涯、梦想与现实的距离、选择与前途的关系。在大学这个舞台上,每位学生都扮演着既相似又独特的角色。他们的共通之处在于都是身份平等的学习者,专注于科学与人文知识的进修。每个人的大学之旅都独一无二,各自的院校、环境和成长轨迹也各不相同。即使置身于同样的环境,也会有不同的发展。有的学生在大学期间可能就满足于应付过关，仅仅为了那一张文凭；有的学生则沉浸在知识的海洋，自由探索，他们所学的知识远超课本，涵盖了人生哲理和实践智慧，为将来的生活铺筑坚实的基石。所以，一个良好的开端对于即将踏入大学校园的学生来说是至关重要的，理解大学如何帮助你实现梦想，并为之做好准备同样是非常重要的。迈出正确的第一步，有助于你的人生道路走得更加稳健、顺畅，有助于将自己培养成一个全面发展的个体，为迈向光明未来提供充足的保障。

第一节　大学带给你的成长

寒暑易节，岁月更替！历经十余年的寒窗苦读，众多学生终于实现了自己的大学梦想。但是，每个已实现的梦想都是新梦想的开端，高考的终点也是大学生活的起点。在未来的学习旅程中，如何在短暂而又漫长的一千四百多天里，充实地度过每一天，并且坚定地迈出每一步，达成每一个阶段性的目标，直至梦想的彼岸，这对于每位刚踏入大学校园的学子来说都是极其关键的。正如作家柳青所说："人生的道路虽然漫长，但紧要处常常只有几步，特别是当人年轻的时候。"而大学就是其中最为关键的一步。

一、你能给自己带来什么

大学能给你带来什么？在深入思考这个问题之前，我们似乎更应先问问自己：准备在大学里如何塑造自己？

迈入大学校园的你，正值青春年华，生气勃勃。在古代，男子年满20岁举行冠礼标志着步入成人之列；在现代，年满18周岁就意味着法定成年。因此，进入大学深造从某种意义上也被视为一种现代的成年礼。注意，这里提到的"成年"，承载着多层次的含义。

（一）成为一个独立思考的人

随着移动互联网的快速普及，信息获取比之前任何时代都要更加快捷。连上网络，搜索关键字，你就几乎能够获知你想要的所有信息。但是，长期接受大量的碎片化信息并不能提升个体的思维方式和思考能力，反而容易让人习惯拿来主义，患上惰性思维症。正如斯泰宾在《有效思维》中所说，在复杂、多变的事情面前，人们在简单、现成的语言中找到了方便的解答，感觉到了把握形势的力量。久而久之容易养成一种习惯，习惯于接受一些可以免除他们思考之劳的简明论断。

培养独立思考的精神，对于大学生来说非常重要。独立精神是现代精神的核心，是现代人的根本标志。如果一个人依附于他人，时时、处处、事事与他人一模一样，亦步亦趋，那就相当于他人的精神奴隶，在学习和事业上就不太可能有所开拓和创新。爱因斯坦说："想象力比知识更重要，因为知识是有限的，而想象力概括着世界上的一切。"时代在不断发展，社会需要多样化，需要创造力。大学本是崇尚自由的殿堂，我们不能在自由的外围强加一堵围墙，作茧自缚。作为新时代青年，要勇于冲破思想的束缚，敢于去想，善于独立思考。

蔡元培先生曾说过，"思想自由，兼容并包"，大学的性质在于研究学问，大学是"囊括大典，网罗众家"的学府，应该广集人才，包容各种学术和思想流派，引导他们相互证明，自由发展。只有在"百家争鸣"的自由氛围下，才能够激发出更强的创造力，才能够有力地推动社会进步，推动时代发展。《礼记·中庸》曰："博学之，审问之，慎思之，明辨之，笃行之。"其中，"慎思"就深刻地阐释了思考的力量。这种力量还有一个体现，就是著名的雕塑作品《思想者》，这座雕塑所塑造的人物没有花里胡哨的装饰，唯一有的就是一个托腮凝思的动作，正是这种思考的力量赋予了它新的生命，使它在艺术的长河中熠熠生辉，向我们展示思考的魅力。

青年是新时代的生力军，是民族复兴的中坚力量。古语云，"任重而道远"，虽然在这条道路上奔跑的你生命是有限的，但思想永无止境。我们要学会独立思考，坚持独立思考，让独立思考成为一种生活习惯。不唯书，尽信书不如无书；不唯师，吾爱吾师，吾更爱真理。

（二）成为一个自主学习的人

大学和中学最大的不同，大概就是学习了。英国哲学家怀特海曾说："在中学阶段，学生伏案学习；在大学里，他应该站起来，四面瞭望。"中学的学习往往以应试为核心，学生通常处于接受者的角色，依赖教师的引导和外界的驱使，一切遵循既定的程序。相比之下，大学的学习则强调自主性，在这里学生成为学习的中心，要求整合通识与专业知识，自发地进行学习，目的是形成独立的思考和广阔的视野。

在大学，辅导员和教师提供学习支持，但由于教育模式的转变，他们更多地提供学习资源而非直接指导。如何利用这些资源，学或不学，做什么或不做什么，全在于学生自己的抉择，没有人会持续地监督和催促。绝大多数学生认为，上了大学就轻松了，不仅没有像高中那样繁重的课业，也没有老师的唠叨、父母的啰嗦，这是非常错误的认识。拿破仑曾说："你有一天将遭遇的灾祸是你某一段时间疏懒的报应。"一学期过去，睡觉成了主修课，游戏成了专业课，对于专业知识一问三不知，一考试就不及格。人与人之间的差距就这样不断被拉开，即使这个时候你幡然醒悟，迎头赶上，但那些常备不懈的人也早已将你遥遥地甩在身后。如果自控力再差些，继续浑浑噩噩度日，那就只会越来越空虚，越来越迷茫和不知所措。这是一个长江后浪推前浪的竞争时代，如果不能突出自己，最终只能被淘汰。

著名教育家陶行知先生说："行是知之始，知是行之成。"简单地说，就是要养成学习的好习惯。就这一点来说，中小学教师是功不可没的，"端正学习态度，养成良好的学习习惯"是老师们经常挂在嘴边的话。俄国教育家乌申斯基说："发展教育的主要任务就是培养良好的性格，而良好的性格是由自己本身所蕴含的天赋及从实践和生活中汲取的经验形成的。"总的来说，一切教育都可归结为养成良好的习惯。习惯的养成，归根结底是学习过程中从被动接受向主动探索的转变。只有当学习从他人强加的任务转变为自我驱动的内在需求，才能真正成为生活的一部分，并反映在行动上。人们常说"活到老，学到老"，表达的就是这个意思。若能养成自主学习的习惯，学习将不再是负担，而是乐趣所在。

美国教育家斯金纳曾说："如果我们将学过的东西忘得一干二净时，最后剩下的东西就是教育的本质了。"所谓"剩下的东西"其实就是自主学习能力，也就是举一反三、无师自通的能力。大学不是"职业培训班"，而是一个让学生适应社会、适应不同工作岗位的平台，只有具备自主学习能力，大学毕业生才能适应瞬息万变的未来世界。当代著名学者、作家周国平曾说过："一切教育本质上都是自我教育，一切学习本质上都是自学。历来，那些有大成就的人，在学校里往往不是学霸，但一定是善于自学的人。"微软公司曾做过一个统计：在每一位微软员工所掌握的知识里，只有大约 10% 是员工在过去的学习和工作中积累得到的，其他知识都是在加入微软后重新学习的。这一数据充分表明，一个缺乏自学能力的人是难以在微软这样的现代企业中立足的。

互联网时代，信息获取便捷，知识日新月异，很多事物还没有等到稳定下来就已经 OUT 了。马克思说过，当所有曾经被人们认为理所当然的东西被摧毁，当牢不可破的东西瞬间灰飞烟灭，我们该何去何从？答案无疑是学习。只有通过持续不断的学习，我们才能紧跟时代的步伐。在当代社会，无论是大学学习还是职场工作，自主学习能力都比静态知识重要得多。它不仅是创新型人才的基本技能，也是个人持续成长的必需。

一名大学生真正具备学习能力的标志，在于掌握了自主学习的技巧。这不仅意味着能够学习，而且意味着学会了如何学习。自主学习能力的培养最关键的是学生内心对知识的渴望，学生要乐学、善学，要自励、自控，懂得学习是自己的事，能够独立地克服学习过程中遇到的难题，从而获取知识。

（三）成为一个自由发展的人

著名哲学家冯友兰先生主张中国的大学应该"以哲学代宗教"。这里的"哲学"并不仅限于专业领域，而是泛指每个人内在的哲学素养。在大学里，每一位大学生都应当把自己哲学的一面发挥出来，无论你是理科还是文科背景的学生，都应该把自己的学科知识提升到哲学高度。就像爱因斯坦，他不仅是物理学界的巨擘，也对哲学充满兴趣，常将哲学观点融入科学研究中。达·芬奇更是思想深邃，多才多艺，在艺术领域和自然科学领域都作出了杰出的贡献。由此可见，不管是学习什么专业，都应该注重自己全面而自由的发展。

荀子《劝学》曰："古之学者为己，今之学者为人。"这个"为己"之学，就包含了自由发展的意思。如果学习是"为人"——为了别人，即为了实现别人的目的和预期，毫无疑问，这将限制个人的发展。学习的目的应该是为了更好地成为自己，说得通俗一点，就是让学生成为更好的自己。李培根院士曾在新生入校第一课上强调："你在大学的自由发展意味着成为你自己，不只是要有好的成绩，这意味着你要有自由意志，要有独立的人格和鲜明的个性。"怎样成为一个自由发展的人？首先，要认识到如何真正成为"我自己"，从深层次上讲，就是要从哲学视角来探究生存与价值。其次，要有意识地培养自己的宏思维能力。所谓宏思维并不是一种专业技能知识，而是强调开阔的视野、系统性地观察及思考问题的能力等。此外，自由发展也离不开人文精神的涵养，这意味着要有更高层次的精神追求。当然，独立思考和自由表达也是必不可少的要素。

马克思在《共产党宣言》中指出，"每个人的自由发展是一切人的自由发展的条件"，他还在《1844年经济学哲学手稿》中指出："一个种的全部特性，种的类特性就在于生命活动的性质，而人的类特性恰恰是自由自觉的活动。"马克思所说的共产主义社会实际上追求一切人的自由发展，但这种发展是建立在每个个体自由发展的基础上。在当下这个充满梦想和挑战的时代，大学生应当充分认识自己，不断提高个人素质，以实现自己全面而自由的发展，并成为更有鲜明个性、更具创新精神、更有创造力、更有活力的社会主义建设者。

如果你对以上三点确有清醒的认识，那么恭喜你，在人生的新航程中，你已处于领跑者之列。希望你带着这份卓越的精神风貌昂首迈进大学这片广阔天地，成为你自己的掌舵者。

二、大学能给你带来什么

大学这个神圣的知识殿堂，能给你带来什么？

（一）生活的质变

每个人的世界都是一个圆，半径越大，与外界接触的面就越大，你所拥有的世界也就越广阔，而你所在的圆圈就是你的舞台。

进入大学，你的生活将发生质的变化。在大学，学习仍然是最主要的任务。但是，大学的学习目标与高中不一样，学习内容也存在巨大差异。在大学，不仅要多读"有字之书"，学好科学文化知识，筑牢专业基础，还要多读"无字之书"，在实践中受教育、长才干，力求学以致用，知行合一，更要多读"心灵之书"，在自我总结、自我反思中不断前进。因此，尽管大学是自由的，但大学仍然是忙碌的。大学里有丰富多彩的第二课堂，例如党团活动、社会实践、实习兼职、志愿服务、比赛竞赛等，为学生提供了各种各样的锻炼平台。学生在专业学习之余，选择一些适合自己的校内外活动，既丰富了自己的大学生活、锻炼了自己的综合能力，同时还学会了求知、做事、共处、做人，成长为适应新时代发展需要的人才。

大学，人生旅程中崭新的起航点！选择如何度过这段求学时光，决定了你的未来在哪里。同学们，好好珍惜大学这一短暂而难忘的求学时光吧！它不仅是最美好的青春岁月，更是我们为实现人生梦想而不懈奋斗的战场。刚踏进大学校园的你们，不妨停下脚步，细细听一听师兄师姐的感受，听一听老师的建议。在大学旅程中，不免有人会满怀憧憬而来，却抱憾而归。希望每一位同学都有自己的明确目标，制订良好的规划，勇于尝试，并持续努力。减少焦虑，勇敢地面对各种困难和挫折，让自己的大学生活充满意义。同学们，请相信，把握好大学时光，你将见证自己人生的美丽蝶变。

（二）学习的革命

蔡元培认为："大学者，研究高深学问者也。""大学者，囊括大典，网罗众家之学府也。""君须知，大学并不是贩卖毕业证书的机关，也不是灌输固定知识的机关，而是研究学理的机关。所以，大学的学生并不是熬资格，也不是硬记教员的讲义，是在教员指导之下自动地研究学问。"大学学习就是要探究高深知识，追求真理，不仅要保存与传递知识，更要创造和运用知识，延续和扩展人类文化的命脉。大学学习主要有以下特点：

1. 大学学习的主动性特点

大学学习与中学学习最大的不同在于学习的主动性强。大学的教学目的是培养德智体美劳全面发展的社会主义建设者和接班人，教育的内容既包含基础知识，也包含专业知识，教育的专业性更强，知识的深度和广度都有较大的拓展。在大学里，课堂教学仍然是学习的中心环节，但各类课程在课堂上讲授的时间相对减少，教师课堂教学往往是提纲挈领式、启发性地指导和答疑解惑。而在课外的大量时间里，学生需要提前预习，通过预习了解课程的重点和难点，掌握听课的主动权；课后通过查阅资料、补充笔记、完成作业等消化课堂知识。因此，大学的学习不再像中学那样完全依赖教师的计划和安排，学生不再单纯地接受课堂上的教学内容，必须充分发挥主观能动性，充分发挥自己在学习方面的潜力。这种充分体现自主性的学习方式，将贯穿于大学学习的全过程，并反映在大学生活的方方面面。例如，自主安排学习时间、自主安排学习内容、自主选择学习方法等。

2. 专业性与综合性相结合的特点

中学属于基础性教育，大学则属于专业性教育。大学是专业知识的系统学习阶段，也是今后职业生涯的准备阶段。大学的学习内容都是围绕专业展开的，不过专业是人为划分的，随着社会对专业要求的变化和发展的不断深入，知识不断更新，知识面也越来越宽，所以不能因专业的划分就限制了自己的学习视野。此外，跨学科、跨领域研究和解决问题的能力已经成为时代发展的新趋势，全方位人才更加符合社会的现实需要和发展需求。因此，同学们在接受专业教育的同时，还要兼顾社会对复合型人才的需求，尽可能扩大知识面，以增强毕业后对社会工作的适应性。培根说："读史使人明智，读诗使人灵秀，数学使人周密，科学使人深刻，伦理学使人庄重，逻辑学使人善辩，凡有所学，皆成性格。"在大学期间除了要学好课本知识外，还应根据自己的能力、兴趣和爱好，选修或自学其他课程，通晓义理、培养理性、滋养心灵、健全人格，从而更好地肩负起未来社会的责任。

3. 全面发展和注重能力培养的特点

德智体美劳全面发展是我国教育方针对学生提出的基本要求。全面发展的要求是以马克思对未来社会关于人才全面发展的学说为依据，结合我国社会主义建设对人才的需求提出来的。马克思认为：个人劳动能力的全面发展，不仅要有良好的科学文化素质、身体素质、思想道德素质，而且还要有能妥善处理人际关系和适应社会变化的能力；个人的才能获得充分的多方面的发展，做到人尽其才，各显其能，社会要提供个人能力充分发展的环境。我国教育历来强调德、识、才、学、体五个方面的全面发展，或简称德才兼备。人才的五要素是一个统一的有机体，五个方面对人才的成长互相促进、相互制约，缺一不可。能力的培养是现代社会对大学教育提出的一个重大任务。获取知识和能力培养是人才成长的两个基本方面，它们的关系是相辅相成的。广博的知识积累是培养和发挥能力的基础，而良好的能力又可以促进知识的掌握。人才的根本标志不在于积累了多少知识，而是视其是否具有利用知识进行创造的能力。创造能力体现了识、才、学等要素的综合运用，大学生要想学有所成，将来在工作中有所发明、有所创造，对人类社会的进步有所贡献，就必须注意各种能力的培养。例如，科学研究能力、发明创造能力、捕捉信息能力、组织管理能力、社会活动能力、仪器设备操作能力、语言文字表达能力，等等。

三、你能给学校带来什么

同学们，在思考了大学能带给你什么的同时，也要想一想你能给学校带来什么？

在开学典礼上，我们常听到这样一句富有激励性的话："今日你以学校为荣，明日学校以你为傲。"大学不仅是开启个人精进旅程的关键，也是塑造精神品格和审美情趣的熔炉。离开大学的时候，你将带着学校的印记，如同精神上的胎记一样，永远烙印在你的身上。母校也如父母对子女的期望一样，期待着每一位学子能够展翅高飞，成就辉煌。

"立鸿鹄志，做奋斗者"，这是习近平总书记对青年学子提出的殷殷期盼。立志，标定人生方向；奋斗，创造人生价值，二者相辅相成，互相促进。"鸟贵有翼，人贵有志""百学须先立志""志不立，天下无可成之事"……这些名言警句蕴含着中华民族自强不息的精神追求，饱含着仁人志士的家国情怀。少年周恩来发出"为中华之崛起而读书"的时代强音，令当时沈阳东关模范学校的魏校长都不禁赞叹"有志者当效周生"！青少年时期的钱学森早早地在心中埋下了"立志成才，报效祖国"的种子，对这八个字的坚守，铸就了他功勋卓著的一生。树立坚定志向并为之执着付出，才能不断抵近心中的理想抱负。

大学生正处于人生的起跑阶段，尽早立志，才能明确奔跑的方向，激发奋进的潜能。"我从小内心就比较笃定，知道自己喜欢什么、要做什么"，南京大学物理学院副院长缪峰从小立志学习物理，高考时面对父母让他报考医学院的建议，他毫不犹豫地填报了南京大学物理学系，如今的他已在所研究领域取得了一系列"从 0 到 1"的原创性成果。"夫志，气之帅也。"对于个人而言，不患才不及，而患志不立。大学生有志向，有梦想，知道自己心之所向，才能在面对学业、职业等方面的选择时，多一些笃定、少一些迷茫；面对前进道路上的风风雨雨时，多一些勇敢、少一些退缩，从而为人生积蓄起充足的动力和强大的能量。

"宝剑锋从磨砺出，梅花香自苦寒来。"国学大师王国维在《人间词话》中借助三句宋词精妙绝伦地概括了古今成大事业、大学问者必经的三重境界。第一重境界："昨夜西风凋碧树，独上高楼，望尽天涯路。"第二重境界："衣带渐宽终不悔，为伊消得人憔悴。"第三重境界："众里寻他千百度，蓦然回首，那人却在灯火阑珊处。"这三句词道破了人生之路：起初的迷惘，继而的执着和最终的顿悟。若没有登高望远，便无法确定值得追求的目标；若缺乏对目标的强烈渴望与信心，便难以坚持穿越漫长而充满挑战的征途；若没有探寻中的不懈努力，便不会有那一瞬间的顿悟之明。只有达到这三重境界，才无愧于精彩人生。

一朝耕耘，终将收获。愿所有踏入大学这片沃土的学子，用智慧、汗水和奋斗谱写新时代的青春之歌，绽放精彩人生！

第二节　走好大学第一步

十余载的寒窗苦读，终于跨越龙门，不仅顺利地进入了大学，也开启了人生的新篇章。新学期，我们满怀期待和梦想，踏入梦寐以求的校园，自此，开启多姿多彩的大学生活。然而，序幕之后的内容却各不相同。生活环境、教学和学习方式、人际交往等方面，大学与中学都有显著差别。大一新生初入校园，面对全新的环境和未知的挑战，理想与现实之间的差距会使最初的兴奋和满足感慢慢褪去，取而代之的可能是焦虑、挫败感、担忧和混乱。大一新生也可能经历自豪感与自卑感交织、新鲜感与怀旧感冲突、独立性与依赖性并存、交往意识与闭锁心理纠缠、强烈的求知欲与认知水平低之间的矛盾等一系列问题。面对这些新情况，有的同学能够积极调整自己的心态，增进对自我、对大学的了解，积极适应大学生活、规划大学生活，进而培养自身全面发展的能力。但是有的同学会难以适应，感到迷茫、困惑和痛苦，这些情绪可能表现为自我认识的不清晰、奋斗目标的丧失、生活适应的困难和社交的迷惘，等等。

大学一年级是人生的重要转折点，是大学生能否把握住大学生活的主动权，能否适应新环境，顺利实现新转折的关键时期。那么，对于初入大学的新生而言，应该如何走好大学第一步呢？

一、自我再认识

大学校园是一个非常自由、广阔的空间，广阔自由到很容易让人迷失自己。大学里人才济济，置身其中的你或许会"泯然众人矣"，完全看不到自身的优势所在。"我是谁？"这个充满思辨性的问题，对于大学生而言并不容易回答。寻找和确立一个自我形象是青年期最重要的课题之一。自我形象就是自己对自己的看法，包括：我是怎样的一个人？我能做什么？我该往哪个方向前进？……每个人都在做这样的自我追寻，希望勾勒出一个清晰、明朗、积极的自我形象。正如古希腊哲学家苏格拉底所言，认识你自己，这才是人生的至理名言，才是哲学的最高任务，才是我们必须去面对和不断探究的问题。德国作家约翰·保罗曾说："一个人真正伟大之处，就在于他能够认识自己。"如果一个人能对自己有一个全面、正确的认识和评价，就能够扬长避短，取长补短，控制自己，改变自己，完善自己，就能根据自己的实际情况选择相应的目标并为之奋斗。此时的大学生主观世界还未完全形成，很需要锚定一个积极而稳定的自我形象，只有这样人才不会迷失。

（一）自我认识的内涵

自我认识是一个人对自己存在的觉察，即自己对自己所有身心状况的认识，包括认识自己的生理状况（如身高、体重、相貌等）、心理特征（如兴趣、爱好、能力、性格、气质等）以及自己与他人和周围世界的关系（如自己与周围人群相处的关系、自己在群体中的地位与作用等）。自我认识的内容包括生理自我、心理自我和社会自我三个方面。

1. 生理自我

生理自我是指个体对自己生理状态的认识和评价，包括占有感、支配感和爱护感。生理自我是与生俱来的，只能接受不能改变，大学生对生理自我处于高度关注期，表现为身体健康，关注自己的外貌、仪表，等等。

2. 心理自我

心理自我是指个体对自己思维、情感、意志等心理状态的认识和评价。例如"我是一个受欢迎的人""我是一个多愁善感的人""我是一个执着的人"。随着大学生生理、心理的发展，心理自我的突出表现是自我认识的矛盾性。这种矛盾性主要表现在两个方面：

①"理想的我"与"现实的我"之间的矛盾，这种矛盾集中体现为理想与现实的矛盾。

②"主体的我"与"社会的我"之间的矛盾，这种矛盾集中体现为同学之间的理解与不理解之间的矛盾、尊重与不尊重之间的矛盾。这类矛盾常常使大学生感到非常苦恼，然而这种矛盾斗争的结果，表现为大多数人还是能够按照社会的要求不断地完善自己向积极方面转化，最终达到在新的水平上的积极同一，成为自我肯定的人。

3. 社会自我

社会自我是指个体对自己在社会关系和人际关系中角色的认识、评价和体验。例如"我很受同学们欢迎""我在我的朋友圈子里很有号召力"。随着大学生生理和心理的不断发展，归属和爱的需要、尊重的需要以及自我实现的需要逐步进入旺盛期，这些内在的需要促使他们产生了强烈的交往动机，渴望与别人交往。"我该与谁建立友谊？""我的人际关系怎么样？"这些都是社会自我的表现。魏源在《默觚下·治篇九》中写道："闻见广则聪明辟，胜友多而学易成。"大学生正是在与他人建立人际关系的过程中，社会化程度得以迅速提高。

（二）自我认识的途径

自我认识的途径主要有两种：自我观察和他人评价。

自我观察是指要认识自己，必须要做一个有心人，经常反省自己在日常生活中的点滴表现，总结自己是一个什么样的人，找出自己的优点和缺点。自我观察是自我教育、自我提高的重要途径。自我观察主要包括三个方面：①对自身外表和体质状况的观察，包括对外貌、风度和健康状况等方面的观察。②对自我形象的观察，主要是对自己在集体生活中的位置和作用、在公共生活中的行为举止表现及社会适应能力等方面的观察。③对自己精神世界的观察，包括对自己政治态度、道德水平、智力水平、能力、性格、兴趣、爱好、特长等方面的观察。

他人评价是指周围的人对自己的态度和评价，能帮助自己认识自己、了解自己。俗话说："当局者迷，旁观者清。"他人的态度和评价是客观认识自己的一面镜子，可以帮助自己了解"现实的我"，认识自己的长处和短处，知道自己在他人心目中是一个什么样的人，这既是作为建构"理想的我"的依据，也是提高"现实的我"的重要参照。然而，他人的态度和评价与自我评价往往存在一定的矛盾和差异。为此，我们一方面要尊重他人的态度和评价，另一方面也不能盲从，需要对他人的态度和评价冷静地进行分析。毕竟，他人的态度和评价仅仅是基于对你的外在观察，他们并不完全了解你所经历的挑战与付出。换言之，他人的态度和评价只是对你表面行为的反映，不必过分在意，但也不能全然忽视。自我反思时，我们要理性思考：我是否真如他人所言，还是存在某种误解？学会从客观的角度审视各种评价是大学生活中成长的重要一课。

二、学会适应

当我们还沉浸在梦想成真的喜悦中，当我们还满怀对大学生活的新奇向往时，大学生活的诸多现实问题已接踵而至：生活要自理，管理要自治，学习上要高度自觉，思想上要自我教育。在高度依赖自我的小社会，陌生的环境、陌生的人群、陌生的生活、陌生的学习……一切的一切都告诉我们，要学会适应，要尽快适应。许多大学新生存在这样的困惑：不知道自己所学专业将来做什么，更不清楚自己想做什么、能做什么，觉得自己失去了人生的目标和方向，没有了学习的动力。可以说，适应和发展是每个大学生都要面对的课题。

（一）适应的含义

适应是有机体对环境变化作出的反应，更确切地说是人与环境（自然环境、社会环境和人际环境等）的适应，是人与环境的互动，也是人与环境的相互运动后达到的一种和谐状态。适应和发展是人生的两大基本任务。在特定的适应水平上，由于个体生理的成熟或环境、教育条件发生了改变，原来的适应平衡就会被打破，新的条件和新的要求需要高一级的心理机能和个性品质才能适应。在环境发生改变时，只有学会适应环境的人才能更好地发展自己，走向社会，获取成功。

（二）大学生要适应的内容

1. 生活的适应

离开熟悉的生活环境、学习环境，离开父母每日的叮咛嘱咐，离开熟悉的老师和同学，大学新生需要独立处理生活中的一切事情，这是一个全新的开始，也是一个学习的开始。大学生要学会规律作息、运动；学会收拾房间、整理床铺、洗衣服；学会"理财"，合理安排生活费；学会自己照顾自己，养成科学饮食习惯……同学们在学习生活自理的过程中，也要注意与身边同学的交流学习，因为同学之间的相互影响和相互学习能够在一定程度上促进生活自理能力的提高。

2. 学习的适应

学习是大学生活最重要的部分。大学新生能否及时适应全新的大学学习和生活，直接关系到学生本人的学业、生活乃至今后的毕业及就业。大学学习的特点表现为：知识专业性强、教师讲授内容精、学生自由支配时间多，因而需要较强的计划能力、自学能力、自制能力和自主性。大学里有开放的学术讲座，有开放的图书馆，为学生提供了开放的学习环境。部分新生认为，大学上课真舒服，老师不检查作业，不用上自习，真轻松。不少同学从高中紧张的学习氛围中一下子松懈下来，把更多的时间放在享受安逸的大学生活上，而不是放在学习上。其实，大学学习的内涵是多方面的、高水平的。你不仅可以学习各种专业知识，还可以学习专业以外的知识，有助于拓宽知识面，培养语言表达、文学、科研等方面的能力，当然，这些都需要学生主动地、自觉地学习。大学是苦练本领、增长才干的黄金时期，进入大学后，应尽快树立新的学习目标，做好大学生职业生涯规划，并且要将大而全的目标划分为小而精的目标。这样，你才能充分体会到大学生活和学习中的成就感和充实感。

3. 人际关系的适应

在大学阶段，学习的不仅仅是知识，还有各种各样的技能，包括与人交往的技能。大学阶段的学习和生活更多地强调团队精神，而寝室则是大学的最小团队组成单位。对于部分从未住过校的学生来说，进入大学后，可能难以适应寝室的集体生活，生活中难免产生摩擦，如果处理不好，很容易影响到今后的学习、生活甚至未来的发展。陌生人之间天然会有一种新鲜感，因此，刚开学的时候同学之间都非常有礼貌、谦虚、宽容、相互关心、相互体谅。但随着相处时间的增多，彼此之间了解得更加深入，不仅能发现同学的许多长处，也能发现对方的许多不足。当他人的言行举止不符合自己的要求时，同学们要学会求同存异，切勿以个人的喜好为标准去评价他人，更不能将自己的标准强加于他人，要学会换位思考，学会理解、尊重他人。如果同学的行为确实妨碍了自己，也不必一味地委曲求全，可以委婉地提出意见。此外，还可以适当地调节自己的生活方式。

4.情感需求变化的适应

在中学阶段，从学生的身心健康和学业发展的角度考虑，家长和老师会反复地告诫学生不要谈恋爱。但在大学阶段，对异性交往的空间相对宽松，学生原本被压抑的心理一下子就得到了释放。于是，大学阶段就成为恋爱的活跃期，宿舍楼下烛光爱心表白，操场、教室、图书馆、食堂随处可见成双成对的身影。恋爱是那样的魅力无边，不时拨动同学们的心弦，令人心生向往之。毋庸置疑，恋爱是青春期大学生重要的人生课题。在性生理、性心理、性伦理、性法制以及异性交往方面的知识和技能的教育指导不足甚至缺失的情况下，部分大学生面对异性的追求、自己对异性的爱慕以及失恋、性骚扰等不知所措，个别学生在失恋后做出一些伤害自己、伤害他人甚至违法的行为就不禁令人扼腕叹息。真正的爱情是人类个体在生理和心理成熟的基础上，拥有共同的人生理想，相互爱慕，并期望对方能成为自己持久、稳定、忠贞伴侣的强烈情感。爱情是浪漫的、幸福的，同时也需要我们付出和负责任。在恋爱中，大学生要树立正确的恋爱观，培养健康的恋爱心理和能力，才能收获美满的爱情。

三、学会发展

（一）发展的含义

根据进化论的观点，发展是指种族和个体量的增加及优秀后代的成长壮大。动物的进化局限于它们与其他物种的斗争，而不会主动改造环境，因此进化过程缓慢。而人类历史的发展取决于人们的思维能力，即能够对自己的环境做出判断和评估，并不断地创造，使环境更加适合人们的生存需求。

从狭义上讲，发展是指人类个体从诞生到死亡整个生命过程中所发生的身心变化，包括生理和心理两个方面。

（二）发展的理论

1. 人的发展含义

人的发展是指人在生命过程中所发生的一系列生理、心理和社会适应的变化过程。

2. 中国传统关于人的发展理论

一般来说，中国传统文化重视人的发展是以追求人的内在超越为主要特征的。在中国传统文化中，无论是儒家强调的人文精神还是道家强调的自然本性，都强调要重视人的发展，蕴含着追求人的自由发展的合理诉求。一般来说，在中国传统文化中，儒家思想的价值追求是人的道德上的理想人格的完满；道家思想的价值追求表现为人们心灵上的自然和谐与精神上的绝对自由；而佛教（禅宗）思想的价值追求表现为瞬间永恒的涅槃境界，寄托于人们来世的幸福和满足。儒家学说主要强调人的道德素质的提升和理想人格的实现，并以此为核心提出了丰富的人的发展思想，形成了注重个人道德修养的圣人发展观。这种发展观在小农经济条件下，有利于社会的整体和谐与稳定，并在人生的终极意义上提供了不同于西方世界的"外在救赎"的思想方式，形成了一种不同于西方价值观的"内在修养"的东方之路，大大丰富了人的发展思想。

总体来看，在中国传统文化中，追求人类自身的不断完善与发展始终是人的发展的崇高目标。中国传统文化在个人修身养性方面有着很深的造诣，形成了中华民族特有的理论特点和文化气质。这些思想以各种形式渗透于中国人的精神血液中，深深地影响着人们的生活和行为，进而影响着当代中国人的发展状态。

3. 马克思关于人的发展理论

人的发展是人的本质力量的发展，是人在社会实践中的全面自由、和谐发展。要实现人的发展，根本动力在于发挥人的自觉性、主动性，积极参加社会实践。人的实践是人性的发展的确证和体验，也是人的发展的根本动力和途径。为了实现每个人都自由和谐、全面发展的共产主义，人们需要参与社会实践，为了大多数人的发展，个体有时需要做出必要的牺牲。

（三）大学生发展的任务

1. 学会求知

学习是学生的本职。在大学期间，学习专业知识固然重要，但更重要的是要学会独立思考，掌握获得知识的能力、方法和技巧，掌握应用知识与实践的手段，掌握终身学习的能力。只有这样，大学生才能够跟上瞬息万变的当今世界，才不会被淘汰。习近平总书记强调："我们的学习应该是全面的、系统的、富有探索精神的，既要抓住学习重点，也要注意系统性；既要向书本学习，也要向实践学习。"

大学生要把学习作为一种追求、一种爱好、一种健康的生活方式，树立先进的学习理念，培养浓厚的学习兴趣，掌握科学的学习方法，不断扩大学习的半径，做到学以致用、用以促学、学用相长。

2. 学会做人

大凡成功者，在谈到成功时，很少谈"做事"，一般都在讲"做人"。我国著名教育家陶行知说："学生不应该专读书，他的重要责任是学习人生之道。"一个学生走向社会后能不能成才，能不能做一个对社会有用的人，其所学的专业知识并不是决定因素，关键要看学生怎样做人。古人云："德教为先，修身为本。"于国而言，"德者，国之基也"；于社会而言，"德者，民之信也"；于个人而言，"德者，才之帅也"。大学生要树立正确的世界观、人生观、价值观，培养正确的伦理道德观念和是非观念，做一个有志向的人、善良的人、有教养的人、乐观的人、宽容的人。

3. 学会做事

大学阶段非常重要的一个任务就是充分利用大学的优质资源，培养自己的职业能力，最终学会做事。学会做事，即会做事，善共事。做事不仅是学习方式，而且是人们重要的生活方式，其本质是除旧布新，对世界的建设或改造。为了把事情做对、做好，有效地提高做事的效率和效益，在大学期间，同学们要努力提高自己的思维和研究、表达与交流、组织与运筹等方面的能力。当今世界，合作与共享、共处与包容正在成为社会的普遍共识，具备合作的意愿与合作的本领，熟悉社会的游戏规则，培养角色意识，主动服务他人、服务社会，是未来社会对人才的新要求。此外，为了个人的长远发展，大学生还要培养关爱他人、关爱社会的情怀和品格，以及大学生涯规划，主动获取持续发展的能力。

4. 学会担当

担当涉及主体性和责任心。人们对自己、对家庭、对社会、对民族、对国家乃至对整个人类都要负责任。社会地位各异，分工各不相同，能力亦有区别，人们所承担的责任自然各不相同。俗话说"在其位谋其政，任其职尽其责"，一事当前，敢于负责的胆识，并能在实践中有效而真实地负起责任，这是干事创业的基本素养。那些视探索尝试为畏途、把负重前行当吃亏、"躲进小楼成一统"等逃避责任的思想和行为，都是要不得的，都是成不了大事的。责任是信念之基，担当是力量之源。作为新时代的大学生，既要有责任担当精神，也要有事业心、责任感，事不避难、勇于担当，在担当中历练，在尽责中成长。

5. 学会与人相处

我们生活在大千世界，徜徉于茫茫人海。没有谁是独自一人在孤岛，都是处于一定的社会关系中。伴随着社会主义市场经济的发展、网络信息技术的普及和多元文化的影响，大学生人际交往更加多样、频繁和深入。马克思指出："一个人的发展取决于和他直接或间接进行交往的其他一切人的发展。"学会与人相处，建立良好的人际关系，对大学生的全面发展至关重要，是大学生在校期间的必修课，也是今后成功走向社会的必要条件。大学生与人相处时，要学会尊重他人，真诚相待，保持谦逊，并掌握有效的沟通技巧，促进人际关系的和谐发展。

第三节　志存高远脚踏实地

青衿之志，履践致远。行远自迩，笃行不息。大学生要树立远大的理想目标，在理想的鼓舞下不断进取，这是万事成功的内在动力。同时，又要脚踏实地地奋斗，为实现人生目标不懈努力，为实现人生价值不懈奋斗，这是实现理想的重要条件。对当代大学生来讲，志存高远和脚踏实地是健康成长的必备条件。

一、做一个有理想、有目标的大学生

理想一词最初来源于希腊语"idea"，意思是人生的奋斗目标。在古代，理想称为"志"，即志向。《论语·子罕》曰："三军可夺帅也，匹夫不可夺志也。"诸葛亮教子：志当存高远。而今，从一般意义上讲，理想是人们在实践中形成的、有可能实现的、对未来社会和自身发展的向往与追求，是人们的世界观、人生观、价值观在奋斗目标上的集中体现。当代青年将大量精力投入到争取更好的教育资源、确保稳定的职业发展以及建立和谐家庭等方面。然而，生活琐事和日常困扰逐渐消耗掉他们的热情，导致越来越多的年轻人与自己的"理想"和"目标"渐行渐远。理想是人生的最高准则，是指引人生航程的灯塔，是力量的源泉。对于正处在青春年华的大学生来说尤为如此。新时代的大学生担负着接续民族复兴伟业的重任，树立什么样的理想并为之奋斗，不仅关系到将来走什么样的路，实现怎样的人生价值，也关系到国家的发展与民族的复兴大任。

从实现理想的时间长短来划分，理想可分为长远理想和近期理想，通常把近期理想称为目标。大学生既要有远大理想，也要有具体的奋斗目标。

（一）大学生的理想

理想可分为社会理想、生活理想、职业理想、素质理想。社会理想是人们对未来社会的设想，包括对未来社会的政治制度、经济制度、科学文化制度、社会面貌等的预见和设想。职业理想是人们对未来工作部门、工作性质在职业上达到

的高度的追求和向往。生活理想是人们对未来生活的追求和向往，既包括对吃、穿、住等物质生活的追求，也包括对文化娱乐生活的追求和向往，还包括对婚姻、家庭生活的追求和向往。素质理想是人们做人的目标，是做一个什么样的人的追求和向往。

那么，大学生应该树立怎样的理想呢？这是一个值得深思的问题。理想无所谓好坏，但同样的理想，出发点不同，对人生的引导作用也不同。有的人追求稳定平淡的人生；有的人则追求充满挑战、激烈起伏的人生。例如，有的大学生毕业积极选择支教或当村官，为社会做贡献，实现人生价值；有的大学生为了逃避就业压力或社会压力而选择考研。于是，就产生了高尚理想与平庸理想的差距。当个人理想从高尚的角度出发，才能够走得更高远。歌德说："你若要喜爱你自己的价值，你就得给世界创造价值。"这凸显了个人价值的实现与社会价值的创造是紧密相连的，社会价值的实现是人生价值实现的前提。同学们在树立远大理想的时候，一定要同社会与国家的发展联系起来。将自己的小我融入祖国的大我、人民的大我之中，与时代同频共振、与人民同呼吸共命运，只有这样，才能更好地实现人生价值，升华人生境界。"得其大者可以兼其小。"同学们要树立与新时代同心同向的理想信念，勇敢担当时代赋予的历史重任，励志勤学、刻苦磨炼，在激情奋斗、担当使命中成长进步，绽放青春光芒。

（二）大学生的奋斗目标

《爱丽丝漫游仙境》里有一段爱丽丝与柴郡猫的对话：

爱丽丝：请你告诉我，我应该往哪里走呢？

柴郡猫：这要看你要往哪里去了？

爱丽丝：不管去哪儿。

柴郡猫：那么你走哪条路都没有关系。

许多大学生都有与爱丽丝一样的困惑。不知道自己要去往哪里？不知道自己的人生道路在何处？一位高年级学生这样回忆自己初入大学时的彷徨："踏进大学校园，看着陌生的一切，希望这里可以点燃我的梦想，可是一个星期过去了，一个月过去了还是没有找到路，希望有人能够给自己指点迷津，但生活最终还是要靠自己走过去。"这是许多刚入学的大学生都可能面临的迷茫与困惑。不少学生在上大学前，考上大学是唯一的目标和方向，一旦进入大学，过往的目标就不复存在了，新的目标又模糊不清。在这种情况下，他们很容易感到迷茫，缺乏学习和生活的动力，丧失了奋斗拼搏的精神源泉。他们不曾意识到，考上大学只是实现自己人生目标的一个阶段性任务，而要成为一个什么样的人、创造什么样的人生才是人生目标。在大学阶段确立新的目标，实际上就是在为自己的人生确立长远目标。

哈佛大学有一个非常著名的关于目标对人的影响的跟踪调查，对象是一群智力、学历、环境等条件都差不多的年轻人。调查结果发现：27%的人没有目标，60%的人有比较模糊的目标，10%的人有清晰而短期的目标，3%的人有清晰且长期的目标。25年的跟踪调查显示，他们的生活发生了翻天覆地的变化。3%的人25年来几乎都不曾更改过自己的人生目标，始终朝着目标不懈努力，25年后他们几乎都成了社会各界的顶尖人士，其中不乏白手起家的创业者、行业领袖；10%的人大都生活在社会的中上层，他们的共同特点是短期目标不断被达成，生活状态稳步上升，最终成为各行各业不可或缺的专业人士，例如医生、律师、工程师、高级主管等精英人士；60%的人几乎都生活在社会的中下层，他们能够安稳地生活与工作，都没有什么特别的成绩；27%的人几乎生活在社会的最底层，他们的生活过得很不如意，常常失业，靠救济生活，并且抱怨他人，抱怨社会。这一调查充分体现了目标对人生有巨大的导向作用。一开始成功仅仅是一种选择，但是你选择什么样的目标，就会有什么样的成就，也就会有什么样的人生。

法国作家雨果曾说："有了物质，人才能生存；有了理想，人才能生活。"理想就像人生的发动机，有了它，才能获得前进的动力。那么，大学生应该确定怎样的人生目标呢？

1. 奋斗目标与社会需要相结合

只有与社会需要相符合的目标才具有价值。如果个人设定的奋斗目标与社会需要脱节，那么取得的成果大概率也会与社会脱节，最终会被社会所淘汰。因此，大学生设立的个人目标应当顺应未来社会的竞争趋势，同时应当为社会的美好未来提供服务，确保奋斗目标的正确性和社会价值。

2. 奋斗目标与自身特点相结合

确定目标应基于个人的实际情况，确保设定目标与个人的性格、兴趣、能力以及专业等因素相匹配，满足个人成长与发展的需要。只有这样才能为目标提供稳固的基础，增加实现的可能性，从而促进个人的持续进步和自我完善。

3. 奋斗目标与现实可能相结合

目标必须具有实践性，不管设立的目标多么宏伟远大，如果与现实脱节，显然这个目标就无法实现。理想是人们在社会实践活动中形成的产物，科学的理想是在实践已经发展到足以使人们有可能通过变革客体的实践，认识和把握现实事物的发展规律，预见事物的发展趋势的基础上建立起来的。理想如果脱离了实际，就是空想、幻想。此外，理想既不能在单纯的观念形态上实现，也不能依靠单纯的思想力量来实现，必须通过人们的实践活动才能得以实现。

4. 奋斗目标需要多层次的统一

人们对现实的认识和对未来的想象的多层次性，决定了人们的理想是多层次、多类型的。建立多层次的目标有助于更有效地适应快速发展变化的时代，这种多层次的目标体系体现了目标的时代性，强调了与时俱进的重要性。这不仅包括追求当前的目标，也涵盖了对未来趋势的预见和准备，确保个人目标与社会发展的步伐相协调。

二、做脚踏实地的大学生

古有《荀子·劝学》的"吾尝终日而思矣，不如须臾之所学也"，现有哲学家维特根斯坦的"我贴在地面步行，不在云端跳舞"，都说明了一个道理：我们不仅要仰望星空，还要脚踏实地。仰望星空，才有自己的目标和方向；脚踏实地，才能让理想变成现实。《孟子·告子章句下》曰，"故天将降大任于是人也，必先苦其心志，劳其筋骨，饿其体肤"，想要成功，没有一蹴而就，只能脚踏实地。"积土成山，风雨兴焉；积水成渊，蛟龙生焉"是脚踏实地，"不积跬步，无以至千里；不积小流，无以成江海"也是脚踏实地。为此，大学生要将远大志向与现实具体行动结合起来，无论是树立报效祖国、成就大业的远大理想，还是学业、生活、交友等方面的近期目标，一旦确定了远大的人生理想和奋斗目标，就应该脚踏实地、全力以赴地为之努力。

（一）从小事做起

"合抱之木，生于毫末；九层之台，起于累土；千里之行，始于足下。"任何一件大事，无不是由若干细节和小事构成的。能够从小处着眼，把每一个细节都做好的人，一定能够成就一番大事业。相反，不屑于做小事者几乎也不可能成大事。大学生想要成功，必须着眼于当下，从简单的事情做起，从细微之处着手，把琐事做好，把小事做精，把细事做亮。只有做好了一件件小事，才有资格着眼大事，最后才能获得成功。

（二）学好专业知识，打造核心竞争力

核心竞争力是美国学者普拉哈拉德和哈默尔于1990年5月在《哈佛商业评论》上提出的，主要是指一个参与竞争的个体（企业、人才、国家等）能够长期获得竞争优势的能力，是竞争个体所特有的、能够经得起时间考验的、具有延展性和对手难以模仿的技术和能力。当今时代，知识更新不断加快，知识传播渠道日益多样化、便捷化，新时代的大学生只有依靠知识学习，才能培养敏锐的眼光，拓宽视野，练就过硬的本领。袁枚《续诗品·尚识》有云，"学如弓弩，才如箭镞"就是这个道理。大学生想要具备核心竞争力，就要加倍珍惜大学时光，努力学习，把学识的"弓弩"积累得弯如满月，让才能的"箭镞"在拼搏的青春中更好地发挥作用。

（三）投身社会实践，提升综合素质

社会实践对大学生综合能力的提升至关重要，不仅是大学生将理论知识应用于实践的重要过程，还有助于增强学生的实践能力。在新时代背景下，大学生不仅要扎实掌握自己的专业技能，还应拓宽知识领域，主动吸收各类有益知识，并将视野扩展到专业之外，积极参与社会实践，勇于承担社会责任。习近平总书记指出，青年要成长为国家栋梁之材，既要读万卷书，又要行万里路，既要多读有字之书，也要多读无字之书，注重学习人生经验和社会知识，注重在实践中加强锻炼、增长本领。社会实践搭建了理论与实践之间的桥梁，是深入认识和理解世界的根本途径，同时也是检验知识真理性的根本标准。通过投身于社会实践，大学生能够验证自己的实力，发现并改正缺点，积累宝贵的社会经验，全面提升个人素质。深入社会实践不仅能促进学生的全面成长，也能促使他们更深刻地理解社会对人才的需求，明确现实与理想之间的差距，明晰自我提升的方向，为将来进入社会打下坚实的基础。

相关链接

桂海潮：深山里走出的"飞天学霸"

2023 年 5 月 30 日，随着神舟十六号载人飞船发射成功，与景海鹏、朱杨柱一起"飞天"的"85 后"桂海潮，成为大家瞩目的焦点："近视眼也能当航天员？""这小伙子好年轻啊，什么来头？"桂海潮还真不简单，36 岁的他已经是博士生导师，这次又成为中国首位载荷专家、第一个叩问苍穹的"眼镜哥"！从山里娃到航天英雄，他是如何完成人生飞跃的？

1986 年，桂海潮出生在云南保山姚关镇一个山村。这里是"茶马古道"的重要节点，山路蜿蜒，桂海潮去一趟县城要翻山越岭 20 千米。

正因为梦想走出深山，改变祖祖辈辈土里刨食的命运，桂海潮从小就学习努力，肯吃苦。从姚关中心小学、姚关镇中学毕业后，成绩优异的他又考上了施甸县第一完全中学。桂海潮从小到大没有上过课外辅导班，却一直是那种"拿奖拿到手软的优秀学生"。

2003 年，当神舟五号载人飞船发射成功，杨利伟成为"中国飞天第一人"时，17 岁的桂海潮刚升入高二。从校园广播里听到这个消息后，他非常

振奋。"祖国真牛，都可以载人上太空了！"桂海潮向同学感叹道，如果将来他们也能像杨利伟那样，该多好啊！

此后，桂海潮看了很多相关视频和书籍，还有著名科学家钱学森的传记，对航天专业越来越感兴趣。2005年参加高考时，他的第一志愿就报了北京航空航天大学（以下简称"北航"）飞行器设计与工程专业，并以全县理科第一名的成绩被录取。

来到北京读本科的桂海潮，不仅在学习上名列前茅，还特别喜欢体育运动：长跑、游泳、骑着自行车去京郊游玩……他说这样在增强体质的同时，也能磨炼意志。2008年，桂海潮又积极报名成为北京奥运会志愿者。

桂海潮还喜欢书法，爱好练字，每天睡前他都会用软笔写一篇日记。"在北航读书那几年，我经常梦见自己驾驶飞船，穿越在各个小行星之间。"桂海潮说，他的日记本上记满了这种梦境，并渴望有朝一日能美梦成真！

本科毕业后，表现优异的桂海潮被保送读研，并提前攻读了博士。2014年获得北航工学博士学位后，他又赴国外从事博士后研究，并在国际顶尖期刊发表近20篇SCI学术论文，成绩斐然。

3年后，当桂海潮带着丰硕的学术成果归来，国内多所名校纷纷向他抛出了橄榄枝。但他最终选择回到母校，成为北航的一名副教授。

桂海潮治学严谨，也很关心同学们的日常生活，和大家平等相处。他带的一些本科生、硕士生，一旦在生活上遇到什么困难或烦心事，也会向桂教授倾诉。一位航天硕士说："母亲刚去世那几个月，我心情低落。有一天下雨了，桂老师撑着伞搂住我的肩膀，叫我一起去吃饭，感觉像哥们儿一样。"

2018年，31岁的桂海潮担任了博士生导师。正当他准备在学术领域大展拳脚时，却迎来了一次千载难逢的"飞天"机会：他所在的宇航学院召开大会，宣布了一条振奋人心的消息——国家开始招募第三批航天员了！

院长介绍说，这次选拔的航天员跟以往不同，共分为三种类型：航天驾驶员、航天飞行工程师、载荷专家，后两项英才要从相关高校和科研院所选拔。

听到这一消息，桂海潮心潮澎湃。作为"学院派"，他知道自己当不了航天驾驶员，但成为载荷专家还是有希望的。因为载荷专家可以不是职业航天员，一般从科学家、工程技术人才中挑选。载荷专家主要是在空间站或航天飞行器上从事一些科研和实验工作。

桂海潮在北航任教期间，曾带领学生开展过"空间站舱内服务机器人"等研究课题，并做出了成果。"要是能把我们的科研工作搬到太空去，那太有意义了！我得报名试一试，把这么多年所学的知识运用到实践中。"桂海潮激动地向院长汇报相关情况，并第一时间报名参选了载人飞船的载荷专家。

航天员的选拔极其严苛。但从北航的"学霸"到年轻博导，桂海潮在十多年的专业学习中，早已夯实了学术基础。再加上他勤于锻炼身体，拥有一般知识分子不具备的过硬体魄，这就形成了竞争优势。经过层层选拔，桂海潮一路"过关斩将"，最终从2500名候选人中脱颖而出，以载荷专家的身份成功加入我国第三批航天员训练队伍。

在此后近3年的时间里，桂海潮经受了8大类、200多项科目的严格苦训，其间一旦通不过考核，他将错失"上天"圆梦的良机！

在其中一项"离心机训练"中，航天飞行工程师、载荷专家要承受8G的过载才算达标。而一般人只能承受6G左右的过载，超过这个数值便会出现剧烈的恶心、耳鸣、眩晕等症状。

"承受8G的过载是什么概念呢？形象地讲，相当于8个你自身的重量压在身上。"桂海潮说，"进行训练时脸会变形，胸部会感觉到极度的压迫，呼吸会变得很困难，眼泪也会不由自主地往外流，根本控制不住。"

每次进行离心机训练时，桂海潮他们的手边都有一个红色按钮，一旦觉得自己挺不下去了，按下这个红色按钮就可以停止训练。值得敬佩的是，自中国航天员大队1998年成立以来，20多年过去了，从来没有一位航天员按下过这个按钮。桂海潮说："在我心中，这个按钮是根本不存在的，想都不能去想它。这就是一种信念、一种意志吧。"

他们还有一项"模拟失重水槽训练"，航天员要穿戴120多千克的装备入水，进行长达5小时不间断的训练。每一次的体能消耗，超过跑完一趟"全马"，训练结束体重能降一两千克。"练完之后，吃饭拿筷子的手都在抖。"桂海潮说。

这些只是他们训练的"冰山一角"，此外还有转椅训练、抗压训练、心理训练等。"我们还要在狭小密闭的模拟隔离舱内，经受抗疲劳、抗寂寞的考验，72小时连续工作，不能睡觉，不能离开。"桂海潮笑称，这些项目对一般人来说"都很魔鬼的"！

相较于上述室内训练，"野外生存训练"则充满了挑战和乐趣。2019年夏天，桂海潮他们在巴丹吉林沙漠进行训练。晚上他负责值班，监测环境温度、湿度和风速后，躺在沙漠里看繁星点点的夜空。

"当时我不禁想到，17岁那年的一个夏夜，我躺在山村老家的房顶上，幻想着将来能成为杨利伟那样的飞天英雄。当时航天员对于我来说既神秘又遥远，而如今的自己，很可能就要在不远的将来，飞向那片深邃星空了……"桂海潮不禁感慨，人生真的很奇妙。"只要肯努力，你的未来超乎你想象！"

经历几天几夜的沙漠训练后，一天早上，桂海潮他们收拾行装，负重数十千克，准备在茫茫大漠中步行几千米到达宿营地。不巧的是，他的鞋底在半路上脱落了！

事实上在前一天，桂海潮的另一只鞋底已经脱落，当时他利用有限的救生物品——军刀当针扎孔，降落伞绳当线，硬把鞋底缝上了。没想到在这关头，另一只鞋底也宣告罢工。桂海潮只能穿着"张开大嘴"的鞋，强忍着滚烫的沙子钻进脚底的灼痛感，一走就是两个多小时。

"回到营地，我全身已经被汗水湿透，头发里的沙子怎么也洗不干净。吃了口西瓜，发现这才是世界上最凉最甜的瓜！这就叫先苦后甜。"

2022年6月，桂海潮终于完成了全部训练考核，被确定执行神舟十六号任务！得到消息，他激动得一夜难眠。

神舟十六号航天员乘组，由景海鹏、朱杨柱、桂海潮3人组成。拥有少将军衔的景海鹏，之前已有过两次"飞天"经历，这次担任神舟十六号载人飞船的指令长；空气动力学专业博士后朱杨柱，是飞行工程师；全组唯一的"眼镜哥"桂海潮，则是中国第一位载荷专家！

（资料来源：《中关村》2023年7月，有删减）

第一章 认识大学

本章导读

　　在人生旅途中，大学是探索和成长的关键期。本章旨在为刚刚跨入这一重要阶段的大学新生提供一份全面而深入的进校指南，帮助他们理解大学的本质，适应大学的学习和生活环境，以及为将来从事的职业做好准备。

　　本章从大学的历史起源及其在社会与个人发展中的作用谈起，深入讲解大学的功能，通过揭示和解构关于大学生活的常见误区（如将大学误解为"象牙塔""保险箱""游乐场"），充分利用大学提供的机遇，提炼了实用策略，帮助同学们以正确的心态和方法面对挑战。本章还特别展示了西南财经大学天府学院如何通过其独特的办学理念和丰富的教育资源促进学生的全面发展。最后，详细探讨了同学们在入学前可以预先进行的各种准备，包括适应大学生活的心理调整、学习方法的掌握、第二课堂的拓展、人际关系的建立、恋爱情感的正视、个人安全的保障，以及未来职业生涯的规划。这些建议旨在帮助同学们从多个方面做好准备，有效应对即将面临的学习和挑战，并在大学期间实现个人的全面成长和发展。

　　通过本章的学习，同学们不仅能够获得对大学更深层次的认识，还能为即将到来的变化做好全面准备，从而在大学这个人生的新旅程中实现个人成长和发展。

📖 **经典案例**

> 小王，大一新生。开学之初某周日下午，辅导员接到小王家长的电话，称小王给朋友发短信说"不想读书了，活着也没有意思"，之后一直处于失联状态，父母十分担心。辅导员紧急联系到正在高铁上的小王，确认其安全后，对小王进行开解。经了解得知，小王高考失利，对此她心有不甘，加之刚进大学的新鲜感消失后，身边没有朋友、学习没有目标、对未来没有规划，再加上身边的人经常表现出的专科文凭无用论，这些因素交织在一起，让她对大学生活感到无所适从，非常痛苦、迷茫，甚至想要退学。她的症状被医院诊断为焦虑抑郁状态。
>
> （资料来源：张玲《从"心"开始赋能成长：从"迷茫少年"到"志愿先锋"的蜕变之路》）

点评：本案中小王患上了大学新生适应不良的心理问题，心理学上称为"回归心理"，主要表现为对大学生活不适应，对新环境陌生而产生依恋过去、渴望回到过去生活的心态。如果不能尽快地熟悉和适应新环境，就会增强对新环境的心理冲突和抗拒，从而产生失落、抑郁、焦虑等心理问题。

第一节　大学概述

一、中国大学的起源和沿革

大学是一种对社会政治、经济和文化进行传承、研究、融合和创新的功能独特的文化机构。大学的历史源远流长，世界上最早的大学可以追溯至 2300 多年前的战国时期。齐威王初年，在山东稷下开办的稷下学宫是中国最早的具有大学要素的高等学府，兴盛时期曾汇聚了孟子、邹子、荀子等各地学者千余人，我国历史上蔚为壮观的"百家争鸣"就是以稷下学宫为中心。与稷下学宫同时代的还有古希腊雅典的吕克昂学园，该学园配有图书馆、博物馆和实验室，亚里士多德曾在这里讲学 13 年，繁盛一时。1088 年，意大利创立的博洛尼亚大学是世界上第一所具有完整体系的大学，因此，博洛尼亚大学被称为"大学之母"。1809年，德国柏林大学的创立标志着现代大学的兴起。之后，全世界各类大学如雨后春笋般涌现，并且得到了蓬勃发展。

我国近现代意义上的大学发端于 19 世纪末。1895 年，中国在甲午海战中惨败于日本后，变法之声顿起，天津中西学堂改办为北洋大学堂，中国近代意义上的第一所大学由此诞生。1898 年戊戌变法，京师大学堂成立，这是中国近代第一所国立大学和综合大学。然而，此后的连年战乱严重影响了教育的发展。国民政府成立后到中华人民共和国成立前，我国主要效仿美、日等国家的大学制度。

1949 年，我国开始学习和模仿苏联的大学制度，编译苏联教材，全国高等院校进行了院系大调整。1978 年，我国实行改革开放政策，高等教育随之得到迅速发展，美国的大学教育模式成为我国大学的主要借鉴对象。1985 年，《中共中央关于教育体制改革的决定》提出招生制度改革、毕业生分配制度改革和扩大高校办学自主权的要求，拉开了新时期教育改革的序幕。1994 年，国家教委启动了著名的"211 工程"（即面向 21 世纪，在全国重点建设 100 所大学）。1998 年 5 月，江泽民同志在北京大学百年校庆大会上提出建设"若干所具有世界先进水平的一流大学"，加速了我国世界一流大学的建设步伐。1998 年，我国首部《高等教育法》颁布，为依法治理大学提供了主要法律依据。进入 21 世纪，我国高等教育已经由精英教育迈向大众化教育阶段。2017 年，我国高等教育毛入学率达到 45.7%，超过中等收入国家平均水平。同年 10 月，习近平同志在党的十九大报告中提出"加快一流大学和一流学科建设，实现高等教育内涵式发展"，吹响了"双一流"建设的号角。2019 年 2 月，中共中央、国务院印发了《中国教育现代化 2035》，提出 2035 年要总体实现教育现代化，迈入教育强国行列，推动我国成为学习大国、人力资源强国和人才强国，为到 21 世纪中叶建成富强、民主、文明、和谐、美丽的社会主义现代化强国奠定坚实基础。

二、大学的功能

教育是国之大计，党之大计。教育兴则国家兴，教育强则国家强。高等教育是一个国家发展水平和发展潜力的重要标志。大学肩负着人才培养、科学研究、社会服务、文化传承创新和国际交流合作的重要职能。围绕立德树人，培养德智体美劳全面发展的社会主义建设者和接班人，为实现"两个一百年"奋斗目标和中华民族伟大复兴中国梦提供有力的人才保障是大学教育的根本目的。

（一）人才培养

高等教育是培养人、造就人的重要供给主体，大学的首要职能和本质工作是人才培养。"培养什么样的人、如何培养人、为谁培养人"是高校必须回答的根本问题。立德树人是高校办学治校的根本任务，是新时代高等教育现代化发展的生命和灵魂。习近平总书记强调，"高校立身之本在于立德树人。只有培养出一流人才的高校，才能够成为世界一流大学"。一所大学办得好不好，不是看它的条件何等优越、规模如何庞大，而是要以长远的眼光、历史的视野看它培养出什么样的人才，看它对国家、对民族所做的贡献。中国近现代史上诞生了不少著名大学，在延安"山沟沟"里创办的陕北公学以及后来的华北联合大学、华北大学、中国人民大学在我国高等教育史上都留下了浓墨重彩的一笔，为党和人民培养了一大批优秀人才。习近平总书记在致中国人民大学建校 80 周年的贺信中指出，中国人民大学"在我国人文社会科学领域独树一帜，为我国革命、建设、改革事业培养输送了一批又一批优秀人才"。这既是对中国人民大学厚重历史和育人成就的高度肯定，也为全国高等院校人才培养和建设发展明确了任务。

当代中国不仅在朝着"两个一百年"奋斗目标和中华民族伟大复兴奋进，也在不断为全球治理提出中国理念、中国方案。因此，高校必须站在国家治理和全球治理的高度考量人才培养目标，必须坚持立德树人，突出人才培养的核心地位，培养既具有家国情怀，坚持爱国和爱党、爱社会主义相统一，扎根人民、奉献国家；又具有国际视野，坚持融通中外、兼济天下，在世界变革中把握人类社会发展趋势，为构建人类命运共同体贡献智慧和力量的各类创新型、应用型、复合型优秀人才。具体而言，高校要传授学生基本知识，培养学生独立思考问题、分析问题、解决问题的能力，促进学生由被动的知识接受者转化为主动的知识创造者，让学生在对学术的不断追寻中发掘自己的潜力，成就学业；培养学生形成"学术洞悉三千界、文化传播五大洲"的大气魄、大格局，让学生既能站在学术前沿认知世界、学习世界，也有勇气和能力用中国声音解读世界、引领世界；强化责任引领，促进学生社会责任理论认知、社会责任能力提升、社会责任实践担当、社会责任意识自觉，使广大学生真正成为"弘扬公共精神、履行公共职能、维护公共利益、提供公共服务、促进社会公平、担当公共责任"的国家栋梁和社会精英。

（二）科学研究

科学研究是大学的重要社会职能。当今世界，大学已经或正在成为各国知识创新的中心和推动科技成果向现实生产力转化的重要力量。20 世纪 50 年代以来，各国相继建立的各种高科技园区，将高层次大学发展高科技的职能发挥得淋漓尽致。以美国斯坦福大学为主导发展起来的硅谷科学工业园区，以麻省理工学院、哈佛大学为核心的波士顿科研中心，以及英国剑桥科学园、中国北京中关村高新技术开发区等园区都是以著名大学为中心、以高新技术产业群为基础形成的产学研结合的科技发展基地，出人才、出成果和出产品并举，大大缩短了高科技由创造加工到传播应用的周期，加速了新经济的发展步伐。科技创新是推进实现中国式现代化的第一动力。党的二十大报告指出，完善科技创新体系，坚持创新在我国现代化建设全局中的核心地位，健全新型举国体制，强化国家战略科技力量，提升国家创新体系整体效能，形成具有全球竞争力的开放创新生态。高校承担着科学研究的重要职能，是国家创新体系的重要组成部分。高校应坚持以国家战略需求为导向，充分发挥创新资源集聚、创新活动深入和国际交流活跃的优势，深入开展重大理论问题、重大现实问题和重大实践经验的总结研究，攻克关键核心技术，推动具有战略性、全局性、前瞻性的国家重大科技项目的实施，增强自主创新能力，提升国家的科技实力和综合国力。此外，高校还应积极普及科学知识、弘扬科学精神、传播科学思想、倡导科学方法，教育引导学生树立正确的政治方向、价值取向、学术导向，培养师生至诚报国的理想追求、敢为人先的科学精神、开拓创新的进取意识和严谨求实的科研作风，练就建设祖国、报效人民的过硬本领，自觉地把爱国情、强国志、报国行融入国家和民族事业中去，为实现中国式现代化提供有力的人才保障和智力支撑。

（三）社会服务

大学作为社会文化和科学研究的集中地，在科学技术、文化发展、卫生保健等方面居于领先地位，理应充分利用人才、设备、信息等资源优势，直接或间接地为政治、经济、科技、文化等领域提供全方位、高水平的服务，尽可能地帮助社会解决在发展中遇到的各种理论和实际问题，这也是大学人尽其才、物尽其用、融入社会的具体体现。大学的社会服务职能是社会政治、经济、文化等领域发展到一定阶段的产物，其具体内涵和要求也必然随着社会的变迁而发展变化。自 20 世纪末以来，我国高等教育经历了跨越式发展，角色定位也从传统的支持服务开始转向服务与引领同步发展。新时代高等教育的这种服务与引领职能具有鲜明的价值指向，它明确指出高等教育发展方向必须要同我国发展的现实目标和未来发展方向紧密联系，集中体现为"四个服务"，即为人民服务、为中国共产党治国理政服务、为巩固和发展中国特色社会主义制度服务、为改革开放和社会主义现代化建设服务。这是新时代中国特色社会主义高等教育的初心与使命，也是我国高校积极发挥社会服务职能的责任与担当。

（四）文化传承创新

新时期国家大力推进文化建设和提升软实力，必然要求大学发挥文化传承创新的职能。大学是文化的聚集地，始终坚守文化传承创新的文化自信是大学必须承担的重要职能，也是落实立德树人这一根本任务的重要内容和实践抓手。

何为文化传承创新？2012 年 3 月，《教育部关于全面提高高等教育质量的若干意见》（教高〔2012〕4 号）明确指出："推进文化传承创新。传承弘扬中华优秀传统文化，吸收借鉴世界优秀文明成果。加强对前人积累的文化成果研究，加大对文史哲等学科支持力度，实施基础研究中长期重大专项和学术文化工程，推出一批标志性成果，推动社会主义先进文化建设。发挥文化育人作用，把社会主义核心价值体系融入国民教育全过程，建设体现社会主义特点、时代特征和学校特色的大学文化。秉承办学传统，凝练办学理念，确定校训、校歌，形成优良校风、教风和学风，培育大学精神。"习近平总书记在文化传承发展座谈会上强调："在新的起点上继续推动文化繁荣、建设文化强国、建设中华民族现代文明，是我们在新时代新的文化使命。"大学是人类文明智慧结晶之所在，是创造、涵育和传播先进文化的重要场所，在推动优秀传统文化创造性转化、创新性发展中具有重要作用。进入新时代，大学要勇担新的文化使命，以守正创新的正气和锐气，守好中华优秀传统文化的"魂"和"根"，推动优秀传统文化创造性转化、创新性发展，谱写建设中华民族现代文明的当代华章。

（五）国际交流合作

2017 年，中共中央、国务院印发了《关于加强和改进新形势下高校思想政治工作的意见》，强调高校肩负着人才培养、科学研究、社会服务、文化传承创新、国际交流合作的重要使命。从此，国际交流合作以国家发展战略的定位成为高校的第五项职能。高校作为科教融合、形象建构、文化传播的有效载体，通过高校间的国际交流合作，增进文化融合、科技协作和知识传播，是加快世界一流大学和一流学科建设、促进高等教育改革发展的现实选择，也是树立文化自信、向世界传播中华文明，提高我国的国际影响力、感召力、塑造力的客观需要。特别是当中国日益走进世界舞台的中央、当中国为构建人类命运共同体谋求更大贡献时，对具有国际视野和家国情怀、通晓国际事务和规则、业务精湛、外语娴熟的新时代国际化人才的渴求愈加强烈，现代大学更应该发挥好国际交流合作的重要职能。一方面，通过采取有效措施提升中国智慧、中国方案的国际传播能力，加快中国学术"走出去"的步伐，推进中外高级别人文交流机制建设，讲好中国故事、传播好中国声音，切实增强中国学术的国际话语权；另一方面，推动中国高等教育走出去，扎实推进"一带一路"教育行动，构建世界一流大学的中国标准，为国际教育交流合作贡献中国智慧和中国方案。

三、大学之大

（一）大学之大，在于"精神"之大

我国著名教育家、国学大师汤用彤先生曾说过："大学之大，在于精神之大，大学精神之于大学，犹如人之灵魂之于身体。"大学精神关乎心灵之安放，力量之源泉，是每一位大学人心中的图腾。北宋哲学家张载曾言，"为天地立心，为生民立命，为往圣继绝学，为万世开太平"，千百年来家传户诵、脍炙人口，俨然成为中国知识分子和一代代学人共同追求的精神依归，至今仍然熠熠生辉。大学精神体现了大学文化的核心价值，校训则是对大学精神内涵与实质的集中阐发与凝练。例如，"思想自由，兼容并包"之于北大，"自强不息，厚德载物"之于清华，"允公允能，日新月异"之于南开，等等。学生置身其中，在潜移默化中受到良好的教育，教工置身其中，感到主人公的自豪从而激发勤奋工作的热情，公众置身其中，感到高等学府的神圣和宏伟。在长期的社会发展中，大学展现出独立超然的精神品格，既有走出象牙塔、躬身实践的主人翁意识与行动，又保持了超然物外的冷静与清醒，不人云亦云，不亦步亦趋，不牵强附会，以独立思考和求是精神，始终为社会提供理性的判断和科学的指引，成为社会前行的导航路标。

（二）大学之大，在于"大师"之大

1931年，梅贻琦在就职清华大学校长时提出："所谓大学者，非谓有大楼之谓也，有大师之谓也。"意思是，大学之大，并不在于它有多少大楼，而在于它有多少名师大家。这样的大师，既是学问之师，又是品行之师。在这些"大师"身上彰显了中国传统知识分子的优秀品格，他们学高为师，身正为范，治学严谨，诲人不倦，心怀国之大者，以"修身、齐家、治国、平天下"为一生行为之指引，具有强烈的历史责任感和使命意识。

大学汇聚了一大批睿智的专家学者，他们在各自不同的学科领域著书立说、潜心学术，研究过去、分析当下、探索未来，通过各种渠道传播科学信仰、弘扬优秀文化、启迪美好心灵、讲授知识技能，他们既是蜡烛，更是灯塔。师资队伍是大学的战略性资源和安身立命之本，是建设一流大学的关键因素和重要支点。正如北京理工大学杨东平教授所言，每一所大学的成长都与教育家相连，如蔡元培、蒋梦麟之于北京大学；梅贻琦、潘光旦之于清华大学；张伯苓之于南开大学；唐文治之于交通大学；竺可桢之于浙江大学；郭秉文之于东南大学；王星拱、周鲠生之于武汉大学；马相伯、李登辉之于复旦大学；邹鲁、许崇清之于中山大学；萨本栋之于厦门大学；熊庆来之于云南大学；罗家伦、吴有训之于中央大学；胡庶华之于湖南大学；郑洪年、何炳松之于暨南大学；陈时之于中华大学；陈垣之于辅仁大学；钟荣光之于岭南大学；刘湛恩之于沪江大学；陆志韦之于燕京大学；吴贻芳之于金陵女子大学，等等。

（三）大学之大，在于"学问"之大

"四书之首"《大学》开宗明义，"大学之道，在明明德，在亲民，在止于至善"。蔡元培先生说："大学者，研究高深学问者也。"就教师而言，"当有研究学问之兴趣，尤当养成学问家之人格"。这里所说的高深学问，既指知识的深度和广度，又指对未知领域和全新知识的探索与发现。"论天下之精微，理万物之是非。"千千万万的大学教师在各自不同的学科领域，潜心学问研究。有的大学教授，或精于某一学科领域的学术研究，或者在两门甚至多门学科领域卓有建树。大学涉猎的学术、学问，广而无边，深不可测。在新的发展阶段，大学要实现从外延式发展向内涵式发展转变，就必须在精准把握自身发展现状的基础上，守正创新，积极完善高校学术治理体系建设，推进内部体制机制改革。

（四）大学之大，在于"学生"之大

大学的基本职能是教书育人、立德树人，学生是大学的中心。"大学生"这个称谓既指特定学段，更是对大学生品行与情趣的规定。因此，一名合格的大学生一定是具有自由精神、独立人格、高尚情操、人文关怀的大写之人。《孟子·离娄章句下》曰："大人者，不失其赤子之心者也。"意指伟大的人，胸怀宽广，淡泊宁静，拥有一颗童心纯真不伪，本色自然。《孟子·尽心章句上》又曰："穷则独善其身，达则兼善天下。"大学生不仅要研学术、练专业，更要识大节、习大道、践大义而达大成，志存高远，奋发图强，方能成就大写之人。高校的使命是为党育人、为国育才，根本任务是立德树人。为此，必须以习近平新时代中国特色社会主义思想为指引，坚持社会主义办学方向，坚持服务国家重大战略需要，构建教育教学高质量发展体系，高质量培养德智体美劳全面发展的社会主义建设者和接班人。综上所述，大学之大，在于海纳百川、有容乃大之气度，在于美美与共、和而不同之境界，在于自由精神、独立人格之理想，在于宏阔学术、求实创新之品格，在于"苟利国家生死以，岂因福祸避趋之"之情怀。

四、大学学科、学位制度、学制与考核

（一）大学学科

1.学科制度、学科设置

学科主要指学术的分类，即一定的学科领域或一门科学的分支。一所大学的学科状况，例如学科层次、门类、结构和数量的多少，直接反映该校教学科研活动水平的高低。高校的学科分类有多种，那么学科门类是如何划分的呢？2024年，教育部发布了最新《普通高等学校本科专业目录》，规定了专业划分、名称及所属门类等。

我国普通高等学校专业设置按学科门类、学科大类（一级学科）、专业（二级学科）三个层次来设置。按照教育部2024年发布的《普通高等学校本科专业目录》，我国高校专业分为哲学、经济学、法学、教育学、文学、历史学、理学、工学、农学、医学、管理学和艺术学共12个门类，每个门类下设若干一级

学科。例如，经济学门类下设经济学类、财政学类、金融学类、经济与贸易类共4个一级学科。每个一级学科下设若干二级学科（专业），例如经济学类下设经济学、经济统计学、国民经济管理、资源与环境经济学、商务经济学等专业，随着社会的发展还会有新的专业产生。学科是高校的细胞组织，世界上不存在没有学科的高校，高校的各种功能、活动都是围绕学科展开的，离开了学科不可能有人才培养，也不可能有科学研究，更不可能为社会服务。

2.专业设置、专业选择

专业主要是指高等学校培养学生的各个专门领域，是根据社会分工需要划分的学科门类。教育部2024年发布的《普通高等学校本科专业目录》包含93个专业类，816种专业。大学生在高校所学专业对今后的职业规划、事业发展和人生道路都有不可忽视的影响，因此，专业的选择对大学生至关重要，由此也引发了冷门、热门专业的讨论话题。

专业没有好坏之分，关键在于是否符合学生的兴趣和未来职业规划。社会对不同专业人才的需求随着社会发展而变化，所谓的热门专业与冷门专业都是暂时现象。实际上，每个专业都有其独到之处和发展潜力，重要的是学生在选择专业时是否有足够的了解，并根据自己的兴趣和能力做出恰当的选择。如果学生在填报高考志愿时对自己想学的专业不够了解，却选择了与自己兴趣不符的专业，那么转专业则成为一种解决方案。兴趣是最好的老师，热爱专业才是学好专业的关键，在对专业的基本结构和特点有了基本了解之后，培养专业兴趣，探索学习方法，建立思维模式，激发兴趣点，化主动为被动，将专业知识与实践紧密结合，这样才能在专业领域取得成功。

（二）学位制度

1.学位与学位制度

学位是标志被授予者的受教育程度和学术水平达到规定标准的学术称号，被授予者在高等学校或科学研究部门学习研究并达到要求后，由有关部门授予专业知识学习资历。学位制度是国家或高等学校以学术水平为衡量标准，通过授予一定称号来表明专门人才知识能力等级的制度，学位的授予建立在严格的科学训练和考核基础之上。

2.我国的学位分级与颁发

不同国家有各自的学位分级方法，我国的学位分级采用多数国家的通行做法，即与高等教育的不同阶段相联系，设学士、硕士、博士三级。我国的学位授予工作由国务院学位委员会负责领导，国务院学位委员会常设机构是国务院学位委员会办公室。高等学校、科学研究机构及其学科专业对符合条件的人员授予学位，必须首先经国务院学位委员会批准授权，取得授予学位资格。学位授予单位应当设立学位评定委员会，并组织有关学科的学位论文答辩委员会。此外，学位不等同于学历，一定的学历通常是取得学位的充分条件。

3. 辅修学士学位

辅修学士学位是指在本科学习阶段，学习本专业的同时跨学科门类学习辅修另一专业的学位课程，达到规定要求后同时获得另一学科的辅修学士学位。

辅修学士学位的培养模式主要针对学有余力的学生，学生在主修一个专业的同时，跨学科门类辅修另外一个专业。按照《学士学位授权与授予管理办法》的规定，辅修学士学位与主修学士学位应归属不同的本科专业大类，例如同时修读数学与应用数据及应用物理学两个专业就无法获得相应的辅修学士学位，因为它们同属于理学。此外，对于没有取得主修学士学位的也不得授予辅修学士学位。而且，辅修学士学位应在主修学士学位证书中予以注明，不单独发放辅修学位证书。辅修学士学位的招生范围一般是大二学生，报名条件是成绩较好，无不及格学科，以及满足招考学校的其他要求，经录取后从大二开始学习。

（三）学习制度

学年制是以读满规定的学习时数和学年及考试合格为毕业标准的高等学校教学管理制度。学年制既规定一定的修业年限，又规定相应的教学时数，每一学年必修课程和选修课程的门类和教学时数都有严格的规定。不同的专业因培养目标不同，其修读的学年和学时规定也不同。学分制是与学年制相对应的一种教学管理制度：学年制是以学年为计量单位，衡量学生学业完成情况的教学管理制度；学分制则是把规定的毕业最低总学分作为衡量学生学习量和毕业标准的一种教学管理制度。学分制是在选课制的基础上产生的，是以一个能够适应不同教学计划的共同计量单位来进行教学管理，有利于因材施教和学生个性化发展。学分制一般以每一学期或每周授课时数及实验、实践、实习时数等要素为计算依据，对各门课程分别规定不同的学分，同时规定学生毕业的总学分。在我国，各校学分的具体计算方法并不统一，所以各校规定学生达到毕业要求的总学分数也不尽相同。为了便于管理，西南财经大学天府学院根据课程在专业培养方案中的类型、学时数及重要性为每门课程赋予了相应的学分。原则上 16 ~ 18 学时为 1 学分；实践性教学环节，一周为 1 学分。

（四）成绩考核

1. 课程考核

西南财经大学天府学院课程考核分为考试和考查两种，具体形式由课程组根据课程特点进行选择。学生修学课程的考核成绩由平时成绩（含期中考试、课堂讨论、作业、论文、实习、纪律考勤等）与期末考试成绩综合评定。原则上，平时成绩和期末成绩所占比例由课程组及课程所属学院确定。课程考试成绩以百分制计，学生最终成绩达到 60 分及以上者为合格，成绩达到合格及以上者同时取得该门课程的学分。

学生大学外语综合成绩由英语课程期末成绩与全国大学外语等级考试成绩综合计算确定，原则上外语专业学生外语等级考核成绩标准为六级，非外语专业外语等级考核成绩标准为四级。

2. 实习与实践

教学实习与实践环节是理论联系实际的重要途径，对学生将专业知识应用于实际场景至关重要。实践环节的主要手段包括实验、实习、社会实践、毕业设计等形式。实验旨在让学生熟悉科学实验的方法和技巧，通过实验室活动锻炼学生的观察能力和动手能力。实习通常分为认识实习和专业生产实习两种，旨在帮助学生了解专业领域的实际工作环境，积累工作经验，掌握必要的实践技能。社会实践使学生有机会走出校园，直接了解社会，通过进行专题研究或参与调查等形式的活动来完成，这个活动通常在寒暑假期间进行。毕业设计是学生在即将毕业之前必须完成的一项综合性任务，基本上要花费一个学期的时间，旨在全面审视学生在大学期间的学习成果，是对学生专业知识运用和创新能力的全面考查，学生需要完成毕业设计、撰写毕业论文并通过答辩，合格后方能获得毕业证书，并在满足条件的情况下授予相应学位。

3. 重在平时与过程

相较于中学，大学作业量少，考试频次低，考试形式灵活，这对于从高考摸爬滚打过来的学生而言可谓"小菜一碟"。但大学对学生的培养不仅是知识的传授，还有品格的塑造、能力的提升。书面考试只能有效考核学生对理论知识的掌握，对学生的综合能力却无法进行有效评价。为了全方位地考核学生的知识能力水平，大学将学生的学习过程，例如学生讨论发言、小组项目、课业大赛等纳入课程考核的范围。因此，大学生应注重平时积累，灵活掌握知识，强化对知识的梳理与运用，同时加强自身在写作能力、表达能力、团队协作能力等方面的培养。

第二节　关于大学的几种误区与应对策略

同学们，当你还是高中生时，可能还迫切地期待过高中生涯的结束，向往无拘无束的大学生活。但是，当真正步入大学以后，你可能会发现大学里流行两个字："郁闷"。大学生活转瞬即逝，一些毕业生满怀自信地步出校门，仰望星空，而另一些却满目迷惘与无助。这种差异通常源于他们进入大学后是否做好职业生涯规划。大学一年级可以看作新生"试用期"，同学们需要迅速适应高中与大学生活的差异，快速完成角色转换，适应新的大学生活。那么，作为一名刚刚入学的大学新生，你应该如何融入这个渴望已久的新环境？如何适应紧张而充实的大学生活呢？以下是大学里常见的几种认识误区及应对策略。

一、误区一：大学是"象牙塔"

"象牙塔"意指脱离现实社会，远离生活之外的理想环境。作为大学新生，应正确理解"象牙塔"的含义：一方面，要有勇于钻研象牙塔的精神，一心向学；另一方面，要有舍弃象牙塔的决心，关心社会大事，开阔视野。

在这个充满多样性的时代，大学生应展现包容之姿，主动拥抱各种思想和知识，积极进取，树立宏伟的目标，立志成为社会的杰出人才，做一个有理想、有信念的人。理想与信念是人生和职业道路上的灯塔，它们不仅指明前进的方向，确立个人的立场，而且塑造内心的状态和引领行动的步伐。崇高的信念不仅引导大学生做什么样的人，选择何种道路，还激励他们不懈奋斗。怀着崇高而伟大的理想，大学生才会充满生机与活力，不断追求卓越；拥有正直且坚定的信念，大学生才会对世界、对人生做出正确的选择。

（一）站在时代之巅搭建理想之桥

作为新时代的大学生，应志存高远，树立坚定的政治方向和远大的人生志向，坚定中国特色社会主义的道路自信、理论自信、制度自信、文化自信。应保持对理想信念的热情与执着，把实现"两个一百年"奋斗目标以及实现中华民族伟大复兴中国梦的历史使命转化为自己的自觉追求和具体行动。

（二）从新生选定的方向开始

在当今社会，有的大学生热心于西部大开发工程，有的献身教育事业，而更多的是为自己的未来奋斗。真正的生活信念应基于现实，坚持实事求是、知行合一的原则，保持脚踏实地的姿态。同学们应珍惜大学时光，勤奋努力，深耕专业，同时也要找准自己的专业重点，追求广博的知识和深入的专业性，做到广泛学习与深入研究相结合。从现在开始，从小事做起，从每一个具体行动做起，逐步构建自己未来的版图。

二、误区二：大学是"保险箱"

能进入大学学习的都是高中的佼佼者，但能否在大学里继续领先呢？是否仅凭一纸录取通知书就能一帆风顺？显然不是，因为大学并非"保险箱"。千里之行，始于足下。同学们要想在大学这个竞技场脱颖而出，就必须继续保持坚毅和踏实，不断努力，方能在前进的道路上稳步领先。任何时候都不可以掉以轻心，任由自己随波逐流。否则，一旦落后，就可能步步落后。

有的同学认为进了大学就是进了"保险箱"，没有了家长的唠叨和高中老师的监督，不再受以往的种种管束。曾经没日没夜的学习被自由自在的大学生活所取代，每周只需上几节课，甚至每天可以悠然地睡到自然醒，生活似乎变得轻松、自由了许多。然而，对于大学新生而言，最重要的是重新审视自己，成为一个能够正确认识自己的人。《吕氏春秋》曰："欲论人者，必先自论；欲知人者，必先自知。"同学们，适应大学生活的关键在于清醒地认识到自己身份的转变，重新审视自己，并迅速适应从中学生到大学生角色的转变。

（一）抛开高考，跳脱"原我"

有统计显示，大学生在大学期间的学习成绩与高考成绩并无必然联系，那些高考时成绩斐然的学生未必能在大学期间保持优势，相反，一些在大学课堂上脱颖而出的学生，高考成绩并不特别拔尖。这说明大学新生不应过分看重高考分数，而应迅速从高考的"原我"中跳脱出来，开始新的学术探索和个人成长。所以认识事物的真相与全貌，要超越狭小的范围，摆脱主观成见。

（二）开阔视野，定义"新我"

"不识庐山真面目，只缘身在此山中。"耳熟能详的诗句告诉我们，只有超越自我，摆脱主观成见，人们才能更清晰地认识自我。大学新生需要学会筛选并拥抱时代和青春期的特征，塑造"新我"。现在的大学生多为"00后"，身上有着中国式家庭教育和应试教育的集中体现，在自理、自律、情感价值、意志品质等方面可能存在欠缺。但是通过开阔视野，不断积累自我认识、社会适应、人际交往以及社会责任等方面的经验，依然能够快速摆脱对外部环境的依赖，重塑自我，明确自己的未来方向。

三、误区三：大学是"游乐场"

对于许多怀揣梦想的学生来说，大学是他们心目中的理想乐园。然而，凡事都有两面性，大学也犹如一柄双刃剑：舞得优美，它便是成功人士的坚实基石；舞得拙劣，则易伤及自身。事实上，不少大学生在实现了高考这个所谓的"人生理想"之后，就迷失了方向，失去了学习的热情，常感空虚与无趣，哀叹生活没有意义。这导致他们睡懒觉、逃课，沉溺于游戏、娱乐、社交等活动，单单忽略了学生的首要任务——学习。因此，大学新生必须学会自主和自觉地学习，确保自己在知识的道路上不断前行。

（一）树立专业思想，强化专业认同

许多同学进入大学后，面临的第一个问题便是对所学专业不满意，这种情绪可能导致有的人厌学，并转头扎进娱乐活动中去。在大学生活的起始阶段，同学们首先要调整自己的情绪和态度。面对所学专业，大学新生应采取一种"既来之，则安之"的心态，毕竟大学的专业只是指明学习的一个方向，并不决定一个人未来人生道路的轨迹。同学们应树立专业思想，建立对专业的认识，了解专业的前景，加强对专业的认同，并且认真学好每一门专业课，这不仅是对自己负责，也是对未来发展最有利的选择。

（二）培养学习能力，主动驾驭学习

大学学习与中学的被动式学习不同，它不仅衡量一个人是否学会了知识，更加强调的是如何培养一个人主动去学习的能力。为此，同学们需要转变观念，从"简单接受"转变为"主动探索"，从"被要求学习"转变为"主动求知"，从"被动等待授知"转变为"积极掌握学习技能"。大学是培养一个人独立获取知识能力的关键阶段，同学们需要调整自我角色与学习心态，掌握大学学习的规律，从而在大学的学术海洋中扬帆远航。

第三节　走进我的大学

一、学校基本情况

西南财经大学天府学院是经教育部（教发函〔2006〕81号）批准，将西南财经大学涪江校区进行整体置换，并完整继承了原西南财经大学电子商务学院的全部师资和管理队伍、办学理念、图书资料、教学设备、校园建筑及生活设施等设立的独立学院。经过十余年的发展，学校先后获得了"中国最具办学特色独立学院"、"亚太区最具发展潜力品牌院校"、"中国设计教育成果奖"、"21世纪中国教育改革创新示范院校"、"创新创业教育先进学校"、"十大民办独立学院"、"亚太十大教育创新示范基地"、"最具就业竞争力本科院校"、"普通高等学校毕业生就业工作优秀本科院校"、"中国服务外包教育机构最佳实践十强"、腾讯教育"2020年度综合实力独立学院"、四川省川西北高校安全保卫工作"平安校园"先进单位、全国教育系统先进集体、四川省文明校园、四川省教育系统信息工作先进单位、四川省高校定点扶贫先进单位等荣誉称号。2017年2月，学校通过了ISO 9001：2008认证审核，成为获得国际质量管理体系认证的高等院校。在

中国校友会最新排名中，学校位列中国独立学院第 15 名，中国财经类独立学院第 2 名。

学校现有成都、德阳、绵阳三地共四个校区，占地面积共计 1909 亩。成都校区分为成都东区和成都西区，均位于成都市成华区东三环路二段龙潭总部经济城内；德阳校区位于德阳市罗江区高速公路出口附近；绵阳校区位于绵阳市。高铁 40 分钟串联成都、德阳、绵阳四校区。

学校拥有现代化的教学、科研、体育运动和后勤生活设施，教学场地充足，设施先进齐全，学生住宿条件优良。学校建有各类现代化多媒体教室 500 余间；图书馆现有纸质图书 154 万册，电子图书 121 万余册，计算机 6622 台，实验大楼教学仪器设施完善，设备先进，可满足 31000 余名学生的上机实习和实验教学要求；主干千兆的校园网络覆盖每个教室、每间学生宿舍和实验室的每张桌面，网上教学、科研资源丰富；各类体育设施、设备完善，有标准人工草坪足球场、塑胶跑道田径场、标准塑胶篮球场、标准塑胶排球场、标准塑胶网球场以及标准游泳池等运动设施。

学校充分依托西南财经大学 90 余年的优良教育品牌，秉承高规格、高起点的办学理念，以"崇文尚武、敏思践行"为校训，以"一个头脑（国际视野、创新思维），两个工具（财经管理和信息技术），三个习惯（自信、自律、自学），四项品质（忠孝、廉耻、诚信、勤奋）"为培养目标，坚持国际化、信息化和产教融合的办学思路，不断深化"一个头脑、两个工具""狩猎场理论""多元智能理论"等办学理念与人才培养模式的有机融合，形成了"以学生职业发展为目标，以综合能力提升为主线，以知识学习为载体"的人才培养指导思想。学校立足于经济、管理学科优势，充分利用信息技术手段改造传统专业，全面推进新文科建设，大力发展新工科专业，积极开设区域经济发展与民生急需专业，不断推动专业的交叉、集成与创新，形成了相互支撑、交叉渗透、协调发展的学科专业发展格局。学校转变教育思想，改革教学方法，大力推进课程及课程体系国际化进程，培养政治思想坚定，具有正确的世界观、人生观、价值观，具备扎实的专业知识和人文素养，熟练掌握信息技术，拥有国际视野和创新思维头脑，适合现代社会发展和经济建设需要的一流应用型人才。

学校现有本科专业 43 个、专科专业 30 个，涵盖经济学、管理学、工学、文学、艺术学、法学、医学、教育学 8 个学科门类，下设会计、智能金融、智能科技、艺术与传媒、康养护理、建筑与工程、现代服务管理、文化与教育、国际教育 9 个二级学院和马克思主义、数学、体育 3 个公共课教学单位。会计学、环境设计、社会工作、计算机科学与技术 4 个专业被列为省级一流本科专业建设点，会计学、环境设计、计算机科学与技术、工程造价、社会工作 5 个专业被列为省级应用型示范专业，会计学、艺术设计（老年设计方向）、计算机科学与技术、老年服务与管理 4 个专业被纳入四川省民办高校重点特色专业质量提升计划建设项目，会计学和视觉传达设计专业被列为四川省"课程思政"示范专业，艺术设计类课程组群教学团队、财务决策与决策支持类课程群组教学团队和思政课课程组群教学团队被列为四川省"课程思政"示范教学团队。学校现建有会计实验教学中心、现代企业管理实验教学中心、康养专业集群实验教学中心 3 个省级实验教学示范中心，1 个省级虚拟仿真实验教学中心——财务共享与智能财务虚拟仿真实验教学中心。目前，学校有四川现代流通经济研究中心、四川天府老龄产业发展研究中心、四川传统文化研究中心 3 个绵阳市社科研究基地，设立了西财天府数字艺术设计研究中心、天府互联网课程资源建设与研究中心、四川全域旅游研究中心、四川跨境电子商务研究中心、天府健康大数据研究中心、西财天府碳中和财经研究中心、西财天府智能 RPA 机器人研究中心、西财天府建筑智能化应用研究中心、西财天府城乡社区营造研究中心、西财天府三全育人协同创新研究中心等 24 个校级科研机构。

为更好地落实人才培养目标，学校还积极打造各类精品示范课程，现建有"财务报表分析""Excel 在财务中的应用""包装设计""面向对象程序设计与实践""思想道德修养与法律基础""英语阅读 Ⅱ""投资价值分析与评估""住宅小区规划"等 16 门省级一流本科课程，"财务报表分析""Excel 在财务中的应用""包装设计""形势与政策 Ⅲ""房屋建筑学""面向对象程序设计与实践"等 10 门省级"课程思政"示范课程，"投资学""面向对象程序设计与实践""财务报表分析""住宅小区规划""安装工程造价""生死学"等 11 门省级应用型示范课程，"书籍装帧设计""创业与创新教育"2 门省级创新创业教育示范课程。

学校与美国密苏里大学、密苏里科技大学、北亚利桑那大学，英国考文垂大学、哈德斯菲尔德大学、普利茅斯大学、德蒙福德大学、奇切斯特大学、西英格兰大学、朴次茅斯大学，澳大利亚迪肯大学、维多利亚大学、西悉尼大学等著名学府建立了长期合作关系，本科毕业生可直接攻读国外名校研究生，专科毕业生可直接攻读国外大学本科等。学校建立的英国国家高等教育文凭国际交流项目中心被评为国内首个 A 级中心，独立设计开发的"3+1""2+2""1+1"课程体系得到近 60 所海外院校的认可。学校还参加了由全国 12 所大学组成的未来大学联盟，开展了学生交流与学分互认活动。

学校深化教育教学改革，推进内涵式发展，探索应用型办学特色的"天府模式"，获批四川省高等教育人才培养质量和教学改革项目 6 项，四川省新文科研究与改革实践项目 2 项，荣获四川省教学成果奖二等奖 1 项、三等奖 1 项。学校大力推行以云教学、案例式、体验式、项目驱动式等为典型代表的雅典式课堂教学改革，着力培养学生的实际动手能力和创新能力。学校注重理论联系实际，并加强与美国甲骨文（Oracle）公司、世界上最大的第三方物流公司马士基物流等世界 500 强企业合作，建立了 Oracle 电子商务应用系统、IBM 电子商务系统、财务共享中心，以及设立了由中国物流条码推进工程办公室、中国物品编码中心授予的条码实验室等电子商务应用实验室，并将这些应用系统融入课堂教学中，方便学生在校园内就能直接使用国际水准的电子商务平台。学校还与中国银行四川省分行、交通银行四川省分行、普华永道、杭州娃哈哈集团、四川维奥集团、四川长虹、绵阳九洲集团、江苏京东信息技术有限公司成都分公司、埃森哲（中国）有限公司成都分公司等知名企业合作，建立了长期的学生实习就业基地。学校积极开展"双创"教育，成为全国高校首批"因为有你·全国大学生创新创业实践基地"。此外，学校还建立了电子商务模拟环境、电子政务模拟环境、商业银行模拟环境、电子税务模拟环境、情景管理模拟环境等 5 个仿真模拟环境，现建有会计、现代企业管理、康养专业集群 3 个省级实验教学示范中心，为培养应用型人才奠定了坚实基础，创造了优良的育人条件。

学校在校园内大力营造"小社会、大课堂"的育人环境，提倡赏识教育和"关爱心灵，砥炼心志"的积极人生心态，广泛开展大学生职业生涯规划等一系列综合素质拓展活动。通过职业能力、兴趣爱好等方面的测评，帮助学生发现自身优势和特长，为学生的专业选择和未来发展方向提供科学依据和参考。通过个人发展咨询中的一对一咨询、团体咨询、同辈咨询以及心理讲座、工作坊等形式，引导学生了解自我，开发自身潜能，为学生进入社会、适应社会做好准备。同时，通过实施双导师制和学长制建立良好的师生及同辈沟通关系，帮助学生适应大学环境，提升综合素质，落实职业规划，取得了良好效果。

经过多年来教学经验的积淀，学校"管理学（Foundations of Management）"双语课程被教育部、财政部批准为全国首批双语教学示范课程。2012 年，学校学生荣获"首届全国平面设计大赛"银奖。2013 年，学校学生荣获"第六届'用友杯'全国大学生会计信息化技能大赛"总决赛川渝地区团队一等奖。2011—2013 年，学校学生荣获教育部主办、金蝶软件（中国）有限公司承办的"全国大学生创业大赛"全国总决赛金奖。2014 年，学校学生荣获"2014 永远跟党走——第九届中国青年艺术节比赛"全国银奖，"第六届全国高校市场营销大赛"四川省一等奖等奖项。2015 年，学校学生荣获"第六届 BIM 施工管理沙盘及软件应用大赛"综合一等奖、项目策划单项一等奖，"第二届全国平面设计大展"金奖等奖项。2016年，学校学生荣获"第三届'发现杯'全国大学生互联网软件设计大奖赛全国总决赛"一等奖，"第七届'蓝桥杯'全国软件和信息技术专业人才大赛——软件创业团队赛"全国总决赛特等奖等奖项。2017年，学校学生荣获"第八届'蓝桥杯'全国软件和信息技术专业人才大赛"四川省赛一等奖，"PPT四高校联赛"一等奖等奖项。2018年，学校学生荣获"第七届POCIB全国外贸从业能力大赛"团体一等奖，"第二届'国青杯'全国高校艺术与设计大赛"一等奖，"第四届中国大学生人力资源职业技能大赛"南部赛区特等奖等奖项。2019年，学校学生荣获"全国新零售买手创业实战"技能赛特等奖，"第四届'精创教育杯'全国人力资源管理知识技能大赛"第三大区一等奖，"全国大学生'互联网+'创新大赛暨第七届'发现杯'全国大学生互联网软件设计大奖"一等奖1项、二等奖4项、三等奖10项，"第二届'龙腾杯'全国大学生创意创新大赛"二等奖，"第五届全国应用型人才综合技能大赛"二等奖6项，"'一带一路'跨境电子商务创新创业大赛'速卖通运营'决赛"全国团体一等奖等奖项。2020年，学校学生荣获"第四届金蝶云管理创新杯全国总决赛"团队一等奖，"第五届OCALE全国跨境电商创新创业能力大赛"团队二等奖，"第九届POCIB全国外贸从业能力大赛"团体二等奖和个人一等奖，"'新道杯'四川高校数智化人才大赛"系列赛事省一等奖等奖项。2021年，党委学生工作部教师陈实荣获省委、省政府颁发的"四川省脱贫攻坚先进个人"，会计学院教师张琴等荣获"首届四川省高校教师教学创新大赛"二等奖和教学活动创新奖等奖项。2022年，学校成功入选教育部第一批高校"一站式"学生社区综合管理模式建设自主试点单位，"五位一体——蒲公英心理育人实践与创新"项目获批四川省高校思政工作培育项目，智能科技学院荣获四川省样板党支部培育单位称号。此外，学校还荣获四川省征兵工作先进单位、四川省"平安校园"先进单位、四川省学校无偿献血工作先进单位等荣誉称号。

学校坚持人才强校，学术兴校，立足四川，面向西部，辐射全国，努力将西南财经大学天府学院建设成为全国一流、有特色、有影响力的应用型本科院校。

二、学校办学理念

（一）人才培养目标

人才培养目标：一个头脑、两个工具、三个习惯、四项品质。"一个头脑"是指学生具备良好的政治素质和职业素养，具有创新思维的财经头脑。有了这样的头脑，学生可以多角度、创造性地在各种经济活动中发现问题、分析问题并解决问题，而这正是社会对创新型、应用型人才的最根本要求。"两个工具"即要求学生具备良好的财经管理和信息技术的应用能力。在以信息技术和全球化为特征的现代社会，这"两个工具"将是学生叩响人才市场大门的敲门砖。"三个习惯"是指自信、自律、自学。学生具备了自信心和自律性，并养成自主学习的习惯，就为其终身发展奠定了坚实的基础。"四项品质"是指忠孝、廉耻、诚信、勤奋。懂忠孝、知廉耻、讲诚信、能勤奋是立德树人、教书育人的根本要求，也是学生取得终身成就的基石。

（二）学生管理模式

学生管理模式：以生为本，同辈学习。学校始终坚持以服务学生为宗旨，并充分利用校园智慧化平台，将学生课表（成绩）查询、请销假、综合测评、活动参与、寝室报修等学习生活服务集结网络平台，优化服务流程、简化办事环节。为充分满足学生的多样化需求，每一宿舍楼栋都根据实际情况开设了书吧、自习室、活动室等场所，真正为学生提供贴心服务。

在大学教育中，课堂教学是学习的主要渠道之一，同辈之间的相互学习同样也是十分重要的学习途径。为了促进学生进行同辈学习，学校在低年级学生中推行"三位一体"的辅导员、班导师、辅导员助理管理制度，帮助低年级学生顺利度过适应期；针对中高年级学生，学校则通过学生党支部、团总支、学生会和各类社团组织，促进学生与志同道合的同学一起参与实践锻炼，在同辈的影响、支持和帮助下完成探索成长期，进一步培养自己的交流沟通能力与团队协作精神。

（三）人才培养指导思想

为了贯彻和落实"以人为本"的科学教育观，真正实现"教书育人"的本质内涵，体现"育人"是根本、"教学"是手段和过程的教育、教学思想，学校制订了以学生职业发展为目标、以综合能力提升为主线、以知识学习为载体的人才培养指导思想。为此，我们针对不同行业对专业人才的能力要求进行了认真收集和梳理，归纳出通用能力和各种专业能力。在此基础上将这些能力要求分解到不同的课程和学生学术活动中去，并设计出有效的培养途径和手段对这些能力进行培养，使天府学院的人才培养方案既包括知识学习，也包括能力培养和素质教育；人才培养方案不仅融入课堂教学，还充分融入学生活动。

（四）课程教学方式

课程教学方式：注重学生主动参与。知识能够传授，而能力只能锻炼。课堂讲授是理论知识传授的有效手段，学生要将理论知识转化为能力，就必须在实践中多多锻炼。学生仅靠教师在课堂上讲授理论知识，很难达到能力锻炼的目的。为此，我们全力开展课程教学改革，积极推行"雅典式"教学，彻底打破教师

"一言堂"的传统教学模式。大力开展实验教学、实践教学、案例教学、讨论式教学、项目驱动式教学、研究式教学、拓展训练式教学等多种教学形式的探索与实践，大大提高了学生的主动参与度，也提高了学生将知识转化为能力的速度和比例。

（五）人才评价与考核

人才评价与考核：注重过程管理。卷面考试是理论知识考试的有效手段，但卷面考试却很难考核学生的交流沟通能力、团队协作能力等综合能力。为此，学校大力改革考核制度，以学生讨论发言、小论文、小组项目、课业大赛等形式为考核依据，加强学生的学习过程管理。这种考试制度的改革，从根本上提高了学生平时主动学习、研究性学习的积极性。不仅让学生学到了更多的理论知识，还锻炼了学生的写作能力、表达能力、时间管理能力、团队协作能力等综合能力。

（六）素质教育模式

素质教育模式：学生自主管理。学校精心打造了"小社会、大课堂"育人环境，在校内为学生参与企业、学生社团和学习型组织搭建了专业实习、社会实践、能力锻炼三类平台，实现全员育人、全方位育人、全过程育人。

1. 专业实习平台

与国际知名企业合作，建立了 Oracle 全套应用系统、金蝶 K3 系统等应用环境，并以此为基础成立了完全自主学习、自主管理的 Oracle 兴趣小组，构建了学生课外自主学习模式。

2. 社会实践平台

学校开办了学生自主经营的"学生实验超市""有间水吧""Finger 工作室"等实体，管理服务部门提供了图书馆、学生公寓、文印打字等 229 个工作岗位，学生在获得实践锻炼的同时也实现了勤工俭学。

3. 能力锻炼平台

学校建立了各种组织和学生社团，各类学生干部通过择优录取、竞争上岗，使他们的组织管理和协调沟通能力得到锻炼和提升。

"大课堂"犹如一个大熔炉，通过上述三类平台的锤炼，更加有效地提高了学生的综合素质。

（七）育人环境营造

育人环境营造：关爱心灵、砥炼心志。教育的终极目标不只是知识和技能的积累，还包括健全人格和潜能激发。学校在贯彻"以人为本"科学教育观的实践中，坚持把教育与人的心志发展、价值探索与自我实现紧密地联系在一起。学校向全校师生提出："像关爱生命一样关爱心灵，像终身锻炼身体一样砥炼心志。"对学生无条件的关爱是他们成长所必需的阳光，而乐观执着的砥砺则是经风雨、见世面的保障。在心理教育方面，学校通过"学生工作室"这一载体，广泛开展时间管理培训、同辈咨询、心理沙龙等活动，逐步引导学生了解自我、管理自我，进而开发自身潜能。

同时，通过实施双导师制，帮助大一新生尽快适应大学环境，同时也帮助高年级学生及早做好职业生涯规划，为将来的人生发展奠定基础。此外，学校还大力提倡赏识教育，让学生充分认识自我优势，塑造自信人生。教师在课堂上尽力发掘每一位同学的闪光点，并加以表扬；同学们在生活中也要善于发现他人的优点，相互赞赏、相互成就。这是学校对全校教职工提出的关爱学生，实行赏识教育的基本要求。

第四节　新生应做的准备

一段旅程的结束，意味着下一个新征程的开始。迈过人生的重要节点，展望新生活，我们难免百感交集。也许会有对大学生活的憧憬，也许会有对往昔生活的怀恋，也许会有站在十字路口的迷惘。人生一年之春、一日之晨就是我们的大学时代，这是一个黄金的时期。面对人生新的旅程，不管何种情绪，都需要积极调适，在身心两方面做好角色转换，做好入学前的思想准备，让大学真正成为"梦想开始的地方"。

一、学会适应大学生活

对于一部分新生来说，上大学是第一次离家，第一次开始独立生活。因此，大一新生首先要学会独立成长，这是大学生活的重要一课。上大学后，生活环境发生了很大的变化，没有父母、长辈的悉心照料，没有老师的时时督促，许多事情需要自己独自面对、独自处理，真正的独立生活从进入大学这一刻就开始了。

独立不容易，无论是生活独立、经济独立还是思想独立，我们必须检视自己在行为上、心理上及思想上与成人世界的距离，经历那些看起来微不足道却无处不在的细节打磨，才能成长为未来的脊梁。刚入学的大一新生，应学会打理日常生活，学会照料自己，准时起床、运动、整理床铺、收拾房间、洗衣服、缝补衣服等；要学会与舍友友好相处，学会体谅他人，学会换位思考，积极融入集体生活；学会对钱财的管理，合理消费，适度消费；学会独立思考，独立判断，独立解决问题……大学是同学们进入社会前必经的时光长廊，它那么窄，窄到无法像以往那样在亲友师长的陪伴下茁壮成长；它又那么宽，宽到天高地阔，任由我们充分展示自我，自由翱翔在学术之巅。

二、学会掌握学习方法

从某种意义上说，能够考入大学的学生在中学时期的学习成绩通常都是出类拔萃的。然而，众多的大学新生一踏入校园，就开始感到焦灼不安。这是因为考入大学（尤其是重点、名牌大学）的每个学生都很优秀，如果重新排序，也仅有极少数人能够保持他们在中学时期的领先地位，而大部分学生都将从佼佼者向普通角色转变，这可能会对他们的自我评价造成一定影响。就像运动员从省队进入国家队一样，虽然他们可能是省队的第一名，但在国家队可能就无法保持这样的领先地位。然而，能够进入国家队本身就证明了他们的实力。在大学这个更大的舞台上，我们首先应当肯定自己，然后学会赏识他人，适当地调整自己的心理预期，并学会接受自己的不完美。一旦摆脱了精神上的桎梏，我们就能以积极乐观的态度投入大学生活，体验多姿多彩的校园生活。

在学习上，大学新生普遍沿袭高中时期养成的学习习惯，尽管他们仍然像高中时期一样勤奋刻苦，但是他们的学习能力并没有得到预期中的提升。这是因为大学与高中的学习截然不同，大学要求学生从被动接受知识转变为主动探索，关键在于学生要有效地利用大学提供的丰富资源，将新知识与现有知识体系相融合。这种从传统学习模式向现代学习模式的转变是每一位大学新生成长过程中的一个必经阶段。学生只有认识到自己角色的转变，并提前做好心理准备，才能顺利地度过这个适应期，少走弯路，少一些心理压力，也有利于学习成绩的提高。

三、学会拓展"第二堂课"

大学"第二课堂"是学校教育教学活动之外，以服务社会和学生个体发展为目的，有组织、有计划地开展的各类活动，包含思想政治与道德修养、科技学术与创新创业、社会实践与志愿服务、文体艺术与身心发展、社团活动与社会工作、技能培训及其他共六大类。大学"第二课堂"是培养大学生核心素养的关键举措，是促进学生学会学习、学会生存、学会发展的重要路径。同学们不可简单地认为"第二课堂"就是课外活动，要真正认识到它是高校人才培养的重要组成部分，不仅和"第一课堂"相互衔接、相互补充，同时在锻炼学生综合能力，促进学生全面发展方面具有不可替代的功能与价值。当然，内容丰富的"第二课堂"对于大学新生来说有点令人眼花缭乱、应接不暇。对此，同学们不可随意、盲目跟风地参加"第二课堂"，而应结合自身专业、个人兴趣、课余时间和职业生涯规划等因素，有计划地参加"第二课堂"，循序渐进地提升个人综合素质。

四、学会处理人际关系

有人说，寂寞和不被需要的感觉是最悲惨的贫穷。有了朋友，生命才显示出其全部价值和智慧，可见和谐的人际关系在人生中的分量多么重要。大学是一个小社会，大学生不是封闭的个体，必然要与人交往，更要学会与人交往，建立健康的人际交往关系。同学们大多是独生子女，是家庭的宝贝和关爱的中心，当需要与来自天南地北，语言、文化、性格、生活习惯等都有很大差异的人一起学习、工作，甚至生活在一间宿舍时，或多或少都有些准备不足，难免出现这样那样的矛盾和冲突。面对这些问题，有的同学不知所措，有的同学选择任性，还有的同学表现出无所谓。这也说明，为什么越来越多的大学生感觉同学之间的感情越来越淡漠，大学寝室日见寂静，个别大学生之间的友谊有趋利化的走势。人人都渴望真诚友爱，都希望通过人际交往获得友谊。面对新的环境、新的对象和紧张的学习生活，大学生之间应该相互尊重，相互了解，相互适应，主动交往，相互关心，为人处世要推己及人，换位思考，坚持与人为善，营造积极的人际关系。

五、学会正视恋爱情感

有观点认为，大学中的恋爱是人生教育中不可或缺的一课，是个体心灵成熟的标志。爱情能让人远离抱怨，学会承担，并教会人自信、充实、勤恳、高效、进取、宽容乃至博学等多种美德。但也有人持相反意见，认为恋爱虽好，却需缘分，而且大学里的恋爱常因不成熟而给当事人带来痛苦，因此大学恋爱不过是一门选修课。爱情作为上天赐予人类的重要礼物，会在对的时刻自然而然地到来。每个人对待爱情的态度都不相同，重要的是我们要相信自身的独特性，诚实面对爱情，不欺骗他人也不欺骗自己。对于同学们而言，如果不能以正确的态度去恋爱，那么就还不够资格去体验这门课程。爱情总是在不经意间降临，值得我们期待和憧憬，却不可强求。恋爱时既要懂得爱，也要有爱的能力，更要有承担责任的勇气。同学们，无论你是否已经找到了人生伴侣，请始终以真心去爱！

六、学会构建安全壁垒

同学们，当你满怀喜悦地融入大学这个小社会时，安全问题不容忽视。众多大学新生心性纯洁，对复杂的社会现象了解不多，他们坦诚相待，也期盼同样的真诚回应，然而现实往往是残酷无情的。"害人之心不可有，防人之心不可无"，同学们必须增强自我保护意识，以免因小失大。不仅需要防备盗窃、欺诈、抢劫和性骚扰等人为伤害，还要预防火灾、溺水、交通事故和自然灾害等不可预见的意外事故。遇人冷静沉着，三思而后行；遇事不慌不忙，施展技巧。这是每一位大学新生在遭遇意外时都应遵循的重要原则。

七、学会规划未来人生

大学阶段是大学生个体社会化的重要时期。自迈入大学校园的第一天起，大学生就应着眼于个人发展，明确社会角色，承担起相应的社会责任，并着手制订大学生涯和职业生涯规划。在大学求学期间，大学生应不断追问自己：我是谁？我想成为什么样的人？我将来想从事哪种职业？我有什么能力？我为什么这样做？虽然一开始大学新生对这些问题可能没有明确的答案，但在大学学习生活中反复思考和体验，慢慢地就能明确自己的未来职业方向。大学生对某个职业感兴趣，可以通过老师、同学、学长和网络等途径深入探索和了解该职业的方方面面，以便全面认识这个职业并评估自身与其匹配的程度。一旦确定了职业方向，同学们就应致力于完善自我，积累必要的知识和技能，获得相应的专业资格和实践经验。同学们应根据自己的志向，认真制订职业生涯规划，基于对个人优势和条件的客观评估，设定最合适的职业发展目标。

八、学会健全人格

进入大学后，一些学生可能会遭遇适应上的困难，表现为心理上的不适。这种不适通常有以下几种情况：①环境变化导致的心理不适。一些大学新生面对挫折时可能会感到持续的焦虑和自责。②角色转换的不适。大学新生在适应大学生身份时需要时间进行心理调整。③高考失利学生的心理不适。尤其是得知曾与自己旗鼓相当的同学进入更好的大学和专业时，他们的心理可能会出现强烈的失衡感。④城乡素质教育失衡带来的不适，不少农村学生在面对各方面都很优秀的城市学生时，可能会感觉自己没有什么特长，从而产生心理上的失衡。

同学们进入大学校园，虽然离开曾经熟悉的环境、适应新的生活模式可能会略感不适，但这是一个成长的过程，不需要对此感到焦虑。当然，面对全新的大学生活，更充分的心理准备有助于你更快地适应新环境，更快地融入集体生活，更快地过上充实而丰富的大学生活，成为一个拥有健康心态、快乐而有追求的大学生。

⚖ 相关链接

如何迈好大学第一步

大学一年级被誉为大学时光的黄金时段，是同学们适应大学学习节奏、形成明晰人生规划、打牢专业基础的关键时期。大学明显区别于中学的文化与环境，很多同学突然从以往的"圈养"状态一下子进入大学的"放养"状态，在宽松自由的环境中尽情地放飞自我，一不留神，就很容易迷失方向、消极怠学，导致专业学习和进一步发展的基础没有打牢，到了高年级，已经积重难返，想要奋起却无力扭转颓势。因此，同学们要充分利用好大一时光，紧紧抓住入学适应这一关键节点，在"放养"环境中张弛有度、收放自如，迈好大学成长的第一步。

一、警惕"放养"环境中的负面行为

中学时，老师经常说："等上了大学，你们就轻松了。"实际上，这种轻松是相对于大学的"放养"环境而言的，意指同学们能够在大学相对宽松的环境中自由发展。但是，一些同学"自由得过了度"，产生了以下几种颇具代表性的负面行为。

（一）心慵意懒的"树懒"

"佛系青年""无欲无求""凡事随缘""躺平"是这类群体标榜的处世哲学，不少大一新生信奉"上了大学就轻松了"的宗旨，抓紧学生时代最后的自由时光，大把时间在梦中度过，上课打瞌睡，下课打游戏，生活作息黑白颠倒，平时不出宿舍，缺乏体育锻炼，学习得过且过。

（二）虚拟世界的"网虫"

这类同学每天沉迷于网络与游戏中不能自拔，上课、吃饭、走路，无时无刻不在低头看手机，难以平衡上网和学习、休息的关系。他们具有常态化和虚拟化的网络生存方式，习惯通过社交软件拓展自己的交际圈，在现实世界中的交流沟通能力逐渐下降，以致产生了线上"社牛"、线下"社恐"的矛盾青年现象。

（三）把头深埋沙堆的"鸵鸟"

这类同学往往采取逃避、拖延、怠工等消极方式应对大学生活的转变与挑战，遇到困难犹豫不前，面对任务拖拖拉拉，逃课、厌学等现象时有发生，宁可躲在舒适圈内寻求心理安慰、止步不前，却不肯尝试新的挑战并付诸行动。

（四）深海迷路的"鲸鱼"

这类同学无法适应宽松自由的大学生活，他们没有明确的发展方向和目标，不知该如何度过大学时光，一切都处在迷茫之中，或漫无目的地消磨时间，或遇到问题就搁置等待。

（五）横冲直撞的"犀牛"

这类同学通常对大学生活有很高的期待，设定过多的目标，具有较为明显的实用主义、功利主义和利己主义倾向。但是，他们往往缺乏行之有效的个人规划，贪多嚼不烂，在前进的道路上横冲直撞，伤人伤己。

二、把握初入校园的适应周期

大学一年级是大学生发展的重要时期，特别是同学们初入校园的前三个月，是适应大学环境的核心阶段，同时也是"个人能够更负责地处理其经历的一个积极的成长过程"，将为今后的成长、成才奠定基础。

（一）允许留给自己一段试错期

大学给了你开锁的钥匙，但那扇门需要你自己去寻找。大学一年级不是"高四"，同学们初入大学校园，要学会接受自己的迷茫，给自己留一段试错期。要大胆想象，勇于面对各种不确定性，尝试不同的发展机会，认真总结每一次尝试后的经验与教训，加深对内心与志趣的了解，逐渐形成自己的独立思考和判断。

（二）保持健康作息和良好习惯

同学们，千万不要放弃从高中甚至更早时期就养成的良好习惯，例如坚持体育锻炼、保持一项艺术爱好、定期阅读、坚持每天吃早餐等。自律是帮助你度过迷茫期、远离懒惰的法宝，让你能够在逆境中坚守本心，让自己的生活与内心始终充满阳光。

（三）积极寻找成长的"向导"

同学们，一定要走出自己的舒适圈，放下手机、离开网络，主动融入群体生活，积极参与学校组织的新生入学活动，至少加入一个学生组织或社团。大家在与不同的人的相处中，寻找自己成长的同路人与引路人，他们可能是你的导师、辅导员或是学生组织中的学长学姐、同班同学等，主动分享你的需求与困惑，从他们身上获取有益经验，并内化成自己前进的动力，同时也规避了成长过程中的各种"坑"。

（四）在摸索中聚焦目标，确定计划并付诸实践

同学们，在不断试错的过程中，你也会更加了解自己的内心，明了自己想成为什么样的人、想做哪些事、想往什么方向努力。同时，也需要在海量

信息的冲击下静下心来慢慢消化，围绕学习这一主业，制订长、短期发展计划，大胆且坚定地实施。"知易行难"，不少同学都是"空想家"，但只有那些将计划付诸实践并坚持下来的行动者最终才能收获成功。当然，千万记得要为自己的生活留一点儿白，允许变的空间，不要为梦想设限。

（资料来源：吴秋翔《如何迈好大学第一步？》，微信公众号"中国人民大学"，2023 年 9 月 14 日，有删减）

第二篇

适 应 大 学

第二章 大学生阳光心理

📖 本章导读

　　大学阶段是学生人格形成的重要时期，是自我意识培养和发展的关键阶段，也是进行心理健康教育和心理健康素养提升的关键时期。因此，大学生获取心理健康相关知识，对提升其心理健康素养尤为重要。健康是一个人幸福快乐地成长的前提和基础。当代大学生身处竞争激烈的社会环境，承受了一定的学习压力、情感困扰且面临人际矛盾等因素的挑战，如何培养阳光心态并用乐观心态迎接大学生活是当前亟待解决的问题。

　　本章将介绍心理健康的相关概念、理论和实践，探讨大学生心理健康的重要性以及怎样进行大学生自我心理调节和培养健全的人格以提升心理健康水平。

　　首先，本章对心理素质、健康素养、心理健康素养和心理健康进行定义和解释。我们将讨论大学生心理健康的标准和大学生健康与成长的关系来强调心理健康的重要性以及提升大学生心理健康和心理健康素养的必要性。其次，我们将从自我管理、学习和人际关系三个方面介绍大学生容易出现的不良心理表现。在大学生常见心理问题方面，我们将大学生在大学校园容易出现的心理问题进行分析，并提出自我心理调节的方法。最后，从心理健康与人格培养方面阐述塑造健全人格的相关概念和措施。主要介绍人格的概念、人格理论、大学生人格特征和常见的人格缺陷，以便同学们更深入地了解心理健康与人格培养的关系，同时探讨如何塑造健全的人格来提升大学生的心理品质，为同学们的心理健康保驾护航。

通过本章的学习，同学们将认识到心理健康是健康的重要组成部分，它与我们的身体健康、生活质量和学习效率息息相关。我们将通过学习心理健康的重要性、相关理论基础和自我心理调节策略，学会维护自身心理健康。

📖 经典案例

王林，某财经本科院校艺术设计专业大一学生。开学半学期后，他主动找到辅导员老师，说：“老师，我不想读了，感觉这个专业不适合，我想退学。”老师很惊讶：“为什么呀？看你平时学习和生活状态都还不错。”王林非常确定自己要退学，并且肯定地说：“我平时的乐观都是努力装出来的，其实我在这里一点儿也不开心，也没什么朋友，主要是对自己的专业不喜欢，想重新复读考一个好点的学校和专业。”老师很关切地问：“这学期已经过半了，你确定自己回去还能跟得上节奏，如愿考上自己理想的学校吗？”王林很坚定地说：“我也不确定，但我知道尝试才会有机会。”

后来，辅导员把王林带到心理咨询中心，寻求心理健康老师的帮助。经了解，王林的高中成绩一直很优秀，高三那年因为压力大，生了一个月的病，导致高考分数不理想，最后调剂到了该校。但是，入学后王林发现自己始终放不下，还是想为自己再努力一次。

点评： 王林的主要问题在于辅导员老师和同学们看到的他是一个乐观上进的大学生，但实际上他因为没有考上理想的大学，心中的迷茫和困惑挥之不去，甚至影响到了他的学习、生活和人际关系，导致身心健康出现危机。对于他的现状，你觉得困惑吗？你觉得他应该怎样走出困境，重拾信心，开启新生活？带着这些问题，我们开始本章内容的学习。

第一节　大学生的心理健康

一、大学生健康成长概述

（一）心理素质

素质是一种品质，它有先天的基础，并在后天的环境和教育的影响下逐渐发育、成熟和内化。素质可分为生理素质、心理素质、文化素质（包括思想道德素质）三个维度。心理素质是个体素质结构中十分重要的基础素质，是指以生理条件为基础的，将外在获得的刺激内化成稳定的、内隐的、基本的，并具备基础、衍生、发展和自组织功能的，同个体的适应—发展—创造行为紧密联系的心理品质。心理素质作为心理健康的内源性因素，对心理健康产生重要影响，是心理健康发展的重要因素。心理素质与心理健康虽然有千丝万缕的联系，但是它们的区别也十分明显。心理素质的高低代表了个体人格的强度和力量，是一个人的人格潜能；而心理健康则是指人的心理健康水平的高低，是一种现实的心理状态。也就是说，一个人的心理素质越高，他的心理也更健康；但一个身心健康的人不一定具有较高的心理素质。这是因为一个人的心理健康程度和他的需要满足程度与生活经历有关。然而，心理素质却相反。心理素质的高低在于能够承受需要得不到满足的程度，而不是取决于心理需要的满足程度。良好的心理素质能够提升大学生的心理健康水平，心理素质较好的个体，自尊心较强，且能更丰富地表达积极情绪，产生幸福感，心理健康水平也相对更高。

（二）健康素养

最初，健康素养是指人们能够理解和有效利用医疗信息的能力，随着研究的深入，健康素养有了更加广泛的外延。目前，健康素养主要包括四个方面的内容：①帮助人们获得和维持健康以及确定疾病所具备的能力；②了解如何及在哪里评价卫生信息和卫生保健；③了解如何正确使用处方治疗；④获得和应用与社会资本有关的技能。心理健康素养概念的提出借鉴了健康素养的概念。

（三）心理健康素养

健康包括身体健康和心理健康，大众对身体健康的认知与态度视为健康素养。而个体对心理健康的认知和态度则跟心理健康素养有关，心理健康素养概念的提出借鉴了健康素养的概念。心理健康素养是指帮助人们认识、处理或者预防心理疾病的相关知识和信念，具体包括预防心理疾病的知识、心理疾病的识别、求助和尽快有效治疗的知识、有效自助策略的知识和心理急救技能五个方面的内容。同时，随着心理健康研究实践的发展，国内外心理健康素养的内涵有了广义的发展态势。从广义上讲，心理健康素养是指综合运用心理健康知识、技能和态度以及保持和促进心理健康的能力，包括知识、技能和态度三个主要因素。知识因素包括心理健康基本知识与原理、身心健康、危机干预与自杀预防、积极心理健康等；技能因素包括心理健康信息的获取、特定心理疾病的识别和情绪调节等技能；态度因素包括心理疾病预防及治疗的态度、减少病耻感和心理求助态度等。

2018年，国家卫健委疾控局结合中科院心理健康素养网络调查结果，针对社会对心理健康的重视与关切，经多方专家论证，编制了《心理健康素养十条》。

相关链接

心理健康素养十条

第一条：心理健康是健康的重要组成部分，身心健康密切关联、相互影响。

一个健康的人，不仅在身体方面是健康的，在心理方面也是健康的。心理健康是人在成长和发展过程中，认知合理、情绪稳定、行为适当、人际和谐、适应变化的一种完好状态。心理健康事关个体的幸福，家庭的和睦，社会的和谐。心理健康与身体健康之间存在着密切的关联。一方面，心理健康会影响身体健康。例如，消极情绪会导致个体的免疫水平下降。癌症、冠心病、消化系统溃疡等是与消极情绪有关的心身疾病。另一方面，心理健康也受到身体健康的影响。例如，慢性疾病患者的抑郁焦虑等心理疾病发病率比普通人群更高。长期处在较大的压力下而无法有效纾解，对心理健康和身体健康都会带来不良影响。

第二条：适量运动有益于情绪健康，可预防、缓解焦虑抑郁。

运动是健康生活方式的核心内容之一，对于心理健康也有帮助和益处。运动尤其是有氧运动时，大脑释放的化学物质内啡肽又称快乐激素，不仅具有止痛的效果，还是天然的抗抑郁药。太极拳、瑜伽等注重觉察和调整自身呼吸的运动有助于平静情绪、缓解焦虑。运动还可以提升自信、促进社会交往。坚持适量运动，每周三到五天，每天锻炼30分钟以上，对于预防和缓解焦虑抑郁更为有效。如有必要，可寻求医生和专业人员的帮助，根据自身情况制订运动方案。

第三条：出现心理问题积极求助，是负责任、有智慧的表现。

出现心理问题却不愿寻求专业帮助是常见而有害健康的表现。不愿求助的原因包括：认为去见精神科医生或心理咨询师就代表自己有精神心理疾病；认为病情严重才有必要就诊；认为寻求他人帮助就意味着自己没有能力解决自己的问题；担心周围的人对自己的看法等。其实求助于专业人员既不等于有病，也不等于病情严重。相反，往往是心理比较健康的人更能够积极求助，他们更勇于面对问题、主动做出改变、对未来有更乐观的态度。积极求助本身就是一种能力，也是负责任、关爱自己、有智慧的表现。出现心理问题可求助于医院的相关科室、专业的心理咨询机构和社工机构等。求助的内容包括：寻求专业评估和诊断、获得心理健康知识教育、接受心理咨询、心理治疗与药物治疗等。

第四条：睡不好，别忽视，可能是心身健康问题。

睡眠质量是心身健康的综合表现。常见的睡眠问题包括入睡困难、早醒、夜间醒后难以入睡、经常噩梦等。睡眠不良提示着存在心理问题或生理问题，是心身健康不可忽视的警示信号。多数睡眠不良是情绪困扰所致，抑郁、焦虑等常见情绪问题都可能干扰睡眠。焦虑往往导致入睡困难，抑郁则常常伴随着失眠早醒等问题。另一方面，睡眠不良会影响心理健康，加重心理疾病。睡眠不足会损害情绪调控能力，使负面情绪增加。

第五条：抑郁焦虑可有效防治，需及早评估，积极治疗。

抑郁症和焦虑症都是常见的心理疾病。如果情绪低落、兴趣丧失、精力缺乏持续两周以上有可能患上抑郁症。抑郁症可导致精神痛苦、学习无效、工作拖延，甚至悲观厌世。抑郁患者具有较高的自杀风险，需要及时防范。焦虑症以焦虑情绪体验为主要特征。主要表现为无明确客观对象的紧张担心、坐立不安并伴有心跳加速、手抖、出汗、尿频等症状。公众要提高对自身情绪健康的觉察能力，及时寻求科学的评估方法，尽早求治，防止问题加重。抑郁症、焦虑症可以通过药物治疗、心理治疗或两者相结合而治愈，及时治疗有助于降低自杀风险，预防复发。

第六条：服用精神类药物需遵医嘱，不滥用，不自行减停。

药物治疗是针对许多心理疾病常用而有效的治疗方式之一。精神类药物种类繁多，药物在用量、适用范围与禁忌、副作用等方面各有特点，精神类药物必须在精神科医生的指导下使用，不得自己任意使用。某些药物的滥用可能会导致药物依赖及其他危害。在用药期间，要把自己的实际情况及时反馈给医生，尊重医生的要求按时复诊，听从医生的指导进行药物类别及用量的调整。在病情得到有效的控制后，应继续听从医生的用药指导，不可急于停药。自己任意调整药量甚至停止用药可能带来病情复发或恶化的风险。药物具有一定的副作用，其表现和程度因人而异，应向医生沟通咨询，切不可因为担忧药物的副作用而拒绝必要的药物治疗。

第七条：儿童心理发展有规律，要多了解，多尊重，科学引导。

儿童心理发展包括感知觉、认知、语言、情绪、个性和社会性等方面，各有其内在发展规律。在存在普遍规律的同时，不同的儿童在发展的速度、水平、优势领域等方面存在差异。养育者需了解儿童发展特点，理性看待孩子间的差异，尊重每个孩子自身的发展节奏和特点。越是早期的发展阶段，对一生心理特征的影响就越大。如果儿童的压力过大、缺乏运动、缺乏社交，将不利于大脑发育，阻碍心理成长。儿童心理发展是先天因素与环境因素的共同作用。家庭是最重要的环境因素，良好的家庭氛围有益于儿童的身心健康。惩罚是短期有效但长远有害的管教方式。比奖惩更有效的，是理解并尊重孩子的情绪和需求，科学引导。养育者需要管理好自己的情绪，在养育孩子的过程中不断地学习、反思和成长。养育者要把握好尺度，既要支持引导，又不要急于干预。在儿童发展中，有些"问题"其实是常见的过程，会随着成长逐渐消失。养育者有时可能会夸大或忽视孩子的问题，要开放地听取他人的反馈，或向专业人员求助。

第八条：预防老年痴呆，要多运动，多用脑，多接触社会。

老年痴呆是一种发生于老年期的退行性脑病，目前尚无特效药物能达到治愈效果，所以早期识别和干预尤为重要。老年痴呆主要症状包括：记忆退化乃至影响生活、难以完成原本熟悉的任务、难以做出决策、言语表达出现困难、性格发生变化等。通过认知功能评估可早期发现老年痴呆。健康的生活方式有助于预防老年痴呆。老年人要多运动、多用脑、多参与社会交往，包括：保持规律运动的习惯、增加有益的户外运动、保持学习与思考的习惯、积极进行社会交往等。

第九条：要理解和关怀精神心理疾病患者，不歧视，不排斥。

人们对于精神心理疾病的恐惧和排斥很多是出于对疾病的不了解。实际上，精神心理疾病在得到有效治疗后，可以缓解乃至康复。因此，精神心理疾病患者经过有效治疗，症状得到控制后，可以承担家庭功能、工作职能与社会角色。把患者排除在正常的人际交往和工作环境之外，是不必要的，也是不恰当的，会为患者及其家庭带来新的压力。对于能够维持工作能力的精神心理疾病患者，为其提供适当的工作和生活环境，有利于病情的好转和康复。

第十条：用科学的方法缓解压力，不逃避，不消极。

面对生活中的各种压力，人们会采取不同的方式进行缓解。需要注意的是，有些减压方式看起来当时能够舒缓心情，但弊大于利，是不健康的减压方式。例如，吸烟、饮酒、过度购物、沉迷游戏等方式。虽然当时可能带来心情的缓解，但是也会带来更多的身心健康和生活适应的问题。通过学习科学有效的减压方式可以更好地应对压力，维护心身健康。第一，调整自己的想法。找出导致不良情绪的消极想法；根据客观现实，减少偏激歪曲的认识。第二，积极寻求人际支持。选择合适的倾诉对象，获得情感支持和实际支持。第三，保持健康的生活方式。采用适量运动和健康的兴趣爱好等方式调节情绪。判断什么是科学的减压方式，主要是看这种方式是否有利于更好地应对现实问题，是否有利于长远的心身健康。

（四）心理健康

世界卫生组织（WHO）对健康的定义如下：健康是一种在身体上、精神上的完美状态，以及良好的适应力，而不仅仅是没有疾病和衰弱的状态。它包括躯体健康、心理健康、良好的适应力和道德健康。而心理健康是指心理的各个方面及活动过程处于一种良好或正常的状态。其理想状态是保持性格完好、智力正常、认知正确、情感适当、意志合理、态度积极、行为恰当、适应良好的状态。美国心理学家马斯洛提出的心理健康十条标准被公认为"最经典的标准"。具体内容如下：

①有足够的安全感；

②充分认识自己，并能对自己的能力做出恰当的评估；

③生活目标切合实际；

④常与现实环境保持接触；

⑤人格完整与和谐；

⑥具备学习的能力；

⑦保持良好的人际关系；

⑧恰当表达情绪和管理情绪；

⑨在不违背社会规范的情况下，恰当地满足个人的基本需求；

⑩在集体要求的前提下，较好地发挥自己的个性。

二、大学生心理健康的标准

心理健康的标准是一种理想尺度，一方面为人们提供衡量心理是否健康的标准，另一方面更是人们提高心理健康努力的方向。当代大学生具有青年期的很多特点，同时又有其特殊性。根据大学生这一特殊群体的年龄、社会角色和心理等特征，我国大学生心理健康标准可按以下几点进行评估。

（一）智力正常

智力是大学生学习、生活和工作的基本心理条件，是大学生适应周围环境和学习生活所必备的心理保证，也是衡量大学生心理健康的首要标准。

（二）情绪健康

积极乐观的情绪和良好的心境是情绪健康的重要标志。情绪分为积极情绪和消极情绪，日常生活中积极情绪总体上多于消极情绪，表现为一个人乐观开朗、有责任感、幽默感和理智感，对生活怀抱乐观的态度，善于调控和管理自己的情绪，合理控制、表达和处理情绪，持续稳定地保持愉悦、满意和开朗的心境。当一个人心理健康时，他的情绪表达会恰当得体，既不拘谨也不放肆。

（三）意志健全

学习和生活具有明确的目标和追求，行动具有较高的自律性、果断性、顽强性和自制力，能够较好地抵制外界的诱惑和干扰，遇到困难能够积极主动地寻找解决方案，不盲目行动也不畏惧困难。

（四）人格完整

人格完整是指个人的所思所想和所做保持一致。大学生人格完整的标准主要体现为：人格构成要素的气质、能力、性格和理想、信念、人生观等要素完整统一，能够正确地认识自我，不产生自我同一性失调，能把积极进取的人生观同自己的需要、愿望、目标和行为统一起来。

（五）自我评价正确

大学生能够正确地认识自我，有正确的自我概念，并能客观地自我评价是大学生心理健康的重要条件。正确的自我评价主要体现在大学生对自我的认识比较接近实际，既不妄自尊大，也不自轻自贱。在面临挫折和困境时，能够在行动上自律，心态上自控，评价上自省，情感上自我悦纳，勇敢正视现实，努力进取。

（六）人际关系和谐

和谐的人际关系主要表现为：热爱生活，乐于交往，具有稳定而广泛的人际关系；在与他人相处时有自知之明，不卑不亢，既能主动沟通，发现他人优点，又有包容心态，能容人之短；能客观公正地评价他人和自己，善于扬长补短，做到宽以待人，乐于助人。

（七）社会适应正常

个体能与社会保持良好的接触，能积极适应当前的客观现实环境，并能高效地处理环境中的各种困难。一旦发现自己的期待和需要与社会的发展和需求不匹配时，能根据环境和自身的特点，快速地调整自己对现实的期望和态度，主动适应社会环境。

（八）心理行为符合大学生的年龄特征

大学生是处于特定年龄阶段的特殊群体，他们具有同年龄和角色相适应的心理行为特征。如果一个人的心理行为经常偏离自己的年龄特征，则可能是心理不健康的表现。

三、大学生健康与成长的关系

从古至今，但凡有成就、有作为的人都具有良好的人格品质，一个人具备良好的人格品质才能更好地适应社会。反之，如果一个人才华横溢，但人品有缺陷，那么他最终必将遭受生活的反噬。身体健康是前提，心理健康是基础，智力正常、情绪健康、人际关系和谐、情感表达适度、人格品质完善、意志坚定和心理行为成熟，是大学生成长、成才不可或缺的条件。

（一）心理健康帮助大学生克服依赖心理，增强独立性

刚进入大学的新生，面临着从依靠父母到自己独立的过渡，面临着从以往由老师带着学习到自主学习的过渡，还面临着从理想大学到现实大学的过渡，因此，大学新生需要在新的校园环境中，处理好理想与现实、独立意向与依附心理、交往迫切与封闭心理、自信与自卑、激情与理智等方面的冲突，从而积极主动地融入大学生活，尽快过上一种充实而有意义的大学校园生活。

（二）心理健康能让大学生正确地自我定位，制订明确的前进目标

心理健康包括自我意识的完善。大学阶段是一个人成长的重要时期，大学生面临的环境和高中时期有了较大的差异，思想上也开始变得成熟与理智，会更多地思考学习的意义是什么、我为什么学、将来我到底要变成什么样子、我期待的未来工作是什么、是否有一个有意义的人生等问题。在理想与现实的对比中，部分大学生容易迷失自我，找不到方向，怀疑、否定自己的能力，内心经历各种自我评价和认知的迷茫。然而自卑、自傲、盲目攀比和竞争、争强好胜都不是对自己的恰当定位，一个具有完善的自我意识的大学生才能够更全面、更客观地认识自己、评价自己，并为自己制订明确的前进目标。

（三）心理健康促进大学生全面发展

良好的心理品质是大学生全面发展的基本要求，也是未来进入职场面对工作中的挑战能否发挥智力水平、积极主动地应对和不断地向更高层次发展的重要保障。当代大学生普遍具有思维活跃、喜欢独立思考、主人翁意识强、精力旺盛等心理特点，这些特点可以帮助大学生全面发展德、智、体、美、劳，从而塑造健康的人格。

（四）心理健康是大学生事业成功的坚实基础

目前，我国大学生就业都是双向选择、择优录取，但现在的就业竞争压力很大，如果在大学阶段对自我认识不清晰，对工作好高骛远，就容易导致部分大学生出现就业心理问题，他们更倾向于选择逃避、慢就业甚至不就业。因此，在新形势下大学生要保持心理健康，学会正确地认识自己、评价自己，积极主动地面对困难与挫折，充分演绎适合自己的社会角色，为自己的事业奠定坚实的心理基础。

当代社会需要体力和智力协调发展、人格健全和优秀卓越的复合型人才。作为一名大学生，为了适应竞争激烈的社会，需要具备较高的思想道德品质、心理素质、身体素质和科学文化素质。其中，良好的身体素质和心理素质是大学生成长、成才的基础。大学生的身心健康关系到个体的成功、理想和前途，也关系到社会的发展、国家的繁荣和民族的复兴。同学们，只有增强自己的综合素质，对未来目标明确，方向正确，脚踏实地去追求理想，才能促进自身健康发展。

趣味测试

自我心理状况知多少

下面这些问题能帮助你初步了解自己的心理健康状况。请认真阅读表2.1，并根据自己的实际情况选择一个与自己最相符的选项。

表 2.1　心理健康自身测定量表

题目		积分标准			
编号	内容	常有	偶有	罕有	从无
1	害羞	1	7	8	0
2	为丢脸而烦恼很久	0	6	12	6
3	登高怕从高处跌下	0	5	13	10
4	易伤感	0	5	15	8
5	做事常半途而废	0	4	12	4
6	无故悲欢	0	7	12	9
7	白天常想入非非	3	8	9	0
8	易对娱乐厌倦	0	8	11	6
9	易气馁	0	1	15	8
10	感到事事不如意	0	2	16	6
11	走路故意避开他人	0	3	11	10
12	常喜欢独处	0	2	6	0
13	讨厌别人看你做事，即使做得很好	0	8	11	9
14	对批评毫不在意	8	5	3	0
15	易改变兴趣	2	4	8	2
16	感到自己有许多不足	0	5	12	15
17	常感到不高兴	0	4	15	5
18	常感到寂寞	0	4	11	5
19	觉得难过、痛苦	0	1	11	16
20	在长辈面前很不自然	0	7	11	10

续表

题目		积分标准			
编号	内容	常有	偶有	罕有	从无
21	缺乏自信	0	9	11	8
22	工作有预期目标	8	6	0	2
23	做事无主见	0	7	10	11
24	做事有强迫感	0	4	5	3
25	自认运气好	11	7	6	0
26	常有重复思想	0	9	7	4
27	不喜欢进入地道或地下室	0	3	4	12
28	想自杀	0	3	5	13
29	觉得人家故意找茬	0	1	5	6
30	易发火、烦恼	0	5	18	13
31	易对工作厌倦	0	4	11	15
32	迟疑不决	0	10	10	8
33	寻求家人同情	0	1	9	2
34	不易结交朋友	0	2	9	5
35	因懊丧影响工作	0	4	14	14
36	在许多境遇中感到害怕	1	0	16	7
37	可怜自己	0	0	11	9
38	梦见性的活动	2	3	6	0
39	觉得智力不如人	0	1	8	7
40	为性而烦恼	0	4	9	3
41	遭遇失败	0	4	14	6
42	心神不宁	0	9	13	6
43	为琐事烦恼	0	7	14	7
44	怕死	0	1	2	13
45	自己觉得有罪	0	0	12	4
46	想谋害他人	2	3	5	0

注：此表是我国学者根据曼福雷德编写的心理健康测试自问表改编的。

结果评定：题目全部答完后，累计得分。男生65分以上为正常，10分以下为心理疾患；女生45分以上为正常，25分以下为心理疾患。测试结果仅供参考，请勿作诊断用途，勿自己贴标签。

第二节 大学生的不良心理表现

根据大学生的身心特点和所处的校园环境，他们的不良心理表现如下：

一、自我管理中的不良心理表现

（一）生活方式的改变，容易产生迷茫心理

同学们刚进入大学就面临一个全新的环境，要接触一个个陌生人，生活方式也发生了巨大改变，由此进入人生的一个新起点和新阶段。大学环境对同学们有很重要的影响，这也是同学们就业前的职业生涯萌芽和探索阶段。对于大多数刚进校的大学生而言，这是一个充满好奇而又富有挑战性的环境。在校园生活中，学生的生活方式发生了颠覆性的改变，从以往封闭性的学习生活到灵活安排作息时间，从以往生活琐事依靠老师、父母帮助到需要自己自主、自立和自律地处理安排，从单调的校园生活到丰富多彩的校园活动的转变，不少学生容易产生迷茫和伤感。因此，大学生要尽快适应新的角色和身份，融入新的学习环境和新的生活方式。如果与环境脱节，不能与时俱进就容易产生迷茫和孤独心理，进而影响正常的生活和学习。

（二）自我管理能力差，容易产生焦虑心理

当代大学生的焦虑问题尤其突出。据不完全统计，有 86.3% 的大学生存在一定程度的焦虑，特别是进入大学以后，大学生的学习、生活和环境发生了很大的变化，从以往由父母和老师监督变成自我管理，需要自己独立地应对学习、人际和感情等方面的问题，如果处理得不好，就容易产生焦虑心理。一个人长期处于焦虑状态就容易出现头晕目眩、心慌、肠胃不适、失眠等生理反应，导致注意力下降、记忆力减退和认知狭窄等，进而影响大学生的学习和生活，阻碍健康成长。

二、学习中的不良心理表现

（一）学校或专业不理想，心理落差大

踏进大学校园之前，大学生往往会在脑海中描绘自己理想的大学校园，想象中的大学都是很美好的，甚至是完美的。然而，当他们进入大学以后，却发现现实的大学与理想的大学落差较大，尤其是对自己的专业不满意的同学，心理落差就会更大，整天忧心忡忡，情绪低落，看不到前途，看不到希望，整个人都很迷茫。

（二）学习方式的改变，产生迷失感

初高中的学习是以基础知识为主，而大学的学习是根据专业制订的课程体系，具有很强的专业性。大学以前的学习有教师的辅导和监督，会强调重难点并且反复讲解；上大学以后，教师是引路人，起引领作用，更多的是学生发挥自律性和自主性，能主动学习，变"要我学"为"我要学"，从而培养大学生的自学能力、独立思考解决问题的能力和领悟能力。如果不能适应这种学习方式的改变，同时学生本身基础又不扎实，学习方法又不得当，那么他会常常感到迷茫和压力山大，变得不知所措，逐渐丧失学习兴趣。因此，同学们要及时调整学习的方式方法，尽快适应大学的学习节奏。

（三）学习目标模糊，丧失学习动力

根据马斯洛的需求理论，每个人都有自我实现的需求，自我实现是根植于每个人内在的驱动力，一旦被激发，将产生持续的内在动力，推动自我不断发展。学习也一样，一旦大学生有了明确的学习目标，对自己的未来有清晰的认识时，他们的学习就有了方向，行动也会变得有激情，离成功也就不远了。然而，现实中我们经常听到"好累，我不想学习，只想躺平""我学习就是为了期末不挂科"等杂音，这些学生之所以如此被动，没有学习动力，就是因为学习目标不明确，学习动机不强，处于一种淡漠的被动学习状态，找不到学习的意义，丧失了学习动力。

三、人际交往中的不良心理表现

（一）过度地以自我为中心，优越感过强

自负是个体对自己产生过高评价的自命不凡、自以为是的心理体验。大学生在人际交往中容易以自我为中心，优越感过强，认为所有好事理所当然地属于自己，自己应该得到最好的待遇，其他人都应该考虑自己的感受，不管走到哪里，自己的感受都是最重要的，很容易忽略身边人的感受。产生自负心理的原因有四个方面：①宠溺型的家庭教育。父母及身边人对孩子过度的关注、夸赞和宠爱，使他们误认为自己"最优秀""了不起"。②生活顺风顺水。生活由父母打理，自己从小衣食无忧，较少体验到困难和挫败，主观上产生自我良好的感觉。③自我认识片面。自负的人喜欢夸大自己的长处，忽略短处，对自己评价很高，对他人评价过低。④自我防卫。自尊心特别强的人为了让自己在他人眼中看起来很优秀，常常采取自我夸大的方式来表达自己，求得心安。

自负是骄傲自大，自我膨胀，不容易看到自己的缺点，并且常常看不起他人，在很大程度上会影响人际关系。每个人都渴望得到他人的尊重，当你看低他人，伤害他人自尊时，也很难赢得他人对你的认可和尊重。对自负的人，人们一般采取敬而远之的态度，就算求助，也很难获得真诚的帮助，因为他人觉得你很厉害，能处理一切事情。克服自负心理，需要看到自己的不足，多与人相处，多欣赏对方的优点，懂得"山外有山，人外有人"的道理，虚心请教，这样既能自我成长，又能尊重他人，有利于维护融洽良好的人际关系。

（二）人际交往能力不足，逃避现实

人际交往能力弱的人，往往不容易建立起有效的人际关系，遇到人际困扰时，常常感到自己不被尊重和理解、被拒绝、不被接纳、无法认同他人、压抑难受而又无助等情形，从而采取逃避方式，不主动与人交往。大学生刚进大学，离开父母的照顾和老师的关注后，他们需要独立地面对新的人际关系网络，尤其是寝室关系。集体生活有助于他们互帮互助，包容友善，但有的同学不懂得如何去交流沟通，他们往往感到孤独无助，进而影响人际关系的发展。对于这样的人际困扰，大学生首先要学会悦纳自己，人际交往看似是与他人的交往，其实也是自己与自己的交往。当你能接纳自己时，自然而然也更容易去接纳更多不同风格的朋友。其次是换位思考，学会沟通。大学的人际关系，尤其是宿舍关系，人际冲突很多时候都是缺少换位思考，导致误会加深引起的。如果我们注意倾听他人的意见，多站在他人的立场思考问题，很多人际冲突都不复存在，我们也会获得他人的理解和尊重。最后，己所不欲，勿施于人。要想成就更好的人际关系，需要以心换心，才能不断地拓宽自己的朋友圈。

（三）人际关系功利化

大学是学生学习和交友的重要阶段，但大学生功利化倾向的交友方式使大学生人际关系呈现利益化、复杂化和物质化的异化倾向，主要表现为人际关系消费的功利化、以自我为中心的功利化和网络人际关系功利化等方面。在大学校园里，部分大学生在人际交往中容易以自我为中心，思想意识和行为方式都比较自私，集体意识和责任感淡漠，急功近利，患得患失，形成不正确的价值观和不健全的人格特质。同时，大学生人际关系消费的功利化也越来越突出，大学生外出聚餐、请客、互赠礼物和外出旅游等活动越来越多，有些消费甚至超出学生个人的消费承受能力，导致部分学生由此迷上网络贷款。因此，在日常的教育引导中，一方面需要开展不同形式的活动，让学生认识到不正确的功利化观念和行为带来的危害，培养集体主义荣誉感和责任感，促进集体主义功利观的形成；另一方面通过采取典型示范等方式加强功利观教育，鼓励真诚友善交友，激发大学生的健康功利观。

实践活动

完成小鸡进化论游戏，并参与讨论。

第一步：用肢体语言代表小鸡成长的四个阶段，分别是"蛋—刚出壳的小鸡—单腿鸡—鸡"四个阶段（蹲着的是鸡蛋、半蹲并双手搭成塔尖状的是小鸡，单腿直立的是半成年鸡或单腿鸡，双腿直立的是成年鸡。

第二步：首先，所有同学抱膝蹲下围成一圈，做"蛋"状，用剪子包袱锤两两对决，胜利的成长一级，失败的后退一级（如果小鸡赢了就长成半成年鸡，输了就退回到鸡蛋；鸡蛋输了还是鸡蛋）。长成成年鸡后主动退到边上观看其他人的成长。在成长过程中，每个人根据其他人肢体语言表现的成长状态，寻找与自己同一阶段的人进行剪子包袱锤两两对决，胜利的成长一级，失败的后退一级。当场上变成"鸡"的同学达到一定比例时暂停，请一直处于蛋的状态和变成单腿鸡后又退回鸡蛋状态的，以及最终变成鸡的三类同学代表谈谈体会。

第三节　大学生心理问题的自我调节

一、大学生常见心理问题

大学生身心发展还未完全成熟，又面临当下快节奏的生活压力，他们一方面要努力适应社会变革带来的挑战，另一方面也要尽可能地满足父母的高期待，双重压力下的大学生容易出现各种各样的心理问题。近年来，大学生心理健康已经成为社会关注的焦点，一些大学生因心理问题出现抑郁、焦虑，甚至自伤自杀行为也变得越来越多，大学校园里突发的心理危机事件也不断提醒我们要关注大学生的心理健康。当前，大学生常见心理问题的形成原因可归结为环境适应能力、人际交往、学习压力、情感挫折、职业发展与择业等方面。

（一）环境适应能力

大一新生迈进大学校园，虽然一方面充满好奇和期待，但对于他们来讲这是一个全新的陌生环境，再加上风土人情、地域文化和气候等差异，导致他们出现身心不适，造成心理焦虑。另外，当代大学生大多数为独生子女，从小成长环境和生活条件都比较优越，父母溺爱导致自理能力差、独立性差或环境适应性差等问题。

（二）人际交往

大学生个性化特征突出，很多时候考虑自己的感受比较多，对自己很宽容，但对他人很苛刻，以自我为中心的为人处世风格极易导致同学之间出现人际冲突，如很难融入集体生活、寝室关系紧张等。

（三）学业压力

大学阶段以学习专业课程为主，同时也要学习一些基础课程和通识课程，课程种类的多样化对学生学习颇具挑战性，一方面要适应学习的深度和广度，另一方面还要具备自主学习的能力，这种学习环境和方式的转变，使很多学生不能很好地适应大学的学习强度和管理模式，出现挂科、厌学等情况，长期受学业问题的困扰会影响学生学习的积极性和自信心，逐渐产生自卑、焦虑等情绪，最终造成心理健康问题。

（四）情感挫折

情感挫折是大学生面临的一项重要的心理健康问题。根据埃里克森的人格发展理论，大学阶段的重要心理任务之一就是发展亲密关系，避免孤独感。学生的爱情观在大学阶段还不够成熟，一旦恋爱出现分手等情况，常常容易情绪激动，思想偏激或执拗，例如：认为自己不够好、不够优秀，离开对方就再也找不到爱自己的人的想法，陷入痛苦无法自拔，容易出现厌学、酗酒、逃课、报复等极端行为。

（五）职业发展与择业

根据教育部消息，2024 届全国普通高校毕业生预计 1179 万人，同比增加 21 万人，随着每年毕业生人数的攀升，大学生面临的就业压力依然很突出。一部分学生在大学期间缺乏职业生涯规划意识，或者职业规划意识觉醒太迟，临近毕业才开始思考自己想干什么、能干什么，还有的同学对自己未来的职业选择期望高于现实情况，以致大学期间职业发展受阻或者职业迷茫。另外，一部分学生毕业后还面临着继续升学还是直接就业的困扰，当出现升学失败、考公失败或者找工作受挫后，就开始自我怀疑、自我否定，出现悲观、抑郁、情绪低落等心理健康问题。

二、大学生自我心理调节的方法

（一）关注心理健康，调整心态

大学生在日常的学习和生活中，要学会观察和反思自己，针对自己的内在感受和行为及时作出调整。心理问题不是一朝一夕形成的，而是日积月累的结果，关键在于预防。如果出现了心理困扰，经及时发现，适时做出调整，我们就会处于一个比较健康的状态。假如遇到烦心事没有及时处理，就像生活中的垃圾，每次都不及时清理，时间久了就会发霉变质。心理问题同样如此，如果每次我们都回避问题，时间久了问题就会越积越多，整个人的状态也会越来越差。正确的做法是尽量保持积极乐观的心态正视问题，及时进行调整和处理，确保自己有能力解决问题。

（二）悦纳自己，提升自我价值感

对于一部分大学生来说，出现心理问题与自我价值感低有关。当一个人表现出自我价值感低时，容易出现不自信和自卑，从而缺乏勇气去表达自己，也不敢勇往直前，担心会影响学习和生活。如果我们能够正确地认识自己、表达自己和悦纳自己，试着发现自己的优点和长处，就容易变得乐观积极，对自己充满信心。

（三）提升挫折承受能力

美国著名心理医生斯科特·派克在《少有人走的路》中告诉我们：人生苦难重重。只有当我们真正理解和接受人生苦难重重这个事实，我们才有机会释然，再也不会对遭受的挫折耿耿于怀。生活中每个人对待挫折的态度各异，有的人想办法积极面对和处理，有的人选择逃避，还有的人自怨自艾，意志消沉，一蹶不振。所以，如果我们能换一个角度看待挫折，也许会发现每一次挫折的背后都暗藏着一份礼物。大学生群体身心发展不平衡，尽管身体发育已基本成熟，但是心理还处于发展不够成熟的阶段，因此无法全面、客观地认识挫折。从心理学与个人发展的角度来看，对挫折的认知直接影响到大学生遭遇挫折时的情感与行为。大学生面对挫折时产生的不良心理、不良行为反应，主要是对挫折的认识不足。例如，认为挫折不应该发生在自己身上；或者将挫折的发生进行内在归因，快速否定自我；或者把事情想得糟糕至极等。因此，高校需要进行挫折教育。首先，对大学生的挫折教育能帮助他们正确认识事物的正常发展规律，不要幻想一帆风顺，引导大学生认识挫折存在的必然性，而不是逃避挫折。其次，引导大学生正确看待挫折，纠正极端或扭曲的认知，教育学生遇到挫折时要从客观上找原因、分析原因，针对挫折进行客观而准确的分析，寻找克服挫折的方法。最后，引导学生认识挫折具有两面性，有积极的一面，也有消极的一面，既会让人痛苦、焦虑不安，也可以磨炼人的意志，激发人的潜力。面对挫折时不应只看到痛苦、消极的一面，也要认识到肯定、积极的一面。同学们，一切风险的背后都伴随着机遇，成长路上的挫折既可以是我们成功路上的绊脚石，也可以是垫脚石，就看你怎么看待它！

（四）完善社会支持系统

相关研究表明，当一个人拥有完善的社会支持系统时，遭遇困难他会积极寻求帮助，承受挫折的能力也会越来越强。一般情况下，家人、朋友、同学和老师是社会支持系统的重要组成部分。对于大学生而言，身边的朋友和同学是联系频度最高的社会支持系统。大学生要主动建立人际关系，以友善、平等的方式与同学交流、沟通，当我们处于较差的心理状态时，同他人保持正常的社交活动，能够缓解我们的心理压力，宣泄不良情绪，提升心理健康水平。

（五）寻求专业帮助

出现心理问题，如果自己无法调节，通过寻求朋友帮助也无法解决时，我们可以寻求专业心理帮助。心理门诊、心理咨询服务和心理治疗等都是可靠途径。心理咨询服务可以帮助我们认清问题症结之所在，并在心理上进行自我调节，从而缓解压力，改善情绪状态和消除困扰。同时，选择心理治疗，与专业心理医生交流，有助于我们加深对自己心理问题的认识，对症处理心理问题，获得有效的应对策略。

（六）学会正确的情绪调节

学会正确的情绪调节对心理健康至关重要。当我们处于焦虑、抑郁、失落等负性情绪时，可以尝试转移注意力，例如通过运动、写日记、听音乐、冥想等放松训练来减轻负性情绪的影响。此外，还可以尝试改变自己的认知，学会积极思考来放松身体，调整情绪。

心理问题的调节需要从多个方面入手。调整心态、悦纳自己、提升挫折承受能力、完善社会支持系统、寻求专业帮助和学会正确的情绪调节等方式，不仅能缓解我们的压力、消除焦虑，还能帮助我们找到问题症结之所在，并采取积极有效的应对策略，提升心理健康水平。

实践活动

缓解压力训练：呼吸放松法

把手放在胃部，用鼻子吸气，腹部扩张，用嘴呼气，双肩自然下垂，慢慢闭上双眼。端正站好或站直，把所有烦恼和琐事都丢在一边。开始慢慢地吸气，吸气的时候腹部隆起。吸气并默数到3。慢慢把气呼出，呼气时腹部瘪下去。暂停呼吸，默数到3。重复上述步骤20次。

第四节 心理健康与人格培养

一、人格的概念

人格是指一个人独特的、稳定的和本质的心理倾向和心理特征的总和，以气质为生物基础，以性格为外在表现。一个人的人格常常表现在气质、能力和性格等方面。人格分为两部分，一部分是天生的，与生俱来，这部分很稳定，如气质；另一部分是在后天环境中逐渐形成和发展而来的，也比较稳定，但在某些特定条件下也会发生变化，如能力和性格。

二、心理学家眼中的人格

（一）精神分析流派的人格理论

心理学家弗洛伊德开创了精神分析流派。他提出基于三个基本假设的人格理论：①潜意识是人们行为的主宰，理性和意识产生的作用相对有限；②个体童年的经历将影响成年后的个性和行为方式；③人格的发展和形成是因为个体自身性冲动的方式导致的。因此，弗洛伊德的人格理论主要由潜意识、童年经历、性冲动应对方式三个方面展开研究个体人格形成的影响因素。

弗洛伊德认为人的性格可以分为三个部分：本我、自我和超我。本我遵循"快乐原则"，是性格中较为原始的部分，同满足生理需求相关；自我遵循"现实原则"，在性格中扮演决策和协调的功能，一方面需要满足需求，另一方面也要衡量社会允许的方式和时机；超我是性格中道德和理想的部分，遵循"道德原则"，很看重人们的行为是否符合社会规范，一旦人们的行为偏离了社会规范，它就会引发愧疚感和罪恶感。人格就是这三种"我"相互作用、相互制约的结果，当三种"我"协调一致时，个体就会呈现良好的行为方式和健康的心态。

（二）人本主义流派的人格理论

人本主义流派的创始人是罗杰斯。跟精神分析流派不同，罗杰斯认为人需要寻求内在真正的自我，可以通过自我成长达到自我实现，而不是在性驱力支配下的被动生命。罗杰斯关于人格理论的主张体现在三个方面：①个性只有一个结构——自我。自我这个概念是个体对自己的本性、独特性和行为模式的整体评价，例如对自己的全部认识和信念，"我是一个开朗的人""我学习很好""我觉得自己很优秀"等评价都是"自我概念的一部分"。而外在的行为方式则是个体通过自我由内而外的一种展示和折射。②个体的自我概念和现实自我不一定相符，大部分人歪曲自己的现实自我以期获得一个良好的自我概念。当自我概念和现实自我不一致时，就会产生矛盾。③每一个体都有被爱、被接纳的强烈需要，小时候与父母的相处状态决定了个体的自我概念和现实自我的匹配程度。在儿童早期，儿童通过父母获得两种不同的积极关怀：①无条件的积极关怀，即无论儿童表现如何，父母都爱你。②有条件的积极关怀，即当儿童表现好的时候，父母才爱你、喜欢你。进而儿童会内化为无条件的自我关怀和有条件的自我关怀，当儿童在现实生活中获得更多无条件的积极关怀时，他们更容易接纳真实自我，形成一致的自我概念，有利于身心健康。

（三）行为主义流派的人格理论

斯金纳是行为主义流派最有名的心理学家之一。他主张通过研究人们的行为模式形成规律，提高人类在自身行为倾向上的自主性。因此，他最看重的是行为怎样习得、改变和矫正。他认为人格的了解应围绕个体与环境互动中的行为的发展展开。他发现了著名的"操作反射作用"，通过"操作反射作用"来塑造人们的行为，即通过强化作用的影响去改变人们的反应，从而形成特定的人格特征。

（四）社会学习理论流派的人格理论

社会心理学家班杜拉认为人的行为不仅受到外界因素（强化、奖励和惩罚）的影响，同时也受内在因素（思想、信念和期待）的影响。他提出观察学习理论，认为人们可以通过观察他人的行为举止来习得新的行为，进一步影响人格的形成。根据社会学习理论，人们开始关注媒体内容、父母行为和同辈群体对儿童行为和人格形成的影响。有研究发现，个体更倾向于从那些有吸引力或者有权力的榜样身上寻找共同点，例如相似的年龄、性别、阶层和职业等因素，便于他们更容易通过观察学习习得榜样身上的特定行为方式。

三、大学生人格特征

（一）独特性

个体的人格在遗传、环境、教育和成熟等先天、后天环境的相互作用下形成。由于每个人的基因、生存环境、教育环境等具有差异性，因此形成了各自独特的心理特点，有的人活泼开朗、有的人固执己见、有的人成熟稳重、有的人粗心大意等，即千人千面。

（二）稳定性

人格的稳定性是指个体经常表现出来的特点，是一贯行为方式的总和。所谓"江山易改，本性难移"。人格特质一旦确定下来就很难改变，同时，在不同的时空往往表现出一致性。例如，一个人在校期间乐于助人，有爱心，那么他在社会上主动帮助他人的概率也比较高。

（三）统合性

在每个人的人格世界里，各种特征是根据一定的内容、规则和秩序有机地组合起来的动力系统，而不是简单的堆砌。当个体人格结构的各个方面都彼此和谐时，人们就会呈现出一种健康的人格特征，否则就会出现心理失衡，甚至导致人格分裂。

（四）功能性

人格是一个人喜怒哀乐、生活成败的根源。人格决定一个人的生活方式，甚至决定一个人的命运。当个体遭遇困难或挫折时，勇敢、坚强的人会努力寻找解决问题的方法，迅速从失败中走出来，而怯懦的人只会选择逃避，甚至一蹶不振，失去奋斗的动力。当人格功能发挥作用时，个体会表现出良好的精神面貌；反之，如果出现人格功能失调，则容易出现无助、失控甚至变态。

四、大学生常见的人格缺陷

人格缺陷是处于正常人格与人格障碍之间的一种人格状态，属于发展不良的人格品质，常见的人格缺陷主要有自卑、怯懦、敏感多疑、虚荣嫉妒、急躁等形式。

（一）自卑

自卑是指个体对自己的评价过低的心理体验，主要表现在对自己的能力、长相、性格、学识、品质等方面。一般来说，自卑的个体其情感内向，心理承受能力弱，容易胡思乱想，经不起较强的刺激，常产生猜疑心理，做事畏手畏脚，瞻前顾后。

（二）怯弱

怯弱主要表现为缺乏勇气和信心，害怕失败，也不敢承担失败带来的风险和后果，常常是不战而退。有些大学生上大学之前一帆风顺，所以特别害怕自己会失败，常常被"只许成功，不许失败"的想法困扰，导致自己步履维艰。

（三）敏感多疑

敏感多疑者经常会在没有事实依据或者缺乏合理逻辑思维的情况下，盲目猜测或怀疑。例如，看到同学在悄悄讲话或者背着自己说话，就认为他们不喜欢自己，在说自己的坏话。敏感多疑的不良性格容易导致人际关系紧张，使自己陷入庸人自扰、困顿、自寻烦恼的不良情绪中。

（四）虚荣嫉妒

虚荣带有浓厚的盲目追求、自高自大的色彩，总是希望自己能够高人一等，往往将自己置于不切实际的位置上，过度夸大自己的能力和闪光点。嫉妒则常常将自己与身边人在长相、家庭、能力、品质等方面进行比较，往往使自己变得狭隘，陷入痛苦。

（五）急躁

急躁是大学生常见的不良人格特质，主要表现为缺乏耐心、细心和恒心，易躁动不安，做事缺乏准备，冲动行事，不计后果。通常来讲，性格急躁的人，说话办事快、竞争意识强、易冲动，常常使自己处于紧张焦虑状态。

五、塑造健全的人格

（一）气质不同，扬长避短

每个人一出生都是带着自己独特的气质特点来到这个世界的。尽管气质由生物遗传因素决定，无法随意改变，但可以充分了解，做到扬长避短。每一种气质都有其积极方面和消极方面，了解和认识自己的气质类型，我们可以充分利用自己的气质特点，在工作中发挥气质的优势，提升自己的职业适应能力。例如，胆汁质的人容易冲动，但热情爽快，敢于尝试，适合从事反应迅速、应急性强、冒险性强、难度较高且费力的职业；多血质的人做事缺乏持久性，注意力容易转移，但灵活机智、思维敏捷、擅长与人打交道，适合从事反应敏捷、社交性、文艺性和多变性的职业；黏液质的人性格内向，但却非常有毅力，适合从事原则性强、细致持久、有条不紊、刻板平静和耐受性较高的职业；抑郁质的人多愁善感，但情感体验丰富，做事小心谨慎，善于察觉到别人观察不到的微小细节，适合从事平静的、刻板的、按部就班和持久性质的职业。

（二）积极行动，改变性格

性格是在后天环境中养成的，尽管它的形成并非一朝一夕，但是只要通过不断努力，就可逐渐矫正，甚至可以弥补气质上的先天不足。例如，感恩教育、专注力训练、冥想训练、学会倾听、时间管理、拓展视野、体验快乐等。

（三）建立自信心，增强坚韧的心理品质

精准识别自己的优势，找准适合自己的位置，体验成功。每个人都拥有巨大的潜能，都有属于自己的成功。最重要的是，每个人都应该精准识别自己的优势，找准位置，然后将自己的生活、工作和事业发展都建立在这个优势的基础上，这样才更容易获得成功。此外，成功的体验能够增强每个人的自信，有利于培养坚韧的心理品质，从而形成良好的人格特点。

趣味测试

托兰斯创造性人格测试题

创造学研究表明，高创造力的人，有许多不同于常人的人格特征。下面的测试题是根据美国著名心理学家托兰斯的研究成果编制而成的，可用于自我测试创造性人格特征，以评估自己的创造力水平。请对下列问题作出肯定（打"√"）或否定（打"×"）回答，完成全部题目后再核对答案。

1. 在做事、观察事物和听人说话时，我能专心致志。（　　）

2. 我说话、写文章时经常用类比的方法。（　　）

3. 我能全神贯注地读书、书写和绘画。（　　）

4. 完成了一项工作后，我总有一种兴奋感。（　　）

5. 我不大喜欢权威，常向他们提出挑战。（　　）

6. 我很喜欢（或习惯）寻找事物的各种原因。（　　）

7. 观察事物时，我向来很仔细。（　　）

8. 我常从他人的谈话中发现问题。（　　）

9. 在进行带有创造性的工作时，我经常忘记时间。（　　）

10. 我总能主动地发现一些问题，并能发现和问题有关的各种关系。（　　）

11. 除了日常生活，我平时差不多都在研究学问。（　　）

12. 我总是对周围的事物保持好奇心。（　　）

13. 对某一问题有发现时，我总是感到异常兴奋。（　　）

14. 通常，我对事物能预测其结果，并能正确地验证这一结果。（　　）

15. 即使遇到困难和挫折，我也不会气馁。（　　）

16. 我经常思考事物的新答案和新结果。（　　）

17. 我有很敏锐的观察能力和提出问题的能力。（　　）

18. 在学习中，我有自己选定的课题，并能采取自己独有的发现方法和研究方法。（　　）

19. 遇到问题，我经常从多方面去探索它的可能性，而不是固定在一种思路上或局限在某一方面。（　　）

20. 我总有些新的设想在脑子里涌现，即使在游玩时也时常冒出新的设想。（　　）

托兰斯测试题的评价：

记分方法：每个"√"记1分，各题得分相加，算出总分。

结果评价：0～9分代表创造力较差；10～13分代表创造力一般；14～17分代表创造力较好；18～20分代表创造力很好。

📖 课后阅读

剑桥的钟声为她响起

邓亚萍首次进入剑桥城时，恰逢剑桥大学举行毕业典礼，全城街道挤满了熙熙攘攘、衣着光鲜的人们，他们是剑桥的毕业生以及专程前来庆贺他们毕业的亲朋好友。不论男女毕业生，一律穿着白衬衣、黑皮鞋。本科生披着白色的羽毛，博士生则穿着大红色的呢子。当校长宣布毕业典礼开始后，剑桥城里所有教堂的钟声同时响起，热闹的街道霎时庄严肃穆。邓亚萍被眼前的场景深深地打动了，她足足看了一个钟头，对这些骄子充满了羡慕，同时在她的心中也升腾起上剑桥读博士的熊熊火焰。

邓亚萍拿着清华大学老师的推荐信，迫不及待地拜见了剑桥大学校长艾莉森·理查德，把读博士的想法和盘托出。理查德对她说："剑桥只招收最出名的学生。虽然你是世界顶尖级人物，但学术背景一定要过硬。当然，我们还会考虑别的因素，例如推荐信、个人求学计划、面试表现等。如果能让萨马兰奇给你写封推荐信，那就再好不过了。"

邓亚萍觉得，让萨马兰奇写封信不算什么难事，但令她意外的是，萨马兰奇并不支持她上剑桥大学，还说："你已拥有两个学位，应该马上回国效力，而不是读什么剑桥博士。"

邓亚萍诚恳地对萨马兰奇说："请您放心，即使我读完剑桥博士，也绝对要回到我的祖国去，我上剑桥，是希望以后能更好地为我的祖国效力。"

萨马兰奇被邓亚萍的诚恳和决定打动，最终为她写了推荐信。

这是一次难得的机会，也是一次艰难的起步。最初几个月，邓亚萍很难适应剑桥的环境，总有一种"云山雾罩"的感觉。她买了一辆自行车，第一天，让房东带她从出租屋到学校走了一遍，但是第二天却怎么也找不到路，只好边走边问到了学校，毫无疑问她迟到了，受到了老师的严厉批评，这让她很是窘迫。

邓亚萍拿出打球时不服输的劲头拼命地学习，把研究方向定为"2008年奥运会对当代中国的影响"。此时，作为国际奥委会委员的她，一边要忙于北京奥委会的筹备工作，一边要进行博士论文的准备。2004年春节，她为了赶写博士论文，放弃了与亲人团聚的机会，买了一堆速冻饺子度过了假期。朋友们劝她："你得到了那么多令人羡慕的荣誉，不攻读剑桥博士学位，以后照样可以生活得不错。即使攻读博士学位也不必和自己较真儿。"但是，她说："在你们眼里，我纯粹是自讨苦吃。我读博士绝不是为了'镀金'，我既然上了剑桥，就绝不会投机取巧走捷径，更不会弄虚作假！我盼望着那一刻，当我戴上剑桥博士帽时，剑桥城里所有教堂的钟声都为我响起来！"

2008年11月29日，当剑桥大学校长理查德在学校礼堂前的草坪上亲自授予邓亚萍经济学博士学位，并为她戴上剑桥博士帽时，剑桥城内所有教堂的钟声顿时响起来，在家人及当地朋友的陪伴下，邓亚萍按照剑桥的古老传统完成了全部仪式。那一刻，她泪流满面，哽咽着说："在经历了11年的艰辛后，今天我终于圆了剑桥博士的梦，激动的心情绝不亚于夺得奥运会金牌。"

后来，邓亚萍应邀参加央视《咏乐汇》访谈节目，有观众问她："你是剑桥大学建校800年来唯一拥有世界冠军头衔的博士，支撑你实现这一目标的力量是什么？"

邓亚萍回答道："简单说就是四颗'心'。首先是决心，在你有了一个目标或是方向之后，要坚定不移地朝着这个目标努力；其次是恒心，在努力的过程中势必会遇到一些困难，但这就是人生，如果不能克服困难，你就上不了一个台阶；再次是信心，如果离目标就差那么一点点，请一定不要丢掉信心；最后是平常心，不论结果如何，都要以平常心对待。"

这一路走来，邓亚萍看似平步青云，对此她幽默地回应道："因为我个子矮，所有的球对于我来说都是高的，都是我进攻的好机会。"

（资料来源：张达明.剑桥的钟声为她响起［J］.半月选读，2009（22）：18-19.）

第三章　大学生安全教育

本章导读

　　近年来，随着经济、社会的快速发展，我国高等教育也有了长足发展，在校大学生人数急剧上升，高校与社会的联系愈发紧密，大学生学习、交流、活动的领域越来越广，校园环境日趋社会化和复杂化，校园安全形势不容乐观。在校大学生还处于人生发展的关键期，世界观、人生观、价值观还不够成熟，容易受到校内外各种因素的影响。因此，有必要做好大学生的安全教育工作，这对维护高校、社会的和谐稳定均具有重要意义。

　　本章以大学生安全教育的概念为出发点，对大学生安全教育的必要性、现实性以及安全教育的原则进行阐述，并结合当代大学生的实际案例对防火、防盗、防诈骗、预防校园贷、预防艾滋病等相关知识进行重点讲解。希望通过本章的学习，能够帮助同学们提高安全防范意识和自我保护能力，维护安全、和谐、稳定的校园环境。

经典案例

　　2022年11月14日早晨6时10分左右，上海商学院徐汇校区一学生宿舍楼发生火灾，火势迅速蔓延导致烟火过大，楼中4名女生在消防队员赶到之前从6楼宿舍阳台跳楼逃生，不幸全部遇难。火灾事故初步判断原因是，13日晚有同学在寝室违规使用"热得快"，突然停电后没有拔下插头，第二天一早宿舍来电，因电流过大引发"热得快"过热并将周围可燃物引燃。

点评：校园是师生学习、工作、生活的重要场所，该场所人员密集，因而防火工作非常重要，一旦发生火灾，极易发生群死群伤事故，危害十分严重。上述案例发生在学生宿舍这个与大学生学习、生活息息相关的场所，导致这场悲剧的主要原因是大学生缺乏消防安全意识。因此，有必要进一步加强大学生的安全教育，提高大学生的安全防范意识，提高灾难发生时的自救能力。

第一节　大学生安全教育概述

安全，指不受威胁，没有危险、危害、损失，即人和物都得到了保障。安全是一名大学生完成学业的基本保障，也是一名大学生思想进步、健康成长和立志成才的基本条件。

一、大学生安全教育的必要性

如今的高校开放程度不断提高，管理方式社会化，办学方式多元化，学生结构复杂化。校园与社会的联系越来越密切，校园的治安环境也越来越复杂。当代大学生普遍呈现出生理发育基本成熟，但心理发育相对滞后的状态。没有危机感，没有安全意识，生命意识薄弱，缺乏安全知识，自我防范、自我保护能力弱。当遭遇安全事故时不知道该如何减少伤害，如何自救。一些大学生在市场经济大潮的席卷下，受金钱万能论、读书无用论的影响无法静心读书，一心想着满足自己的私欲，乃至道德沦丧，思想麻痹，疏于自身安全防范。还有一些大学生忽视法律知识的学习，或者不懂得将所学法律知识转化为法治观念并提升为法律意识，指导其行为，导致他们在日常生活中存在许多法律盲区，法治观念淡薄。

同时，大学生心理承受能力差。一项针对3000名大学生进行的问卷调查结果显示，超六成大学生心理承受能力差。调查显示，66%的大学生在学习、生活、人际关系等方面遇到挫折时，会向父母及身边的朋友求助，仅有34%的大学生选择自己想办法解决。而针对大学生存在的主要心理困扰因素、产生原因及应对方式进行的调查显示，造成大学生心理困扰的主要因素分别是：人际交往、学习问题和情感问题。心理承受能力差的大学生在遇到来自各个方面的压力、挫折等问题时容易产生心理疾病，精神萎靡，一蹶不振，严重者甚至会产生轻生的念头。

加强对大学生安全问题的防范与应对，既是保障大学生人身安全的必要手段，也是为国家培养较高安全素质人才的战略行动。因此，高校应培养学生热爱生命、关注健康、关注安全、以人为本的理念和价值观，并能够达到由关爱自己拓展到关爱他人、关爱社会、关爱全人类的境界，同时学校应当采取各种手段加强安保措施。校园安全、稳定，和谐发展有了保障，高校才能最终实现育人目标，学生才能在阳光下茁壮成长为国家的栋梁。

二、大学生安全教育的现实意义

当代大学生是祖国的未来、民族的希望，他们的顺利成长关系到党和国家的前途和命运。在校大学生正处于人生成长的关键期，面临学习、生活、恋爱、升学、就业等一系列的人生重大课题。然而当代大学校园并非人们心中的世外桃源、象牙之塔，社会上的八面来风时时搅动着莘莘学子的心。安全素质是大学生实现理想的基础和保障，如果缺乏必要的社会生活知识，尤其是安全知识和技能，势必会导致各种安全问题的发生。保证高校安全，保护好大学生的人身和财产安全，责任重于泰山。

（一）安全教育是大学生自我发展、自我管理、自我教育的重要内容

由于家庭的宠爱、中小学的应试教育，部分当代大学生疏于思想建设、品德培养，容易出现人格偏差。还有些大学生（特别是新生）社会阅历较浅，防范意识差，当他们独立面对复杂的社会环境时，往往忽视了可能发生的各种安全问题，一旦发生安全事故，又惊慌失措不知如何处置，往往会造成更大的伤害。

因此，大学生必须接受专业的知识教育，更需加强自身的安全教育，以利于增强大学生自我保护意识和能力，促进其健康成长，增强大学生的法治观念，学会懂法、用法、守法，形成正确的人生观、价值观，维护大学生的心理健康，促进其身心平衡发展。

（二）安全教育是高校精神文明建设的需要

当今的高校环境日趋复杂。近年来，经过整治，社会治安形势逐渐好转，但是形势依然十分严峻，各种违法犯罪现象仍呈上升趋势。高校在改革、开放、搞活的新形势下，与社会融合的程度越来越高。高校周边治安环境更加复杂，酒吧、网吧、歌舞厅林立，不少不法之徒混迹其中，伺机作案，无戒备之心的大学生往往成为被侵害的对象，人身和财产安全堪忧。

另外，社会不健康文化也在侵蚀大学生思想，影响学生的身心健康。部分大学生沉迷于淫秽书刊、影碟、黄色网站不能自拔，导致精神萎靡、厌恶学习、不求上进，甚至走上违法犯罪的道路。

三、大学生安全教育管理的原则

（一）以人为本，以法为根

大学生是安全教育与管理活动的主体，是教育与管理的对象和主要参与者。

（二）预防为主，教育先行

这是大学生安全教育与管理的基本方针。在大学生安全教育与管理过程中，只有做好预防工作，才能最大限度地减少大学生人身、财产可能遭受的不法侵害。但是预防工作必须以教育为先导，让大学生明确预防工作的目的、意义、作用和方法，重视预防工作。

（三）明确责任，管教结合

在安全教育与管理过程中，要将教育与管理有机地结合起来，建立健全岗位责任制，将这项工作落到实处。此项工作主要包括以下内容：一是学校对此项工作负有领导责任，有关部门和群团组织要主动配合，同时要落实目标考核责任制，由一名校领导负责，并落实到年级和班级；二是学校要积极组织开展大学生安全教育，普及安全知识，以增强学生的安全意识和法治观念，提高防范能力；三是要建章立制，严格管理，将日常防范工作落实落细。

（四）实事求是，妥善处理

对大学生进行安全教育与管理要从学生和学校的实际情况出发，力求贴近生活，不好高骛远，要有现实感和亲切感，让学生易于接受。

第二节　预防火灾、盗窃、诈骗

一、防火篇

（一）校园火灾的常见原因

1. 违章点蜡烛

高校一般都有规定，学生宿舍晚上要统一断电熄灯，但个别学生在断电后偷偷点蜡烛照明，这使原本空间较小，充满衣物、被褥等可燃物的宿舍存在极大的火灾风险。

2. 违章点蚊香

夏天，因为有蚊虫叮咬，很多学生都爱点蚊香。蚊香燃烧时，中心温度可达 $700 \sim 800℃$，而布匹的燃点为 $200℃$，纸张燃点为 $130℃$，若这类可燃物品靠近点燃的蚊香，极易引起火灾。

3.违章吸烟

高校中抽烟现象较严重，部分学生在宿舍抽完烟后，烟头随意乱扔，而烟头的内部温度高达800℃，一旦未熄灭的烟头被扔进废纸篓、垃圾桶等易燃物内，很容易引起火灾。

4.违章使用灶具

个别大学生图省事方便而使用煤油炉、酒精炉，特别是酒精（乙醇），属于极易燃液体，如使用不当极易引起火灾事故。

5.乱用电器

如今，许多大学生都配备了计算机、电视机、电风扇等大功率电器。而一间宿舍往往只配备了一个插座，因此，不遵照安全用电的有关规定，学生宿舍随意加装插座、牵拉电线、增加用电设备、超负荷用电等现象较为严重。不少学生还在宿舍违规使用"热得快""电温瓶""卷发棒"、炊具等危险性较大的电器，这些电器极易造成电线短路，引发火灾。

6.实验室操作失误

在化学实验室中，各种化学危险物品种类繁多、数量大、实验条件复杂，火灾危险性也较大。因此，实验室是极易发生火灾的地方。所以，应把化学实验室作为实验室防火的重点。

7.宿舍、教室等建筑材料耐火等级低

部分高校的建筑内部结构使用了大量的易燃、可燃材料，内部设施及电气线路陈旧老化，线路铺设不符合防火要求。尤其是旧图书馆，由于采光度低，为了照明的需要，使用了大功率的照明灯具。灯具离书架太近，且电器线路故障发生火灾，火势蔓延迅速，不仅会使很多珍贵资料化为灰烬，造成无法弥补的损失，而且还会危及人身安全。

（二）预防校园火灾

1.学生宿舍防火

学生宿舍是校园的重点防火对象，全面做好学生宿舍防火工作具有极其重要的意义。一般而言，生活用火是引发学生宿舍火灾的重要因素。

为了杜绝学生宿舍发生火灾事故，要做到十戒：一戒私拉乱接电源线路。避免电线缠绕在金属床架上或穿行于可燃物中间，避免接线板被可燃物覆盖；二戒违规使用电热器具；三戒使用大功率电器；四戒工作电器无人看管，必须人走断电；五戒明火照明，灯泡照明不得用可燃物作灯罩，床头灯宜用冷光源灯管；六戒室内乱扔、乱丢火种；七戒室内燃烧杂物等；八戒室内存放易燃易爆物品；九戒室内做饭；十戒使用假冒伪劣电器。

2.公共场所防火

随着高校校园建设的发展，教室、餐厅、图书馆等处所人流量较大，一般公共场所管理较为松散，且室内装修使用可燃物质、有毒材料多，用电量高，高热量照明设备多，空间大等，都存在极大的火灾隐患。这些处所时有重大火灾发生，极易造成人员伤亡特别是群死群伤。

因此，在公共场所滞留时，应掌握以下防火知识和方法：清醒认识公共场所的火灾危险性，时刻提防、严格遵守公共场所的防火规定，摒弃一切不利于防火的行为。进入公共场所，首先要了解所处场所的情况，熟悉防火通道。善于及时发现初起火灾，做出准确判断，能及时扑救的要及时扑救，形成蔓延的要立即疏散逃生，要有见义勇为的精神，及时帮助遭受伤害的人员迅速撤离、脱险。

（三）火场自救

1.火灾初起时自救的基本方法

火灾发生时，被困人员应沉着冷静，设法自救。火灾初起时，除立即报警外，应设法逃生。在逃生过程中，要分秒必争，不得浪费时间去穿衣戴帽，或者去寻找贵重物品，应当立刻逃生，不得为寻找物品而遭受伤亡，特别是脱险后又因贵重物品而重返火场，这种情况极有可能丧生。

火灾初起时，火势一般较小，不能只顾自行灭火，切记要迅速报警，切勿酿成重大火灾。被困人员无论处于起火房间还是非起火房间，逃出房间后，都要做到随手关门，这样可以控制火势的发展，延长自救逃生的时间。

2.逃生的首要条件

熟悉所处环境是在火灾紧急情况下安全逃生的首要条件。熟悉所处的环境通常是指熟悉所处环境的安全设施，从而能够快速地找到火场逃生出口。同学们要熟悉学校教室、图书馆、食堂、宿舍、实验室等周围环境，了解逃生紧急集合点，一旦发生火灾，能够迅速到达逃生紧急集合点。还要积极主动地参加学校开展的逃生训练和消防演练，以便熟悉环境并按照演练时的逃生方法和路线顺利地逃出危险区域。

（四）火场逃生的方法

楼梯、普通楼梯、消防楼梯特别是防烟楼梯、室外疏散楼梯，更为安全可靠，在火场逃生时应充分利用。若以上通道火势猛烈或者火灾发生后已被大火所困，我们仍然要保持冷静，选择最佳的逃生方法自救。

1.立即离开危险区

一旦发现自己身处火场的最危险区域，生命受到了威胁，应立即设法脱险。脱险时要注意观察、判断火势情况，明确自己所处环境的危险程度，以便采取恰当的逃生措施和方法。

2. 保持镇静，明辨方向

突遇火灾时，保持冷静的同时千万不要盲目地跟随人流相互拥挤、乱冲乱撞。撤离时要注意朝明亮处或室外空旷处跑，要尽量往低楼层跑。规范标准的建筑物都有两条以上的逃生楼梯、通道或安全出口。发生火灾时，要根据情况选择进入相对安全的楼梯、通道或安全出口。若通道已被烟火封阻，则应选择与火源相反方向的通道或优先选用最简便、最安全的疏散通道和疏散设施，按顺序迅速逃离险境。例如，楼房着火时先要选用安全楼梯、室外疏散也被烟火封阻时，可考虑利用建筑物的阳台、窗口、屋顶等攀爬到周围的安全地带。沿着下水管、避雷线等也可滑下楼脱险。

3. 简易防护，掩鼻匍匐

火场上的烟雾含有许多有害成分，例如火灾产生的一氧化碳在空气中含量达到 1.28%，1～3 分钟可以致人窒息死亡，因此逃生时要注意避开浓烟，可用湿毛巾、湿口罩捂住口鼻做好个人防护，以防烟雾中毒、预防窒息。如果出口被烟火封阻，冲出险区有危险，可以往身上浇冷水，或者用湿床单、湿棉被将身体裹住，有条件的还可穿上阻燃服，然后快速离开危险区。在穿过烟雾区时应尽量降低身体重心或爬行，千万不能直立行走，避免被浓烟呛到，甚至窒息。

4. 寻求暂时避难，等待救援

在所有通道均被烟火严密封阻又无人救助的情况下，应积极寻找暂时的避难场所。利用设在电梯外走廊末端的卫生间，躲避烟火的侵害。若发现有烟进入室内，应关闭迎火的门窗，打开背火的门窗。用湿毛巾、湿布等织物堵住漏烟的门窗缝隙或用水浸湿棉被，蒙在门窗上，然后不停地向高温处或地面洒水，淋透房间，以延缓火势的蔓延，防止烟火渗入，同时用湿毛巾捂住口鼻做好个人防护，坚持到救援人员或逃生机会的到来。

5. 传送信号，寻求援助

被烟火围困时，应尽量待在阳台、窗口等易被人发现并能避免烟火近身的地方。在白天，可向窗外晃动鲜色的衣物等；在晚上，可用手电筒不停地在窗口闪动或敲击东西，及时发出有效求救信号。在被烟气窒息快失去自救能力时，应努力滚到墙边或门边，既便于消防人员寻找、营救，也可防止房屋塌落时误伤自己。

6. 缓降远生，滑绳自救

高层、多层建筑发生火灾，通道全部被火封锁时，可迅速利用身边结实的绳索或将窗帘、床单、被褥等撕成条状自制简易救生绳，用水打湿，然后将其拴在牢固的窗框、床架或室内其他牢固物件上，从窗台或阳台沿绳滑到低楼层或地面逃生。若非万不得已，烟火威胁情况危急，无条件自救并得不到救助的情况下，处在低楼层或不高的地方，也可以跳楼逃生。地面硬时，如有可能，应尽量先抛下像沙发垫之类的松软物品作铺垫再跳下，以减轻伤害。此外，还应注意选择有雨篷、草地等松软的地方跳。跳低层楼可能求生，但会对身体造成一定的伤害，所以一定要慎之又慎。处于高楼层千万不能跳楼，否则伤亡更严重。

相关链接

东北大学——1000 多名女生匆忙逃生

2003 年 12 月 23 日清晨，东北大学第四女生宿舍发生火灾。许多女生打开窗户呼救，不少学生因逃生时过于匆忙，仅在睡衣外罩了一件大衣。一些学生用沾水毛巾捂住口鼻冲破烟雾的封阻成功逃生，她们说学校以前教过这方面的逃生知识。一些女生拿起楼道内存放的灭火器喷洒，但直到十几只灭火器用完，也没能扑灭大火。她们又开始用脸盆接水灭火，但也没能减小火势。消防救援人员到场后，发现宿舍楼共有 3 个通道，其中一个被胶合板钉死，他们合力打开通道，将学生安全转移，最终扑灭了大火。火灾原因是219 寝室学生陈某用"热得快"烧水。因 22 日晚突然停电，她只好将"热得快"从水壶中拔下转手就放到床上，但忘记了切断电源。早晨，她醒来后发现床上的"热得快"已经将床铺引燃，惊慌之下，她四处敲门，喊醒其他寝室的学生。由于逃生时打开了寝室门，通风后火势更加猛烈。

火灾责任者陈某被行政拘留 10 天，这是当年该校发生的第三起火灾事故。4 月 28 日，一男生宿舍因电源短路爆燃起火，幸亏师生们及时自救将火扑灭。6 月 17 日，一名博士生在刀具实验室做试验打出了火花，因未及时清理现场而起火。经过消防救援人员和师生们的奋力扑救，大火才被扑灭，这名博士生受到校公安部门的处罚。

二、防盗篇

（一）高校盗窃案件的特点

高校盗窃案件一般都有以下共同点：实施盗窃前有预谋的窥探，盗窃现场通常遗留下痕迹，如指纹、脚印及其他物证，盗窃手段和方法常带有习惯性，有被盗窃的赃款、赃物可查。由于客观场所和作案主体的特殊性，高校盗窃案件有以下具体特点。

1. 时间上的选择性

作案主体通常选择作案地点无人的时段实施盗窃。例如，上课期间，作案人便会光顾宿舍；下班以后或节假日期间，实验室、办公室、财会室、计算机室通常处于无人状态，作案人便会乘虚而入。

2. 目标上的精准性

高校室内盗窃案件比较多。财会室、计算机室在什么位置，作案人掌握得一清二楚，哪个学生有钱或贵重物品常放在什么地方，有没有锁在箱子或柜子里，钥匙放在何处，作案人也基本了解，实施盗窃常常十拿九稳。

3. 技术上的智能性

高校盗窃案件的作案主体，一般以高学历、高智商者为多，有的本身就是大学生。他们智商较高，盗窃技能高于一般盗窃人员。他们经常会用你的钥匙开你的锁，或制作"万能"钥匙等进行智能型违法犯罪活动。

4. 作案上的连续性

如前所述，正因为作案人比较"聪明"，所以第一次作案很容易得手。"首战告捷"后，作案人往往产生侥幸心理，加之报案及破案时间的滞后，作案人极易屡屡作案从而具有一定的连续性。

（二）高校盗窃案件的行窃方式

1. 顺手牵羊

作案人趁受害人不备将放在桌上、走廊、阳台等处的物品带走，据为己有。

2. 乘虚而入

作案人趁受害人不在、房门抽屉未锁之机入室行窃。这类盗窃手段比"顺手牵羊"更严重，不管是现金、存折、信用卡或者贵重物品，只要被发现，统统被盗走。

3. 窗外钓鱼

作案人用竹竿等器具在窗外将受害人的衣物钩走。有的甚至将纱窗弄坏，勾走受害人放在桌上、床上的衣物。因此，住在一楼或其他楼层靠近窗户的学生，如果缺乏警惕，很容易受到不法侵害。

4. 翻窗入室

作案人翻越没有牢固防范设施的窗户入室行窃。入室窃得钱物后由大门离去，因此有时不易被发现。

5. 撬门扭锁

作案人使用各种工具撬开门锁，入室行窃。

6.用钥匙开锁

作案人利用学生随手乱丢的钥匙，趁其不在宿舍时开锁，包括门锁、抽屉锁、箱子上的锁，从而盗走现金和贵重物品等财物。这类作案人大都与受害人比较熟悉。

（三）防盗的基本方法

防盗的基本方法有人防、物防和技术防范三种。人防，仍是目前预防和制止盗窃犯罪最为有效、可靠的方法。物防，是应用最广泛的基础防护措施。技术防范，是可以及时发现入侵、能够替代人员守护且不会疲劳和歇息，可长时间处于戒备状态的更加隐蔽可靠的一种防范措施。对于大学生来说，最重要的是加强防范意识，努力保护好自己和同学的财物不受侵害。

学生在宿舍和教室的财物防盗，要注意以下几点：

①最后离开教室或宿舍的同学，要关好窗户锁好门，一定要养成随手关窗、锁门的习惯，严防盗窃犯罪分子乘虚而入。

②不得留宿外来人员。如果违反学生宿舍管理规定，随意留宿不知底细的人，有可能引狼入室。

③发现形迹可疑的人应提高警惕。盗窃分子到教室或宿舍行窃时，若发现管理松懈、进出自由、房门大开，便会来回走动、窥探张望，待摸清情况、瞅准机会后就撬门扭锁或明目张胆入室盗窃。遇到这类可疑人员，应主动上前询问，如果来人确有正当理由一般都能解释清楚，也不排除会找各种借口进行搪塞，例如找人、推销商品等。如果来人说不出正当理由又说不清学校的基本情况、疑点较多且神色慌张，可交值班人员处理。如果发现来人携带作案工具或赃物等证据时，应立即报告值班人员和学院保卫处。

④应积极参加教室和宿舍等场所的安全值班，协助学院保卫处做好安全防范工作。通过参加值班、巡逻等安全防范工作实践，不仅可以保护自己和他人财物的安全，而且还可以增强安全防盗意识，锻炼和增长自己的社会实践能力。

⑤注意保管好自己的钥匙，包括教室、宿舍、箱包、抽屉等处的各种钥匙，不能随便借给他人或乱丢乱放，以防"不速之客"复制或伺机行窃。

（四）几种易盗物品的防盗措施

1.现金

保管现金的最好办法是将其存入银行。尤其是数额较大时，更应及时存入银行并记住密码。密码应选择容易记忆又不易解密的数字，最好不要选用自己的生日作密码，一旦银行卡丢失容易被熟人冒领。银行卡、信用卡等卡片切勿与身份证、学生证等证件放在一起，严防盗窃分子盗走后冒领。在银行存取款时，核对密码要轻声、快捷，切忌旁若无人、大声喊叫。发现银行卡丢失，应立即到银行柜台办理挂失手续。

2. 各类有价证卡

各类有价证卡最好的保管方法，是放在自己贴身的衣袋内，口袋应配有纽扣或拉链，密码切勿告诉他人。参加体育锻炼等活动必须脱衣服时，应将各类有价证卡锁在自己的箱子里，并保管好钥匙。

3. 电动车

电动车要安装防盗车锁，养成随停随锁的习惯。骑车去公共场所，最好将车停在存车处。如果停放时间较长，最好加固防盗设施，例如将车锁固定在物体上或者放在室内。电动车一旦丢失，应立即到校保卫处或辖区派出所报案，并提供有效证件、证明及其他有关情况，以便及时查找。

4. 贵重物品

手提电脑、手机、金银饰品等物件，若较长时间不使用应拿回家保存或托付给可靠的人代为保管。暂不使用时，最好锁在抽屉或箱（柜）子里，以防被顺手牵羊者、乘虚而入者盗走。寝室最好配备防撬门锁，易于翻越的窗户要加装防盗网，门锁钥匙不得乱丢乱放。对于价值较高的贵重物品、衣服，最好做一特殊记号，即使被盗走找回的概率也更大一些。

相关链接

校园盗窃案

2月15日，因嗜赌成性，囊中羞涩的来沪人员吴某动起了上海杨浦区几所中学的歪脑筋。趁着夜深无人，他潜入校园后频频出手实施盗窃。近日，上海杨浦警方破获系列校园盗窃案件，一举抓获涉嫌盗窃及窝藏、销售涉案物品的犯罪嫌疑人6名。1月29日凌晨3点23分，杨浦警方接110报警：一所学校内发现小偷。接报后，辖区殷行派出所巡逻民警快速反应，立即赶赴现场进行处置，并带领学校保安对疑似发现窃贼的教学楼进行仔细搜查。与此同时，派出所综合指挥室根据现场反馈，通过街面监控加大对学校周边的巡查力度。不一会儿，一个黑影出现在监控画面中。只见他拿着个电脑包，麻利地从学校围墙上攀下，快步骑上路边的一辆电瓶车后逃离现场。"对象跑了！"听到指令，现场民警马上驾车展开抓捕。派出所综合指挥室一边通过监控追踪窃贼逃窜方向，一边调派周边巡逻警力向案发中心靠拢，顷刻间便撒下了一张查缉抓捕网。最终，民警在嫩江路、中原路路口抓获犯罪嫌疑人吴某，并当场缴获笔记本电脑、现金等赃物，以及尖嘴钳、手套等作案工具。

经审讯，犯罪嫌疑人吴某供述了自去年11月以来，流窜几所学校，利用工具撬开教师办公室后实施盗窃作案4起的犯罪事实。

根据吴某的交代，殷行派出所连夜组织力量，兵分多路出击，先后在宝山、虹口等地抓获涉嫌窝藏、销售涉案物品的万某、吕某等5人，缴获笔记本电脑、iPad等被盗物品。涉案金额3万余元。目前，吴某、万某等6人均已被依法刑事拘留，案件正在进一步审理中。

（五）发生盗窃案件的应对方法

一旦发生盗窃案件，一定要冷静应对，并做到以下几点：

①立即报告校保卫处或辖区派出所，同时封锁和保护现场，不准任何人进入，不得翻动现场任何物品。保护好事发现场对公安人员准确分析、正确判断侦查范围和收集罪证，具有十分重要的意义。

②配合调查，实事求是地回答公安部门和保卫人员提出的问题，积极主动地提供线索，不得隐瞒情况不报。校保卫处和公安机关有义务、有责任为提供线索的同学保密。

③如果发现银行卡被窃，应当尽快挂失。

三、防诈篇

（一）常见的诈骗方式

近年来随着科技的快速发展，犯罪分子诈骗的手段和方式也发生了很大变化，不少犯罪分子把诈骗对象瞄准了大学生，全国也出现了各种各样的诈骗案件。经总结，主要有以下几种：

1. 伪装身份，诈骗钱财

2021年6月2日14时许，沈阳某大学学生小李（化名）在寝室内接到0085开头的电话。对方自称蚂蚁客服，准确说出了小李在某购物平台的订单号和收货地址，紧接着说小李的快递丢了，可以给他双倍赔款。小李加了蚂蚁客服的QQ，对方通过语音指导他办理"赔款"。首先，对方要求小李开通支付宝额度500元的备用金。小李领取了备用金后，客服却说他多领取了400元，要求小李把多领的400元提现到银行卡，然后退款给客服提供的另外一个银行账户。这时，客服让小李扫二维码，加了另外一个QQ好友——"支付宝在线理赔中心客服"。"支付宝在线理赔中心客服"告诉小李，他的支付宝备用金账户每周将扣除 500 元，连续扣除 6 个月，这让小李一下蒙圈了。恐惧心理产生后，必然会寻找"解决"办法。此时，"贴心"的"客服"又扮演了救世主的身份："想不被扣款，先证明自己有钱"。客服让小李将银行卡内的钱转入对方提供的账户，以此证明自己具备偿还能力。小李乖乖地将银行卡内的 20 万元转给对方。"客服"一看钓到了大鱼，继续用话术诱导小李转款。小李随后又将另外一张银行卡内的两万多元转给对方。此时，小李才发现不对劲，于是报案。

2."碰瓷"、勒索钱财（"碰瓷"盯上"低头族"）

恩施的小王边走路边低头玩游戏，把对面男子的两瓶"药品"摔碎了，赔了对方 950 元。事后发现是生理盐水。"低头族"易降低警惕性，一遇可疑情况应及时报警。

3. 利用朋友，盗窃财物

诈骗分子王某在火车上遇一高校回家的学生孙某，假装热情大方，与其主动攀谈。孙某轻易说出了自己的基本情况以及在校情况，并说出自己同班好友姜某假期留校打工的情况。王某听后不久就找机会下车，随后乘坐返程火车来到这所高校找到姜某，声称自己是孙某最要好的"哥们"，此次特意利用假期来找孙某，一同出去"社会调研"，为撰写一篇论文搜集资料。姜某没有产生任何怀疑，告诉对方孙某"刚刚回去"，并热情地提供了食宿方便。第二天，姜某宿舍 4 个同学的床铺一片狼藉，所有值钱物品被洗劫一空。

4. 微信"朋友圈"常见四大诈骗手法

（1）盗取微信号码诈骗

骗子盗取你的微信身份，甚至更换头像、照片，冒充你的好友跟你联系，并以各种理由向你借钱。应对方法：与微信好友电话联系核对真假，及时填写备注信息。

（2）点赞诈骗

骗子以集赞有礼物为诱饵，让你打开链接点击集赞，一旦点击链接，木马就会盗取你的密码、应用账号及其他个人隐私信息。手机切勿随便安装不明程序，不要贪小便宜，否则吃大亏。

（3）以代购为名实施诈骗

诈骗者所出售的价格非常诱人，常称打折代购。当受害人付款后骗子则以"商品被海关扣下，要加缴关税"等类似理由让网友加付"关税"，等受害人付款后骗子消失了，货也没了。网上购物请到官方正规网站购买，实体店更有保证。

（4）注册假公众账号诈骗

骗子利用微信平台创建一个类似"交通违章查询"这样的公众号，让人误以为这是官方的微信发布账号，然后实施诈骗。对于各类公众号要提高警惕，可与该账号的官方运营团队联系求证，切勿随意进行交易。

5.冒充老师、公职人员等身份，诈骗钱财

现实生活中，有不少违法犯罪分子冒充大学生的老师、同学或者警察等人员身份，采用电信、网络等方式对大学生实施诈骗。

"父母已年近半百，过了半辈子了呀！还没跟我们姐妹俩享一天清福呢！所以，我一定要很努力地学习，才能报答我的父母。"这是15岁的徐玉玉参加完中考后写的一篇日记。3年后，把即将要上大学的她扼杀在梦想门前的是一个自称教育局的诈骗电话。

2016年高考放榜，山东省临沂市第十九中学高三学生徐玉玉以568分考取了南京邮电大学英语专业。8月19日，在距开学10余天前，一个171开头的陌生电话打到了徐妈妈李自云手机上，在电话中，对方称有一笔2600元的助学金要发放给徐玉玉。

对方提供了姓名、学校、家庭地址等信息，徐玉玉并无怀疑。根据指示，她冒雨骑车到家附近建设银行的自动柜员机，准备将存有学费的银行卡全额提现，存入到对方指定的助学金账号进行激活。

自动提款机前的监控探头留下了徐玉玉的最后影像。当天17时30分许，她取出9900元学费，全部存入了骗子发来的银行账号。徐玉玉在雨中焦急等待助学汇款的时候，福建泉州的一个自动取款机前，已经有人把她的学费全部取出。迟迟没有等到回信，徐玉玉开始意识到不太正常，再拨打对方电话时，已经关机。这时，她才明白自己被骗，惊慌失措地骑自行车回家，向母亲哭诉被骗走了学费。

两天后，徐玉玉在被诈骗后忧伤、焦虑等情绪的挤压下出现心源性休克，最后不幸离开了人世。

上述案例表明了提高大学生防范意识，使其学会自我保护的重要性。社会环境千变万化，大学生必须尽快适应环境，学会自我保护。因此，要积极参加学校组织的法治和安全防范教育活动，多学习、多了解、多掌握一些防范知识。在日常生活中，不贪图便宜，不谋取私利，在提倡助人为乐、奉献爱心的同时，也要提高警惕性，不得轻信花言巧语，不得将自己的家庭地址等信息随便告诉陌生人，以免上当受骗。切勿用不正当手段谋取择业机会或出国，发现可疑人员要及时报告，发现上当受骗更要及时报案，大胆揭发，使犯罪分子受到应有的法律制裁。交友要谨慎，避免以感情代替理智。

6. 兼职被骗

每年的寒暑假都有一部分学生利用短暂的假期外出兼职。兼职赚钱固然重要，切忌因急于赚钱而上当受骗。通过调研，上当受骗者一般有三种情况：一种是熟人介绍，一种是先付押金，还有一种是直销、传销型。传销是指经营者或者组织者发展人员，通过对被发展人员以其间接或者直接发展的销售业绩或者人员数量为依据给付和计算报酬，或者要求被发展人员以交纳一定费用为条件取得加入资格等方式牟取非法利益，这是不利于社会稳定，扰乱经济秩序的行为。通俗来讲，以推销或销售货品为名义，通过收取入会费为主要营利途径的行为就是传销。

相关链接

先付押金，骗取大学生钱财

某大学 2004 级学生小马在期中考试后就开始联系寒假兼职，可是直到期末考试时她还没有找到合适的工作。"从 11 月 10 日开始，我先后去了三四家中介公司，都让我先交押金，然后等消息。"小马说，几经考虑后，11 月 12 日，刚参加完期中考试的她就和同学一起到街道口某大厦的一家中介公司，每人交了 120 元的信息费。

当时工作人员表示，她们一年内都可以享受公司提供的招聘信息，可两个星期过去了，中介公司并没有主动给她们提供信息，她打电话询问时，中介找了几个公司让她们去面试，面试后，她们才发现这些公司都在报纸上刊登了招聘广告，并没有委托中介来招聘。

据小马介绍，像她这样交了中介费却找不到兼职的同学太多了，由于他们没有那么多的时间和精力去与中介交涉，拖了一段时间后只好放弃了。

大学生由于自身生活的需要，有时不得不寻求一些兼职机会来维持或改善自己的生活，并期望从中获得一些工作经验，而学校提供的兼职机会毕竟有限，难以满足广大有兼职需求的学生的需要。和绝大部分同学一样，小马选择了中介公司来帮助自己解决兼职问题，但是在选择兼职公司时，她却放松了警惕，想当然地认为公司都是正当合法的，这往往导致了同学们的盲目跟从，以致被骗取钱财，最后又由于自身精力有限无法与中介公司进行长时间的交涉，最后不得不选择放弃，这给长期生活在象牙塔内的同学们敲了一记警钟。

（二）预防诈骗的应对措施

1. 保持健康心态，树立防骗意识

大学生在日常生活中要多学习法律法规，掌握一些预防受骗的基本知识及技能。善于辨别真假，对自己要洁身自好，严格要求，不贪私利，不图虚荣。作为大学生要树立正确的人生观、价值观，时刻加强自身理想、道德、情操的陶冶，自觉拒绝金钱、名利的诱惑，并增强抵御诱惑的能力。

2. 交友要谨慎，避免感情用事

交友最基本的原则有两条：一是严格做到"四不交"：不交低级下流之人，不交游手好闲之辈，不交挥金如土之徒，不交吃喝嫖赌之流。二是良师益友宜从之，朋友之间要志同道合，有正确的人生观、价值观。要学会沟通、理解和谅解，时刻保持理智，对于朋友或熟人介绍的人要仔细辨别，千万不要认为你的朋友就是我的朋友。不要碍于面子而言听计从，甚至受其摆布利用。

3. 同学之间要相互帮助，相互沟通

大学是一个看似复杂但是很简单的大集体。在这个集体中，生活学习都是相互联系的，大家有着共同的学习目标。师生之间更是有着难得的友谊。因此相互间应该互相帮助、加强沟通交流。

4. 克服主观感觉，避免以貌取人

作为大学生，在各种交往活动中必须牢牢把握交往的原则和尺度，克服一些主观上的心理感觉，避免以貌取人。具体来说，不能单凭对方的言谈举止、仪表风度、衣着打扮等第一印象就妄下判断，轻信他人。不能只认头衔、身份、名气，而不认品德、才学，不辨真假。而应更多地、实质性地考察和分析，不被表面现象所蒙蔽。

第三节　抵制不良校园贷

一、校园贷概述

（一）什么是校园贷

校园贷，也称"校园网贷"，是指在校学生向正规金融机构或者其他借贷平台借钱的行为。随着信息技术的高速发展，不少大学生使用"校园贷"。严格来说，校园贷主要分为四种类型：一是正规平台提供的借贷服务；二是消费金融公司提供的服务，如趣分期、任分期等；三是线上或线下私贷，俗称高利贷，这类

贷款危害最大，受害者会遭受巨大财产损失甚至威胁自身安全；四是银行机构，如"大学生闪电贷""金蜜蜂校园快贷"等。

（二）不良校园贷的危害

不少违法分子利用校园贷款机制尚未健全、学生缺乏金融知识、安全意识不足等，通过假冒正规平台、隐藏真实利息等方式，诱导学生进行贷款。学生通过互联网或电话等途径，仅需向非法借贷平台提供身份证和个人信息，通过审核、支付一定手续费，就能申请信用贷款，由此诱发的一系列学生安全事故或违法违纪行为引发了全社会的广泛关注。自校园贷出现以来，诱发的问题数不胜数。总体来说，不良校园贷存在以下风险：

1. 存在高利贷风险

目前，很多校园网贷平台多数产品年化借款利率在 15% 以上，所谓的"低利息"大多是营销把戏，学生很容易上当受骗，大学生可能因无力偿还而辍学、抑郁甚至自杀。

2017 年 8 月 15 日，北京某外国语高校 20 岁大学生范某某，在吉林老家溺水而亡。家人发现他留下的遗书后，其手机还不间断地收到威胁恐吓其还款的信息。通过其家人介绍得知，生前他曾在多个网络借贷平台借"高利贷"，已累计达 13 万余元，其中一笔借款数额为 1100 元，一周后需还 1600 元，周利息高达 500 元。

2. 存在违法犯罪风险

若不能及时归还贷款，放贷人会采用各种手段向学生讨债。一些校园贷要求学生提供学生证或身份证，学生的个人信息就有泄露风险。如果学生不能按时还款，放贷人可能会采取恐吓、殴打、威胁学生甚至其父母的手段进行暴力讨债，对学生的人身安全和高校的校园秩序造成重大危害。还有些不法分子利用"高利贷"进行其他犯罪。例如，不法分子可能会利用学生提供的身份证、手机号等信息进行电信诈骗、骗领信用卡等违法行为。

学生王某在办理入学手续时，认识了一个所谓的学姐，随后两人发展为恋爱关系，为了给女友买贵重物品，王某在朋友介绍下，认识了一个公司的销售人员，对方称可以通过贷款解决他的诸多问题。于是王某通过上传身份证等材料，获得了 1 万元的"小额信用贷款"。不久，王某发现自己成了另一个骗局的受害者。原因是具有重要信用背景的身份证被人盗用，骗子使用这些认证信息进行了一笔笔借款，并在借款期限到期时失联了。

3. 校园贷易滋生借款学生的恶习

高校学生的经济来源主要靠父母提供的生活费，若学生有攀比心理，且平时就有恶习，那么父母提供的生活费肯定不足以满足其开销。为此，这部分学生可能会转向校园高利贷获取资金，并引发赌博、酗酒等不良恶习，严重的甚至可能因无法还款而逃课、辍学。

二、常见的校园贷骗局

（一）套路贷

套路贷是指采用欺诈方式向他人放贷。套路贷就是贷款陷阱，是假借贷款实施诈骗，诈骗是套路贷的核心内涵。打着金融创新旗号的"培训贷"实为"校园贷"的新变种，专门坑骗涉世未深的大学生。

出生于1997年的李媛媛，就读于山东某高校。一次意外弄坏了室友的手机，因为担心父母责怪，李媛媛决定自己处理这件事情。通过手机广告推送，李媛媛找到一个名为"分期乐"的线上贷款平台，业务员陈某也主动加了她的微信。很快，第一笔数额为3000元的贷款顺利下发。一个月后，除了每月生活费没有其他收入来源的李媛媛开始违约，"分期乐"的催收员便将这笔债务"转让"给了另一家贷款公司。在"套路贷"的专业术语中，这一操作称为"平账"。实际上，这两家公司之间存在千丝万缕的联系，甚至可能是同一个老板，"就像将右口袋的钱还到了左口袋。"此后，这样的"转让"在55家公司一再上演，而原本3000元的贷款，也像雪球一样越滚越大。从2017年3月至2018年6月，15个月增长到69万元。接到报案后，兰州市公安局刑警支队反电信网络诈骗侦查大队迅速展开调查，走访全国多个地市，并一举打掉了位于合肥、天津的2家贷款公司。

根据"反电诈"侦查大队负责人的介绍，天津恒逸建筑工程咨询有限公司（以下简称"恒逸"）虽然打着咨询公司的名号，实际上却拥有"米贷金融""租租侠"两个线上贷款平台。从2017年11月25日办理第一笔贷款开始，短短一年时间，"套路"了960多名在校大学生，其中18～23岁的学生占比高达90%以上。

"套路贷"如此猖獗的原因，在于高额回报率。一名犯罪嫌疑人详细记录了每笔贷款的提成。例如，一笔3000元的贷款，加上人力成本是3450元，而4735元是最低回收限额。而另一笔4100元的贷款，最终回收了10620元，催收员拿到了1601元的奖金。

（二）培训贷

"培训贷"是指培训机构以"不需要经验""高薪酬"等为噱头，针对大学生或其他求职人员通过贷款的形式缴纳培训费用。

　　毕业生小黄找工作时偶然收到一条招聘信息，招聘岗位是某公司的平面设计师。到达面试地点后，小黄发现面试地点是一家培训机构。在场的工作人员告知小黄，只要付费报名他们的平面设计课程，培训结束后就可以推送简历至合作企业，月薪高达 8000 元。最终在工作人员的游说下，小黄与该培训机构签订了就业保障协议，前提是通过贷款软件办理 2 万元的贷款来支付培训费用。培训结束后，小黄投送了多次简历，但都没有获得所谓高薪企业的工作机会。

　　（三）传销贷

　　不法分子借助校园贷款平台招募大学生作为校园代理，并要求发展学生下线进行逐级敛财。

　　根据校内张贴的小广告，记者联系上一位负责校园放贷业务的罗经理。他介绍，他们目前面向武汉范围内的高校开展小额贷款业务，已经做了 1 年多，成功办理了多笔业务。大学生信用比较好，还款也及时。罗经理坦言，他们的放贷业务属于私人业务，无须银行那么烦琐的手续，也不需要任何抵押和审批，只需拍张借款者照片，再押上学生证复印件，签一份借款协议和分期还款协议就可以了。还款是每月本金分期加利息一起还，利息根据贷款额度和时间不同也有区别——日息 1%、周息 5%、月息 25%。如果故意拖欠还款，网站方面会按合同约定收取滞纳金，该滞纳金约为未还款总金额的 1%，而滞纳金以天计算。

　　记者打听到，罗经理所指的"学校有人"，不过是借贷公司招聘的兼职学生，这些学生一般是高年级学长，负责联系业务，也负责催收贷款，必要时还提供借款者父母或者辅导员电话。

　　（四）刷单贷

　　刷单贷是指不法分子利用大学生网络刷单赚外快的心理，将"校园贷"披上"刷单"的外衣实施诈骗。

　　大学生小刘，经同学介绍为某网络科技公司网络刷单。工作人员称，该公司与多家知名金融信贷平台具有合作关系，只要将申请贷款到账的钱转到指定账户，便会获得报酬，并承诺贷款本金和利息全部由公司负责向贷款机构分期还清。于是，小刘用手机下载了对方指定的贷款 App，用自己的身份信息实名认证、申请贷款。贷款到账后，小刘通过支付宝、银行转账等形式，将贷款额转至工作人员账户，小刘也得到了几百元报酬。

　　在分期还款的前几个月，对方确实能按时还款。但好景不长，不久之后，小王便接二连三地收到网贷机构催缴贷款的电话，这时他才发现对方根本没有按时还款，而他收到的还款信息实际上是对方编造的假信息。怀疑被骗的小王急忙找同学商量，却发现还有其他同学也陷入了同样的骗局。

（五）美容贷

美容贷主要针对想进行医美或整容但又缺钱的学生，以"不收取任何手续费和利息"贷款的方式来支付手术费用，其中可能暗藏金融风险。

三、如何预防不良校园贷

①加强大学生思想引导，帮助大学生完善世界观、人生观、价值观，树立正确的消费观。指导大学生量入为出，理性消费，千万别掉进预付陷阱。在花钱方面，要做到不过度、不超前、不从众、不攀比、不炫耀、不盲目。

②加强金融知识的宣传与学习，帮助大学生掌握必要的金融安全知识，培养安全防范意识。学校和社会应加强对大学生基础金融知识的教育，谨慎使用个人信息，提高学生的风险意识。大学生只有掌握了基本的金融知识，消除了懵懂的借贷心理，才能理性借贷，健康理财，不被一时的享乐冲昏头脑。

③重视个人信用，牢牢树立诚信观念。大学生热衷于网贷消费也与对个人信用认知度较低有关，认为互联网信用对未来没有影响，这显然是不正确的。学生要重视个人信用，牢牢树立诚信观。

④加强大学生的法治教育，提升法律意识。高校要把不良贷款的危害加入到法治教育、思想政治教育中去，提醒学生一旦遭遇其中，应第一时间向老师求助并报警，同时准备启动诉讼程序，不可独自扛着，最后"雪球"越滚越大，维权难度也随之变大。

⑤加强学校与家庭的联系，及早发现学生的异常情况，对学生进行分类指导。高校在学生的日常管理中，要加强与学生家庭的联系，多渠道、多方面了解学生情况，及早排查学生的异常情况。尤其是出现经济状况的学生，要及时掌握原因并进行分类指导。对于生活确有困难的学生，可以从助学贷款、勤工俭学、奖助学金等方面予以解决；对于高档消费的学生，要引导他们明白收入和消费能力应该成正比的道理；对于因投资或创业出现经济困难的学生，要建议学生与家庭达成共识，量力而为；对于已办理了校园贷的学生，要加强与学生家长的联系，了解学生目前情况，提醒学生按时还款的同时，也要保护学生合法权利不受侵害。

第四节　预防艾滋病

一、艾滋病概述

艾滋病即获得性免疫缺陷综合征（Acquired Immunodeficiency Syndrome,

AIDS），它是一种免疫系统疾病，发病后将导致免疫缺陷，进而并发一系列机会性感染及肿瘤，严重者可导致死亡。其病原体为人类免疫缺陷病毒（Human Immunodeficiency Virus，HIV），亦称艾滋病病毒。

自1981年发现世界上首例AIDS患者以来，AIDS已成为严重威胁人类健康的全球性难题。目前暂未研发出能够预防艾滋病的疫苗，也没有研制出能完全治愈艾滋病的药物。2023年7月，联合国艾滋病规划署（UNAIDS）发布了题为"终结艾滋病之路"的报告，报告指出2022年全球艾滋病感染者有3900万人，正在接受抗逆转录病毒治疗的有2980万人，新发感染者有130万人，死于艾滋病相关疾病的有63万人。目前，我国艾滋病年报告死亡人数居传染病之首。

二、艾滋病的传播

（一）艾滋病传播条件

艾滋病传染源为艾滋病病毒感染者和艾滋病病人，且需要一定条件才能进行传播。

1. 具有存活的艾滋病病毒

艾滋病病毒在体外生存能力极差，空气中不能存活，不耐高温，常温下体外血液中只可存活数小时。

2. 艾滋病病毒达到一定量

疾病的传染都需要具有一定量的病原体，艾滋病同样如此，极少量的艾滋病病毒接触并不会引起传染。

3. 具有体液交换

艾滋病病毒感染需要双方具有体液交换，如具有开放性伤口或处于性交过程中，仅是皮肤接触艾滋病病毒，是不会引起传播的。

（二）艾滋病的传播途径

1. 性传播

性接触传播被认为是艾滋病最主要的传播方式，艾滋病的性传播包括同性性接触和异性性接触。对于男男同性恋或者没有预防措施的异性性接触，可以通过破损的黏膜造成艾滋病毒的感染。国家监测数据显示，男性同性性行为者每100人中约有8人感染艾滋病，具有很高的感染风险。中国新诊断报告艾滋病感染者中，95%以上通过性途径感染，其中异性传播约占70%。

小明和小强是在社交工具上认识的同性朋友，两人都上大学，一个学物理，一个学生物，却有共同的目标，想要考取同一外国高校继续深造，于是两人在网上交流了很久。一段时间以后，双方都发现自己对对方的感情超过了一般同性朋友。小明更是踏出了第一步，告诉小强自己一直喜欢男生，对小强更是动了情愫。小强对性取向素来没有偏见，但被同性表白还是有点意外。他们没有停止接触，交往反而日渐升温，依然每日一起聊学习、聊游戏、聊未来，并且约定了毕业一起去旅行。旅行时捅破了最后一层纱，他们发生了关系。开始肛交时使用了安全套，但小强感觉不舒服，小明便主动提出不戴安全套。小强犹豫了。小明告诉小强自己半年前在疾控中心做了 HIV 检测，检测结果是阴性，是正常的！因为小强是第一次，使用安全套可能很难受，最终小强被说服了。因为加入了"圈子"，小强也开始了解更多的关于艾滋病检测的信息，几个月后他到市疾控中心做健康检测时，结果 HIV 呈阳性，同时梅毒呈阳性。他把检查结果告诉小明，小明随即前往检查，结果 HIV 阳性，梅毒阳性！

随后，两人从医生处得知，艾滋病检测仅反映检测前的状况。性行为要持续、全程保护，不能侥幸或以检测结果作为用不用安全套的标准。

2. 血液传播

血液传播是感染艾滋病病毒最直接的途径。艾滋病血液传播有很多种途径，可以通过输血的方式发生感染，可以通过扎针以及静脉吸毒的方式发生感染，共用其他医疗器械或生活用具（如与感染者共用牙刷、剃刀）也可能发生传染。

就经血液传播 HIV 而言，不同的传播形式感染概率不同：如果使用了含有 HIV 的血液和血制品，一次感染概率可达 95%；静脉吸毒者共用不清洁的注射器感染概率也很高，共用静脉注射器感染概率大于 70%；针头刺伤皮肤感染概率约为 1：400 ~ 1：300。另外，在临床医疗工作中的交叉感染，如针头、牙钻和注射器等器械消毒不严或与 HIV 感染者共用器械等也会导致感染。据统计，我国经注射吸毒感染上 HIV 的比例达 23% ~ 38%。

多年前，小明在放学路上因车祸血流不止，由于失血过多，医生要求必须给小明输血，否则会因大出血而死。虽然躲过了车祸的劫难，但是，命运之神似乎并不打算放过小明。2021 年夏天，小明突发高烧，在当地医院多方治疗下都没有效果，也查不出什么问题，最后，医生考虑到他有输血史，建议家属给他做艾滋病检测。

结果出来后，小明 HIV 阳性，这意味着他感染上了艾滋病病毒。由于小明的免疫力比正常人要低很多，后来又查出了其他癌症。对于艾滋病人来说，肿瘤的发病率在 10% 左右，远远高于正常人的肿瘤发病率。

3. 母婴传播

艾滋病病毒感染的孕妇，通过胎盘或者分娩时通过产道，也可以通过哺乳，将病毒传染给婴儿。

（三）青年学生艾滋病传播的危险因素

有关统计显示，2007—2017 年，青年学生占我国艾滋病总人数的比例由 3.2% 上升到 18.9%，近几年还呈上升趋势。性接触传播是青年学生感染艾滋病的主要途径。艾滋病在青年学生中传播的途径总结为两个：一是无保护的性行为，包括同性性行为和异性性行为。大部分青年学生缺乏安全风险意识，在进行性行为时不使用安全套；二是吸毒，尤其是新型毒品。有些毒品化身奶茶、跳跳糖或放在酒水里，悄无声息地缠上青少年学生。

三、如何预防艾滋病

（一）加强健康知识教育，增强健康意识、自律意识

高校可以通过课堂教学、专题讲座等形式加大对艾滋病相关知识的宣传教育，让更多人对艾滋病的传播途径、预防措施、检测途径等有深入了解，增强学生的健康意识及自我保护意识。不共用剃须刀、牙刷等个人用品，到正规场所献血。

（二）正确使用安全套，避免高危性行为

高危性行为是指没有采取任何保护措施的性行为。2019—2020 年全国大学生性与生殖健康调查结果显示，在过去 12 个月有过性行为的大学生中，35.7% 有过高危性行为。

（三）加强检测，扩大监测人群

相关数据显示，我国目前仍有很大一部分 HIV 病毒携带者，这大大增加了 HIV 病毒潜在的传播风险，同时也增加了患者的管理难度。近年来，国家大力推广和促进艾滋病主动检测和咨询，包括自愿咨询检测（Voluntary Counseling and Testing，VCT）和医务人员主动提供的艾滋病检测咨询服务（PITC）。作为艾滋病检测咨询服务的重要补充，HIV 自我检测（HIVST）可以提高艾滋病检测的主动性，增强艾滋病检测的可及性。

课后阅读

艾滋病自我检测指导手册
（节选）

艾滋病自我检测是个体私下独自或在其信任的人陪伴下，自我采集样本、检测和读取结果的过程。自我检测能及时了解自身 HIV 感染状态，经过医疗卫生机构确诊后，可以尽早获得治疗、关怀和预防服务，同时也有助于

个体隐私保护，提高艾滋病检测的主动性，增强艾滋病检测的可及性和方便性。艾滋病自我检测是现有艾滋病检测咨询服务的重要补充。

艾滋病自我检测步骤如下：

（1）仔细阅读试剂盒内操作说明书；

（2）按照试剂盒说明书的指导，采集相应的样本；

（3）试剂平衡至室温后检测；

（4）读取结果；

（5）检验结果的解释；

（6）获取进一步支持服务（检验结果咨询、治疗、关怀等）。

特别重要的是，务必认真、仔细地阅读并理解试剂盒说明书，严格按照说明书的要求和指导进行上述各项操作。

使用尿液自我检测注意事项：

（1）不要使用放置时间过长、长菌、有异味的样本；

（2）检测卡应平放于台面上，以免倾斜放置造成样本层析速度过快或过慢，影响检验结果；

（3）在室温条件下，检测卡从包装中取出后应在30分钟内使用，避免在空气中暴露时间过长，因受潮而影响检验结果；

（4）在规定的观察时间内，只要检测线有条带出现，无论颜色深浅，即应判断为显色；

（5）为保证结果的准确性，请勿在光线昏暗处判读；

（6）在规定时间观察结果，反应时间过长或过短均可能影响检验结果；

（7）已经接受抗病毒治疗的感染者和病人，尿液检测存在一定的假阴性，不建议使用。

艾滋病自我检测是现有艾滋病检测咨询服务的重要补充，无论检测前、检测中还是检测后，自我检测者均可通过以下途径获得各种支持和服务：

（1）医疗机构、疾病预防控制中心：各地设立的艾滋病自愿咨询检测点（全国各省、自治区、直辖市艾滋病检测点见 http：//www.chinaaids.cn/jkzt/jcjg/）可解答艾滋病检测相关问题（包括自我检测），提供艾滋病实验室检测，介绍和引导治疗、关怀、预防服务；中国疾控性病艾滋病预防控制中心网站和微信公众号，可观看自我检测教学片；

（2）社区组织：一些社区组织也有能力演示、指导艾滋病自我检测操作，提供艾滋病自我检测指导和建议，介绍艾滋病治疗、关怀、预防服务的途径；

（3）12320卫生热线：一天24小时（包括法定节假日）不间断服务，全年无休；提供在线指导，提供精神及技术支持，告知检测、治疗、关怀和预防服务的方式和地点，解答其他非医疗性服务；

（4）试剂盒说明书：通常，自检试剂盒的产品说明书可提供艾滋病自我检测的使用信息以及演示视频的获取途径；

（5）试剂售后服务系统：可以通过自检产品本身提供的服务获得相关的信息或在线指导等；

（6）其他：部分互联网平台采用不同方式提供艾滋病自我检测信息（如自我检测视频演示、在线指导）、预防服务，提供实验室检测、治疗、预防服务等获取的方式和途径。

第四章 预防犯罪

本章导读

  本章介绍预防犯罪的相关概念、理论和实践，探讨预防犯罪的重要性以及如何采取措施来减少犯罪行为的发生。

  首先，本章对犯罪和犯罪成本进行定义和解释，并讨论犯罪的各种类型和影响，探究犯罪对个人、社会和经济的损害程度；其次，介绍预防犯罪的理论框架，包括环境理论、社会学理论、心理学理论等；探讨这些理论如何帮助我们理解犯罪产生的原因和机制，并提供预防犯罪的指导原则。在预防犯罪的实践方面，本章介绍了一系列的预防措施和策略，包括社区安全计划、治安管理、监控技术应用、执法机构合作、教育和宣传等方面；还深入探讨了这些措施的有效性和可行性，并提供实际案例以供参考。最后，本章对预防犯罪的评估和效果进行了讨论，介绍了常见的评估方法和指标，以便了解预防犯罪措施的成效，并探讨如何通过评估结果来持续改进和优化预防犯罪的工作。

  通过本章的学习，大学生能够全面了解预防犯罪的重要性、理论基础以及实践策略，并具备评估和应用预防犯罪措施的能力，为建设安全、和谐的社会做出贡献。

经典案例

北大学生弑母案

北京大学本科肄业学生吴谢宇于 2015 年 7 月 10 日在家中杀害母亲的事件，引起了广泛的社会关注和热议。该事件引起了社会各界的强烈谴责和深刻反思。据报道，吴谢宇趁母亲谢天琴回家换鞋之际，持哑铃杠连续猛击母亲头面部，致其不幸身亡。此后，吴谢宇畏罪潜逃，然而天网恢恢，疏而不漏，最终他还是被警方抓获。经过严格的司法程序，吴谢宇被依法判处死刑。

这起事件中，关于吴谢宇的作案动机成为众人关注和探讨的重点。在审讯过程中，被告人吴谢宇悲观厌世，曾产生自杀之念，其父病故后，认为母亲谢天琴生活已失去意义，于 2015 年上半年产生杀害谢天琴的念头，并网购作案工具。但他所陈述的这些情况，并未在之前被周围人察觉和重视。

点评：这一事件深刻地警示着我们，家庭关系和心理问题绝不能被忽视。我们必须高度重视家庭环境对个人成长的影响，及时发现并化解可能存在的矛盾与问题。同时，学校和社会也应加大对大学生心理状况的关注力度，完善心理咨询服务体系和危机干预机制，以便能尽早识别和解决大学生可能面临的心理困扰。我们要从这起惨痛的事件中吸取教训，共同努力营造一个更加和谐、健康的社会环境，避免类似悲剧的再次发生。

第一节　大学生犯罪基本常识

一、大学生犯罪的原因

（一）缺乏正确的人生观和价值观

1. 在人生观方面，不少大学生逐渐形成以自我为中心的极端利己主义

当前及今后相当长的一段时期内，独生子女都将是大学生的主要群体。他们是家里的掌上明珠，家长万分宠爱，家庭可能更注重孩子的个人成长和自我实现，却忽略了对孩子的品德教育和社会责任感的培养。故而对其不合理的要求也会尽量满足，这就容易形成极端的自我中心意识，导致他们我行我素，容不得半分相左的意见，进而发展为极端的利己主义。这不利于大学生健全人格的培养，

也不利于和谐人际关系的建立。这可能导致部分大学生更加注重个人利益和自我满足，而忽视了他人的需要和社会责任。

部分大学生将物质享受作为人生的最高追求，缺乏自我认识和自我管理能力，缺乏对他人和社会的关注和理解，导致他们更加注重个人利益和自我满足。作为独生子女一代的大学生，从小生活在较为优越的生活条件下，极易形成攀比之风，缺乏正确的消费观，盲目高消费，甚至不少大学生颓废地认为"人生在世，吃喝二字"。这些认知不但会助推大学生养成爱慕虚荣的不良习惯，而且当其物质消费得不到满足时，极易引发"经济"上的违法犯罪行为。

2. 法治观念淡薄

大学生是我国高等教育的核心培养对象，普遍具备较高的文化素养。然而，众多大学生在法律意识方面表现得却并不如意。这种情况不仅体现在他们的观念层面，也体现在他们的行为层面。

首先，在观念层面，部分大学生缺乏自我约束能力，缺乏对法律尊重和理解，导致他们的法治观念相对淡薄。这种观念上的偏差，不仅影响到他们在日常生活和学习中的行为选择，而且当他们面对诱惑时，更容易滑向违法犯罪的深渊。其次，在行为层面，部分大学生对法律知识了解不多，甚至对法律条文一知半解，这使他们很容易产生误判心理。对法律的无知，使他们很可能在无意间就触犯了法律，甚至误判某些违法行为合法。在这种情况下，他们往往渴望享有权利，却逃避履行义务，从而导致违法犯罪行为的发生。

此外，社会环境的影响也不容忽视。现实社会中有法不依、执法不严、违法不究的现象仍然时有发生，这在一定程度上误导了大学生对法律的认知，使他们误认为法律只是一纸空文，甚至认为只有胆小之人才会遵守法律，这种错误认知进一步加剧了他们对法律制度的漠视，为今后的法治教育敲响了警钟。

大学生法律意识淡薄，既源于自身的素质和认知，也受到社会环境的影响。因此，要提高大学生的法律意识，不仅需要他们自身的努力，也需要社会各界的共同关注和支持。只有这样，才能真正提高大学生的法律意识，促使他们在今后的学习、生活和工作中更好地遵守法律，维护自身权益，为社会的和谐稳定做出贡献。

3. 义气交友，容易冲动

义气交友和冲动行为在大学生的人际交往中扮演着重要角色，它们可能带来美好的友谊，也可能引发一系列问题。大学生作为一个特殊群体，在人际交往中更容易受到义气和冲动的影响，一方面缘于他们的性格特点；另一方面，也体现了他们缺乏一定的社交经验和判断力。

大学生容易结交拥有相同家庭背景、兴趣爱好的同路人，进而建立起深厚的友谊。在这种友谊的基础上，他们可能会进一步发展成为无话不谈的好朋友，甚至结为异姓兄弟，异姓姐妹，称兄道弟、姐妹相称。然而，这种过于强调义气的友谊可能会带来负面影响。当其中一人受到委屈时，另一人可能会一时冲动，不顾后果地采取违法犯罪行为为对方"出气"。

这些行为不仅对个人，甚至对社会都可能造成严重后果。因此，对大学生来说，学会理性思考和自我控制显得尤为重要。在决策前，大学生应充分考虑自身行为可能带来的后果，以免一时冲动造成不可挽回的损失。当然，大学生还应认识到人际交往中的义气和冲动并非完全负面。在适当的场合，适度的义气可以加深朋友间的感情，成为团结互助的"黏合剂"。然而，关键在于如何把握这个度，如何在维护彼此友谊的同时，不忘理性思考和自我约束。

总之，大学生在人际交往中应充分认识到义气交友和冲动行为的潜在风险，努力提高自己的理性思考能力，以便在问题出现时作出更明智的决策。同时，也应学会在友谊和理性之间找到平衡，以免因一时冲动导致人际关系的破裂，甚至触犯法律。在这个过程中，自身的成长和成熟将使大学生更好地直面未来的挑战。

4. 心理扭曲

顾名思义，心理扭曲是指一个人的心理状态处于异常状态，可能导致行为举止偏离正常范围。大学生这一特殊群体面临着诸多挑战，例如适应新的学习环境和学习任务，处理师生关系、同学关系，应对理想与现实的矛盾，处理恋爱关系等问题。这些问题对于大学生来说，无疑是一次次重要的心理考验。

首先，面对新的学习环境和学习任务，大学生需要具备良好的心理适应能力。这是因为新的环境和任务不可避免地带来压力和挑战，只有具备良好心理状态的人才能更好地应对这些挑战，快速找到适应新环境的方法。

其次，处理师生关系和同学关系也是大学生必备的心理素质。在人际交往中，大学生要学会尊重他人、理解他人以及熟知处理人际关系的基本原则。这对他们将来步入社会、建立良好的人际关系具有重要意义。

最后，面对理想与现实的矛盾，大学生需要具备一定的心理调控能力。理想与现实之间的差距可能会让一些人感到失望和沮丧，只有心理素质过硬的人才能正确面对这些矛盾，最终找到实现理想的途径。

此外，恋爱关系也是大学生需要面对的一项重要心理考验。在恋爱过程中，大学生需要学会如何正确处理感情问题，如何保持自己的独立性以及如何平衡爱情与其他方面的关系。

然而，由于我国高校师资力量有限，无法针对每一位大学生进行一对一的心理辅导。因此，大学生需要具备一定的自我心理调控能力，以防出现抑郁、迷茫、不安等心理障碍。这些心理障碍不仅有碍于他们的成长和发展，甚至有可能使他们走上歧途、悔恨一生。

总之，大学生在面对各种心理考验时，应当保持良好的心理状态，学会调整自己的心态，寻求恰当的解决办法。同时，我国高校也应加强对学生心理健康教育的重视，为他们提供更多的心理辅导和帮助，促进其健康成长。

（二）家庭原因

1. 环境因素

家庭的环境因素对于孩子的成长具有重要作用，特别是家庭气氛和谐与否直接影响孩子性格的养成。许多家庭无论经济条件好坏，都对孩子给予了过多溺爱，这种方式容易导致孩子沾染好逸恶劳、挥霍无度的不良习气，甚至导致犯罪行为的发生。有的家庭矛盾比较严重，孩子父亲甚至殴打孩子母亲，家庭中经常充斥着吵骂指责、揭短厮打等不良行为，孩子感受不到家庭的温馨，甚至内心充满恐惧、时常忧虑不堪。在这种家庭氛围中成长的孩子极易性格内向、孤僻自卑甚至有攻击、敌视等倾向，为逃避不和谐的家庭氛围，孩子极易离家出走，流落街头。

2. 心理因素

家庭的心理因素主要是指家长的行为失范和家庭的亲情缺乏等。例如不良的家庭关系，如父母离异、家庭成员之间关系冷漠等，可能导致孩子缺乏安全感和归属感，从而增加违法犯罪的风险。家长行为失范的主要表现是道德水平较低、行为不检点、不文明或有不良嗜好，可能会对孩子产生负面影响，甚至诱发违法犯罪行为。父母的上述不良行为常常会诱发孩子产生不良行为，形成利己主义、自私狭隘、生活无目标等不健康心理，而且年龄越小，其个性受父母影响越大，诱发违法犯罪行为的概率也越大。

3. 结构因素

家庭结构，例如单亲家庭、离异家庭、重组家庭等，可能会对孩子的心理和行为产生一定的影响。家庭的结构因素主要是指独生子女家庭、家庭结构的残缺等。独生子女家庭的孩子享受着父母甚至更多亲属的关爱。当这种关爱演变为溺爱，就容易导致独生子女严重的个人主义、利己主义倾向，与社会交流困难，一旦诉求得不到满足，就容易走上违法犯罪道路。单亲家庭的孩子可能缺乏父母双方的关爱和指导，有的父亲或母亲可能将全部希望和亲情倾注于孩子身上以致出现溺爱，在畸形的物质刺激下，孩子的物质欲望被无限放大；有的对孩子要求过于严格，使其难以承受；有的热衷于个人享乐或忙于赚钱等事务，对孩子放任自流或遗弃。家庭成员之间的关系，例如父母关系、兄弟姐妹关系等，可能会对孩子的心理和行为产生影响。不良的家庭关系，例如家庭成员之间的冲突、暴力、虐待等行为，可能会导致孩子产生负面情绪和行为，从而增加违法犯罪的风险。

4.功能因素

家庭的功能包括提供物质支持、情感支持、经济支持、教育指导等方面。从家庭经济功能上讲，许多本应坐在教室里接受教育的孩子却因家庭的经济原因而过早地外出打工赚钱或跟随父母做工经商而得不到良好的教育，过早地承受生活之重。家庭成员之间的沟通应当是开放、坦诚和有效的。如果沟通不畅，例如沟通方式不当、沟通频率不足等可能导致孩子产生负面情绪和行为。有的家长只关注孩子的物质需要和学业成绩却忽视了思想教育，他们包庇护短，对孩子的缺点不指明不教育，甚至加以袒护。有的家长信奉棍棒教育，使孩子身心遭到严重创伤，产生恐惧和抵触心理，性格变得孤僻、自卑、冷漠、暴躁，在这种心理压抑下，孩子极易产生报复心理，走上违法犯罪道路。

（三）社会原因

1.经济因素

在经济上，我国正致力于构建具有中国特色的社会主义市场经济，市场经济是商品经济的一种表现形式，而只要存在商品经济就必然会有各种形式的竞争。马克思主义认为，违法行为通常是不以立法者的主观意志为转移的经济因素造成的。大学生在求学阶段可能面临经济压力，包括学费、生活费等问题。如果经济压力过大，可能会导致大学生采取不正当手段获取经济利益。在当今高校入学与就业竞争日益复杂和尖锐的情况下，越来越多的大学生不能安心学习，他们跑关系，伪造学习经历甚至学历、学位证书，这既败坏了社会风气，又可能成为某些大学生走上违法犯罪道路的开始。在市场经济浪潮的席卷之下，金钱成为特权阶层的重要标尺，而当前的分配制度又导致贫富分化日益加剧，不少人失去了上升的空间、目标和动力，或转而自甘堕落，或被迫为追求经济利益走上违法犯罪道路。

2.文化因素

在文化上，现代社会处于多元文化交融碰撞的时期。各种不同的文化观念和价值取向充斥其中，一些不良文化也在悄然渗透。流行文化中对物质享受、个人主义的过度宣扬，可能使大学生陷入错误的价值追求中。部分低俗、暴力、享乐主义的文化作品广泛传播，对大学生的思想产生负面影响，导致他们道德观念扭曲。在传统文化与现代文化的冲突中，一些大学生难以适应和正确抉择，容易迷失方向。同时，一些不良亚文化在校园周边或大学生群体中滋生蔓延，如帮派文化等，诱导大学生形成错误的行为模式和社交观念。网络文化的兴起带来了大量未经筛选的信息，其中包含的不良内容容易误导大学生的认知和行为。此外，一些不良的校园文化风气，如攀比之风、作弊之风等，也会侵蚀大学生的心灵，使他们在文化的混乱中逐渐偏离正轨，甚至走向违法犯罪的道路。

3.教育因素

家庭是孩子成长的第一所学校，家庭教育对孩子的成长和发展起着至关重要的作用。如果家庭教育存在问题，例如家长对孩子缺乏关爱、教育方式不当等都可能增加孩子违法犯罪的风险。在当前的政治、经济环境下，高校思想政治教育略显薄弱，但是学校是学生接受教育的主要场所，如果学校教育存在问题，例如教育质量低下、教育方式欠妥，可能会导致学生产生一系列不良行为和心理问题。鉴于我国中学教育应试色彩较为浓郁，高校就应责无旁贷地承担起大学生思想政治教育的主要责任。但是近年来，在高校扩招的冲击下，不少高校师资力量配备不够合理，使得思想政治教育流于形式、针对性不强、说服力不足，难以将社会主义道德规范真正"内化"为大学生的思想，反而容易引起逆反心理。加之有的学校对思想政治课程、教师资质不够重视，也很难提高教育效果和效率。

二、大学生犯罪的特点

大学生作为青年群体的典型代表，有着较高的思想道德水平和科学文化素养，是国家的希望和民族的未来。随着社会的发展，一批批大学生已经成长为现代化建设的栋梁，但也有小部分大学生由于各种原因，误入了歧途，给社会、家庭、学校和个人造成了巨大的损失。近年来，媒体曝光了不少大学生犯罪案件，令人痛心疾首，发人深省。与社会上其他犯罪主体相比，大学生犯罪的范围、性质及其危害并没有质的区别，却带有特定年龄阶段的身心特点和环境特征。

（一）暴力犯罪比率不断上升

暴力犯罪是指使用暴力手段（包括以暴力相威胁），将特定的或者不特定的人或物作为侵害对象，蓄意危害他人人身安全、财产安全和社会安全的犯罪行为。暴力犯罪是对社会危害最为严重的一类犯罪，近年来，大学生暴力犯罪的比例不断攀升，主要包括故意杀人、抢劫、伤害、投毒、放火、爆炸、破坏等形式。暴力犯罪对社会危害极大，其中青少年的暴力犯罪尤为突出。《中华人民共和国刑法》（以下简称《刑法》）中规定的犯罪有10大类共计422个罪名。目前，大学生犯罪已涉及5大类共10个罪名，例如盗窃、抢劫、诈骗、绑架、杀人、伤害、强奸等。其中，绑架、杀人、伤害、强奸等侵害人身权案件呈上升趋势。北大学生吴谢宇弑母案、复旦大学学生林森浩投毒案、四川大学曾世杰杀人案等，都属于暴力犯罪。在暴力犯罪中，打架斗殴案件突出，且群殴现象严重，此类案件所占比重最大。例如，武汉市 2009 年共查处 109 名暴力犯罪的大学生中，打架斗殴者 91 人，约占查处总人数的 83%。此外，在此类案件中，群殴案件占比相当大，例如西安市高校 2008 年共发生 87 起斗殴案件，其中，四五人以上群殴案件有 16 起，约占查处案件的 18%。

（二）侵财犯罪依然多发

根据国内外犯罪类型统计分析的相关资料表明，侵财犯罪是统计中常见的犯罪类型，尤其是盗窃公私财物的犯罪，占全部犯罪案件的 50% 以上。据统计，目前 70% 以上的大学生犯罪涉及盗窃、诈骗、抢劫等案件，这些犯罪行为侵害的都是财产所有人或管理人的财产权益。大学生侵财犯罪主要表现为盗窃犯罪比重大并具有多发性的特点。具体表现为：犯罪类型定型化，集中表现为盗窃、敲诈勒索等侵财案件，其中以盗窃犯罪为主；作案地点大多集中在校园宿舍；受害人多是同学；作案目标多是移动性强的个人物品，例如手机、信用卡、手提电脑等物品。

在市场经济条件下，人们过于追逐物质和金钱带来的快乐与幸福感，穿名牌、用高档已成为大学生追求的潮流。由于家庭经济条件的差异，部分经济条件欠佳的学生盲目攀比，寻求刺激，满足享乐。当家庭提供的费用无法满足其需求，并在自我获取经济收入的能力不够，又遭遇物质诱惑的情况下，一些自控能力不强的大学生就会选择走捷径，选择无须投入并能快速成为有钱人的非法手段，从而走上违法犯罪的道路。

关于诈骗，《刑法》第二百六十六条明确了诈骗的定义和犯罪量刑。最高人民法院 1996 年在《关于审理诈骗案件具体应用法律的若干问题的解释》中规定：个人诈骗公私财物 2000 元以上的，属于"数额较大"，已经构成诈骗罪，应予以立案查办。若未构成犯罪，则按照《中华人民共和国治安管理处罚法》的相关规定进行处罚。这是基于大学生特定年龄段的身心特点作出的考虑：一方面大学生由于思想单纯、缺乏足够的社会认知、容易轻信他人、辨别能力不足等常常成为犯罪分子针对的对象。另一方面，大学生警惕性不高、自我防范意识差以及在求职过程中急于实现个人价值，难以抵御外界利益的诱惑，以及价值观上的偏差也给予诈骗分子可乘之机。

2019 年 4 月，一大学生杨某收到一条短信，某电信运营商称其可以兑换积分，短信内容如下："尊敬的用户您好：您的话费积分 2160 即将过期，请手机登录 web-10086.com/bank 激活领取现金礼包。×××。"杨某对此深信不疑，因为他使用的手机号就属于这个运营商，并且短信所述网址与真实网址近似。于是，他便用手机打开了链接，进入一个标题为"掌上营业厅"的界面，杨某按照要求填写了姓名、身份证号、银行卡号、交易密码、预留手机等信息，点击下一步时，网站要求他下载一个由木马程序伪装成的安全控件。当杨某按照页面提示提交信息后，页面便进入了一直等待的状态，不久，杨某便收到多次短信提示，自己的银行卡已经消费了3000多元。该案例中，不法分子把伪造得相当逼真的网址发送给受害者，并且利用现金礼包引诱受害者输入账号、密码、验证码等信息，实质是为了骗取学生财产，而杨某没有仔细验证网页的真实性，导致个人信息泄露，财产遭受损失。从本质上讲，这一案件一方面是因为学生缺乏防范意识，另一方面是因为网络监管也存在漏洞。

（三）性犯罪持续增长

性犯罪是指个人在性本能的驱使下或者在反社会意识的支配下，为满足性欲而对异性或同性采取的侵犯他人性的权利，妨害或破坏社会秩序和社会人际关系的性交或非性交性行为。性活动是人类的本能，以生物、心理和社会属性为基础，性行为与性冲动是青春期正常生理现象。大学生这一青年群体，正处于性活跃期和性待业期，躯体的欲望、心理的渴望和现实的无法满足是造成大学生性犯罪的客观因素。近年来，尽管我国从中小学到大学都在普及性健康教育，但是传统封闭的性观念、性知识贫乏、性的伦理道德标准模糊不清、性心理的矛盾冲突、不正确的性行为方式等仍然对大学生的性行为产生着影响。像同伴间的体验、寝室的"卧谈会"、网络黄色信息，这些非正常方式成了大学生乐于接受的实用性教育。随着西方性解放、性自由文化的渗透，大学生的性观念越来越开放，从以前对"性"讳莫如深的极端发展到"性爱自由"的另一个极端。伴随着卖淫嫖娼、强奸等违法犯罪行为的持续增长，性犯罪已经严重威胁到大学生的身心健康，甚至极少数人为满足极端的性欲铤而走险，走上违法犯罪的道路。

2011年11月初，曹某（网名"清风"）利用微信结识了90后女大学生小丽（化名），在获取小丽信任后，两人约定见面。小丽见曹某驾驶别克君威，手里拿着iPhone 4，一表人才，一度认为自己遇到了传说中的"高富帅"。随后曹某将小丽带至鄞州公园停车场内，诱骗小丽至汽车后排位置，锁上车门。曹某先用ipad与小丽玩游戏伺机与其发生性关系，小丽不从，于是采用言语恐吓、扇耳光等方式进行威胁。小丽哭着拉车门，发现打不开。绝望的小丽放弃自救机会，任凭摆布。在此期间，曹某还用手机拍下小丽裸照。几天后，小丽在自己的QQ空间发现裸照后报警。最后，警方也用微信引"清风"上钩，让他自投罗网。据曹某交代，他用同样的方法先后强奸了7名女大学生。但因只有其中3人愿意报案，曹某最后被认定的强奸事实只有3起。

此案引起了社会的广泛关注，一方面是因为曹某的犯罪手法恶劣，另一方面也揭示了当时新兴的社交媒体平台在人际交往中的安全隐患。微信作为一款即时通信工具，在此案中成为罪犯实施犯罪的一个关键环节。这不仅让人反思，在享受科技带来的便利的同时，如何保障个人的人身安全？

此案发生后，社会各界对女性安全教育的重要性进行了深度讨论。曹某利用小丽的信任，以及她在困境中的无助，实施犯罪行为，这暴露了女性在面临突发状况时，自我保护意识的薄弱。专家建议，女性应加强自我防范意识，学会识别"人渣"，不轻易与网友见面，避免陷入类似陷阱。

同时，本案也揭示了新兴社交媒体平台在监管方面的不足。微信在此案中成为犯罪分子寻找受害人的工具，而平台对此类行为的监管不力，也是罪犯得逞的原因之一。因此，有关部门应加强对社交媒体平台的监管，并加大对违法犯罪行为的打击力度。

另外，本案中的受害者小丽在发现自己被拍裸照后的第一时间选择报警，表现出了强烈的自我保护意识。这也提醒我们，面对侵害，要勇敢揭露，要及时寻求法律帮助，不要沉默。只有这样，才能让犯罪分子得到应有的惩罚。

曹某案给我们的深刻启示：一方面要加强对大学生的安全教育，提高自我保护意识；另一方面，要加强对社交媒体平台的监管，防止安全隐患产生。同时，告诫广大女性在面对不法侵害时，要勇敢地站出来，寻求法律帮助，共同打击犯罪行为。只有这样，我们才能构建一个更加安全、和谐的社会。

（四）团伙犯罪屡禁不止

团伙犯罪也需重视，虽不能简单地说"屡禁不止"，但大学生犯罪是一个复杂的社会问题，需要全社会共同努力来解决。团伙犯罪是指两人（含两人）以上共同故意犯一种或数种罪，也就是《刑法》规定的共同犯罪。大学生团伙犯罪的手段多种多样，例如盗窃、抢劫、诈骗、敲诈勒索等。近年来，大学生团伙犯罪不断发生，屡禁不止。大学生身处他乡，渴求群体归属感，过分追求同学情、老乡谊、哥们儿义气，在某些共同利益的驱使下，成为引发团伙犯罪的诱因，团伙犯罪通常有明确的组织结构和分工，成员之间相互配合，行动较为隐蔽。在大学校园里，不少大学生拉帮结派，在相互怂恿、"交叉感染"中结伙犯罪的意识不断强化，出现团伙性的打架斗殴，甚至纠结形成犯罪集团。

（五）智能犯罪崭露头角

智能犯罪是指犯罪分子在实施犯罪过程中，利用掌握的知识、积累的经验、聪明的智慧以及实用技能达到犯罪目的，并在作案前有计划、有预谋、有组织，作案后有计划地逃避公安机关的侦破和打击。随着计算机技术的普及和网络技术的应用，智能犯罪逐渐向利用高新技术和现代高科技产品实施犯罪的方向发展。

大学生智能犯罪是指利用电子信息技术、尖端生物技术或其他高新技术等手段或科学运用到犯罪活动中，对某个领域或整个社会造成严重破坏或全面威胁的新型技术性犯罪活动。由于大学生的心智水平普遍较高，并且接受高等教育，获得了良好的科学文化知识和高新科学技术应用的能力，因此利用高科技手段进行智能犯罪的行为也越来越多。

大学生智能犯罪通常借助高科技手段，例如计算机技术、网络技术等，这些技术手段使犯罪行为更加隐蔽、难以追踪。大学生犯罪在思想、观念、思维水平、行为方式等方面有自己的特点，但具有一般青少年犯罪的共性，更表现出一定的规律性、预谋性和智能性。大学生犯罪的智能性表现在犯罪技能更为娴熟，作案手段和方法较为高明，犯罪工具更为先进，犯罪心理结构更加稳定，犯罪心理更加成熟等方面。在实施犯罪的过程中，大学生很注重发挥自己的智力优势，充分运用心理学、逻辑学和科学技术在犯罪中的作用，例如：侵害计算机网络、编制和传播计算机病毒、利用计算机网络诈骗、制作和传播淫秽音像物品、利用生化知识研制毒品等。

在中国人民银行发行的第5套人民币进入流通领域后，伪币便接踵而来，一时间真币都不被人们接纳。假文凭、假身份证制作的小广告在大街小巷随处可见，不乏有人凭借假证混进部队、学校甚至国家公务员行列。假冒的商标和包装掩盖下的假农药、假化肥、假酒、假烟、假食品、假药品、假电器等四处充斥着城乡市场。即使一些名牌企业在产品生产上不断加大防伪技术革新的力度，但总有假冒产品流入市场。例如，出版业中的正版光盘，往往刚上市甚至还没有上市，"穿"着正版封面的盗版光盘便上架了各大店铺，不少假光盘甚至达到以假乱真的地步。

三、大学生犯罪的预防

（一）自身预防

首先，需强化对大学生政治素质的教育培养，增强其公德意识，引导大学生正确认识社会，树立正确的人生观、价值观，增强自己的责任感和自律意识；大学生尤其应该增强法律意识，了解并遵守法律法规，明确自己的权利和义务。其次，在日常生活中，要学会理财，避免浪费与攀比。树立远大的理想，辩证看待对错得失，培养社会公共道德理念，自觉抵制各种不良行为及违法犯罪行为的引诱和侵害。最后，大学生应当学会自我保护，避免成为犯罪行为的受害者，不得随意透露个人信息，不轻易相信陌生人，注意保护自己的人身安全和财产安全。当遇到不良人员的骚扰或侵犯时，要勇敢地告知父母和老师，主动寻求法律的帮助，共同打击犯罪分子。

（二）家庭预防

家庭，是社会的细胞，也是塑造个体性格、价值观和行为模式的重要基地。要从根本上遏制大学生犯罪，有必要从家庭这个环节入手，全方位地改善和优化家庭环境。

父母是孩子的第一任教师，他们的言行举止对孩子有着深远的影响。因此，提高父母自身的素质显得尤为重要。父母应注意自己的言行，以身作则，树立良好的榜样，使孩子在健康、积极的家庭氛围中成长。家教方法也是预防大学生犯罪的关键所在。家庭的溺爱和纵容，不利于孩子的心理健康和正确行为的培养。家长在家庭教育中，应给予孩子正确的引导，让孩子懂得如何正确地处理问题和应对挑战。在此过程中，应尊重孩子的独立性，鼓励他们独立思考，培养他们面对困难的勇气和解决问题的能力。家长还要善于发现孩子违法犯罪倾向的早期征兆。大学生犯罪并非一蹴而就，而是一个从量变到质变的演变过程。犯罪征兆是这种变化的外在表现。家长若能尽早发现这些征兆，并及时采取措施予以干预，就有可能阻止孩子的违法犯罪行为。家庭是孩子成长的重要环境，建立良好的家庭关系也是预防大学生犯罪的重要手段。温馨的家庭氛围可以让孩子感受到温暖和关爱。家长应注重与孩子的沟通，注意倾听孩子的心声，关心孩子的正当需求，并为孩子提供力所能及的支持和鼓励。

总而言之，预防大学生犯罪，家庭的作用至关重要。家长应提高自身素质、改进家教方法、关注孩子的心理健康、建立和谐家庭关系，从而为孩子营造一个健康、快乐的成长环境。只有这样，我们才能从源头上遏制大学生犯罪，为我国的社会治安和人才培养贡献力量。

（三）学校预防

目前，许多大学的内部管理制度松懈，纪律要求不严格，校风松散。因此各高校应加强学生的日常管理工作，建立健全各项内部管理机制，完善规章制度，树立良好的校风，尤其要做好新生入校后的入学引导工作。加强法治教育，学校可以通过开设法治课程、举办法律讲座等形式，向学生普及法律知识，增强学生的法律意识和法治观念。

加大对大学生的管理力度，在教育产业化的基础上，最大限度地实现经济效益和社会效益的高度统一。强化家庭教育，学校可以与家长沟通，引导家长关注学生的成长和发展，培养学生的良好品德和行为习惯。预防犯罪首先要确保良好的校园生活环境，学校保卫部门应当配合有关执法部门对校园周边的综合整治，排除校园周边不健康因素对大学生的影响和干预。

（四）社会预防

营造一种和谐的社会氛围，贯彻落实教育感化挽救方针。社会客观环境归根到底是一种协调各种社会关系的客观社会总和。社会管理部门应当首先加强对社会环境的管理，减少社会不良因素对大学生的影响，营造良好的社会环境。同时，社会各方要积极动员起来，营造一种良好而健康的社会和谐氛围，遵守有关法律法规，不唯利是图，不诱导、教唆大学生从事违法犯罪工作，并积极举报、配合有关部门打击一切诱导或教唆大学生违法犯罪的行为。同时，也要加强法律宣传教育，提高大学生的法律意识和法律素养，让他们了解犯罪的后果和法律的约束力，要对一些违法犯罪的大学生持有限度的宽容心态，认真贯彻落实"教育、感化、挽救"方针，以"教育为主，惩罚为辅"为原则，鼓励那些因一念之差而又能积极改造的大学生早日回归社会，特别是不能歧视或戴"有色眼镜"看待改造合格、回归社会的违法犯罪大学生。

第二节　遵纪守法，善用法律

一、违纪、违法和犯罪

（一）违纪与违法的基本内涵

纪律，是指一个单位或一个部门在国家法律法规框架下，要求所有成员在一定范围、一定时间内必须遵守或维护的规章或规定。例如，学生上课有课堂纪律、机关事业单位有上班考勤制度、公共活动有相关的管理制度等。法律是由国家制定或认可的，以国家强制力保证实施的，具有普遍约束力的社会规范。法律是具有阶级性的社会规范。违纪是指一切违反国家宪法、法律、法令、行政法规和行政规章的行为。具体内涵可能因不同的组织、机构或社会环境有所差异。对于违纪行为，通常会采取相应的纪律处分或法律制裁措施，以维护秩序和利益。违法是指国家机关、企事业单位、社会团体或公民，因违反法律规定，致使法律所保护的社会关系和社会秩序遭到破坏，依法应承担法律责任的行为。从定义上看，违纪行为不一定是违法行为；同理，违法行为也不一定是违纪行为。但是，犯罪行为一定是违法行为，而违法行为不一定是犯罪行为。

（二）违纪、违法与犯罪的区别

违纪主要是指违反某一群体内部纪律的行为，对组织、机构或社会的正常秩序、安全或利益造成了不良影响。例如，学生上课睡觉、期末考试夹带小抄作弊、打架斗殴等。

违法是指违反国家法律，对社会或个人造成不良影响的行为，即行为人的行为对社会秩序、公共利益或他人合法权益造成了损害。例如，酒后驾车违反了《中华人民共和国道路安全法》，借钱不还违反了《中华人民共和国合同法》，等等。

犯罪是具有严重社会危害性的行为，专指违反《刑法》之规定，应追究刑事责任的行为。例如，无驾照者酒后在闹市区驾车致人死伤、利用高科技手段组织参与高考等全国大型考试的作弊或泄露国家秘密等行为，这些都是需承担刑事责任的犯罪行为。

（三）社会危害性不同

违纪违反的是群体内部纪律，这种行为触动了整个群体或者群体内一部分人的利益，在某些方面仅涉及某个人的职业素质，例如，某一学生影响其他人的学习、工作、休息。

一般意义上的违法是违反除《刑法》以外的法律法规，例如，违反婚姻法、经济法等违法行为。此外，还有一种是指侵犯了另一权利主体的政治经济利益，具有一定或者较大的社会危害性，例如，酒驾、诈骗、贪污受贿等违法行为。

犯罪是违反《刑法》的行为，具有严重的社会危害性，例如，杀人、放火、投毒等行为会给国家、社会和公民造成严重危害。犯罪行为要承担的法律责任一般是由司法机关代表人民在职权内公诉和宣判。

（四）违纪、违法与犯罪的联系

1. 三者均具有社会危害性

违纪、违法和犯罪三者在本质上都违反了社会规范，它们不仅对个人或者集体的利益造成了实质性损害，而且在更深层次上，损害了社会道德的基石，冲击了社会信任的底线。

违纪行为是指在组织、团体、单位等特定环境下，违反规章制度、纪律规定的行为。这种行为虽然性质不严重，但久而久之，会导致纪律松弛，团队凝聚力减弱，进而影响整个社会的管理秩序。违纪行为如同一颗小小的火种，如果不及时遏制，就有可能引发火灾。

违法行为是指违反国家法律法规的行为。这种行为对社会秩序的破坏程度更大，因为它直接挑战了国家法律权威。违法行为不仅会导致社会不公平现象的蔓延，还会给人民群众的生命财产安全带来损害。为此，我们必须严厉打击违法行为，以维护社会稳定，保障人民群众的根本利益。

犯罪行为是指违反《刑法》规定，危害社会，侵害他人合法权益的行为。这种行为具有严重的社会危害性，必须严惩不贷。犯罪行为不仅给被害人及其家庭造成无法挽回的损失，还会给社会公共安全产生巨大威胁。只有依法严厉打击犯罪行为，才能让人民群众过上安心、放心的生活。

总之，违纪、违法和犯罪三者虽然程度不同，但都违反了社会规范，对社会秩序和公共安全造成了危害。我们应当从源头上杜绝这些行为，强化法治意识，树立正确的价值观，共同营造风清气正的社会环境。同时，对于已经犯错的人，我们也要给予改过自新的机会，让他们认识到错误，并积极改正，为社会的和谐稳定做出贡献。

2. 违法、犯罪行为很多都由违纪行为发展而来

如果违纪行为不能得到及时有效的处理，会使行为人产生误判、侥幸心理，使其在违纪事件中感受到心理刺激甚至为了追求某种物质利益，最终走上违法犯罪道路。大学生要坚决摒弃"小错不断，大错不犯"的错误思想，不断加强思想道德建设，注意防微杜渐，防患于未然，做一个对社会和人民有用的人。

3. 三者均要受到相关规定的惩处

违纪、违法或者犯罪行为，都要接受相关规定的处理，或说服教育，或经济处罚，或限制人身自由，以避免不法行为再次发生。需要注意的是，具体的惩处方式可能因国家和地区的法律法规以及案件的具体情况而有所差异。

4. 犯罪是一种严重的违法行为

《刑法》在我国法律体系中居于重要地位。它是对犯罪行为进行规范和惩罚的重要依据。我国法律将违法行为分为一般违法行为和犯罪行为两种。那么，如何界定这两种行为呢？根据《刑法》的有关规定，主要取决于这两种行为的情节和对社会的危害程度。一般违法行为和犯罪行为的本质区别在于违法行为对社会造成的危害程度。如果违法行为的危害程度未达到一定标准，那么它就被视为一般违法行为。反之，它就被认定为犯罪行为，应受到《刑法》的处罚。这里的"一定标准"，就是指行为的情节和对社会的危害程度。

《刑法》是我国法律体系的一部分，是国家制定的法律规范，对犯罪行为有严格的界定和相应的惩罚措施。因此，《刑法》对犯罪行为的界定和惩罚具有权威性和公正性。这也是为了维护社会秩序，保护人民群众的生命、财产安全。

在实际执法过程中，执法部门会根据犯罪行为的具体情况，结合《刑法》的规定，对犯罪行为进行准确的判断和严厉的惩罚。这种做法既体现了我国法律的公正性和严格执法，也有助于预防和减少犯罪行为的发生，维护社会的和谐稳定。

总之，《刑法》作为我国法律体系的重要组成部分，对犯罪行为进行了明确规定并给出了严厉惩罚。司法机关应根据《刑法》的规定，准确判断和严厉惩罚

犯罪行为，以维护社会秩序，保护人民群众的生命、财产安全。同时，广大人民群众也要增强法治意识，遵守法律法规，共同维护社会的和谐稳定。

二、正当防卫与不当防卫

（一）正当防卫

1. 正当防卫的内涵

正当防卫是指在面临正在进行的不法侵害时，为了保护国家、公共利益，以及自己或他人的人身、财产和其他合法权益，采取的制止不法侵害的行为。在这种情况下，如果对不法侵害人造成损害，该行为属于正当防卫，不负刑事责任。

正当防卫的本质在于制止不法侵害，保护合法权益。在正当防卫过程中，行为人应当遵循必要性原则，即防卫行为应当与不法侵害的性质、强度和持续时间相适应。若防卫行为明显超过必要限度，造成重大损害，行为人应当承担刑事责任，但可减轻或者免予处罚。

在某些特殊情况下，如正在进行行凶、杀人、抢劫、强奸、绑架以及其他严重危及人身安全的暴力犯罪，采取的防卫行为，即使造成不法侵害人伤亡，也不属于防卫过当，不负刑事责任。这些特殊情况下的防卫行为，旨在保护无辜受害者的生命安全和身体健康，具有充分的合理性。

总之，正当防卫是一项重要的法律制度，旨在保护国家、公共利益以及公民的人身、财产和其他合法权益。在正当防卫过程中，行为人应当遵循必要性原则，确保防卫行为与不法侵害的性质、强度和持续时间相适应。在特殊情况下，即使防卫行为造成不法侵害人伤亡，也不属于防卫过当，不负刑事责任。正当防卫制度的实施，有助于维护社会秩序，保障人民群众的人身、财产安全。

2. 正当防卫的条件

（1）存在现实的不法侵害

不法侵害包括犯罪行为和其他违法行为。但并非对任何不法行为都可以进行正当防卫，只有对具有攻击性、破坏性和紧迫性的不法侵害，在采取正当防卫可以减轻或者避免危害结果的情况下，才宜进行正当防卫。一般认为对于没有达到刑事责任年龄、不具有刑事责任能力的不法侵害人也可以实施正当防卫。

（2）不法侵害正在进行

当合法权益处于紧迫的被侵害或者威胁之中，防卫行为才能成为保护合法权益的必要手段。在不法侵害的现实威胁十分明显、待其着手后来不及减轻或者避免危害结果时，也应认为不法侵害已经开始。不法侵害结束的时间实质上是指合法权益不再处于紧迫、现实的侵害和威胁之中，即不法侵害已经不可能紧接着继续侵害或者威胁合法权益但是在财产性违法犯罪中，侵害行为已经结束，但是在现场还来得及挽回损失的可以实施正当防卫。

（3）具有防卫意识

具有防卫意识的行为才是正当防卫。若为了侵害对方权益而故意挑起对方对自己进行侵害，然后以正当防卫为借口给对方造成侵害的行为属于防卫挑拨。另一方故意侵害他人合法权益而恰巧符合了正当防卫的其他条件属于偶然防卫。

（4）针对不法侵害人本人进行防卫的行为

不法侵害是由不法侵害人直接实施的，使不法侵害人不再继续实施不法侵害行为才可能制止不法侵害，保护合法权益。只要能做到排除不法侵害的可能性与必要性，那么即便客观上没有完全排除不法侵害，也依然属于正当防卫。针对第三者的所谓"防卫"，应视不同情况定性为故意犯罪或者假想防卫（误认为第三者为不法侵害人）。

（5）没有明显超过必要限度造成重大损害

其中，"必要限度"是指以制止不法侵害、保护合法权益所必需为标准。分析双方的手段、强弱、客观环境等因素以及所造成的损害后果，轻微超过必要限度的不能称为防卫过当，只有造成重大损害的才可能属于防卫过当。

（二）不当防卫

不当防卫是指防卫行为明显超过了为制止不法侵害所必需的限度而造成重大损害并超出正当防卫界限的防卫行为。如因不当防卫造成巨大侵害，给不法侵害人带来重大损失，不当防卫实施人也应承担相应责任。因此，大学生要正确区分正当防卫和不当防卫的界限。不当防卫主要有以下几种表现形式。

1.防卫过当

防卫过当是一种犯罪行为，防卫过当的本质应当是具有社会危害性的。防卫过当是指正当防卫明显超过必要限度，给不法侵害人造成重大损害的行为。如果防卫行为不是制止不法侵害行为所必需的，并对不法侵害人造成了不应有的损害，就属于防卫过当。《刑法》规定，对于防卫过当的，应当减轻或者免除处罚。

2.防卫挑拨

防卫挑拨又称挑拨防卫，防卫挑拨并不属于正当防卫，而是指以挑拨寻衅等不正当手段，故意激怒对方，引诱对方对自己进行侵害，然后以"正当防卫"为借口实行加害的行为。防卫挑拨是利用正当防卫实行自己有预谋的犯罪，应按故意犯罪论处。因为行为人主观上有犯罪意图，不具备正当防卫的主观条件，其行为如果给他人造成了伤害，需要承担相应的法律责任。

3. 局外防卫

局外防卫又称防卫侵害了第三人，是指防卫者对正在进行的不法侵害以外的人实施的侵害行为。此外，局外防卫行为如果对他人造成了伤害，需要承担相应的法律责任。

4. 假想防卫

假想防卫是指不法侵害行为根本不存在，由于行为人猜想、估计、推断不法侵害行为存在，而对其实施侵袭的一种不法侵害行为。行为人应当预见到没有不法侵害而没有预见，造成危害后果的，应承担过失犯罪的刑事责任。对于假想防卫，应当根据认识错误的程度、主观意图、是否预见可能会发生不法侵害、是否具有防卫意图等因素综合分析判断，有过失的，按照过失犯罪处理，没有过失的，按照意外事件处理。

5. 防卫不适时

防卫不适时包括事前防卫和事后防卫。事前防卫又称提前防卫，是指行为人在不法侵害尚未发生或者还未到来时，对准备实施不法侵害的人采取的所谓"防卫行为"。事后防卫是指不法侵害终止后，对不法侵害者实施的所谓"防卫行为"。需要注意的是，防卫不适时与正当防卫是不同的概念，防卫不适时不是正当防卫，行为人应承担相应的法律责任。

第三节　远离毒品

一、涉毒犯罪的法律界定

涉毒犯罪是指走私、贩卖、运输、制造毒品和非法种植毒品原植物，以及吸食、注射毒品的违法犯罪活动。毒品是指鸦片、海洛因、甲基苯丙胺（冰毒）、吗啡、大麻、可卡因以及国家规定管制的其他能够使人形成瘾癖的麻醉药品和精神药品。在世界范围内，被禁用和限制使用的麻醉药品有 128 种，精神药品有 104 种，共计 232 种。有关"毒"的罪名分别有：走私、贩卖、运输、制造毒品罪；非法持有毒品罪；包庇毒品犯罪分子罪；窝藏转移、隐瞒毒品、销赃罪；走私制毒物品罪；非法种植毒品原植物罪；非法买卖、运输、携带、持有毒品原植物种子、幼苗罪；引诱、教唆、欺骗他人吸毒罪；强迫他人吸毒罪；非法提供麻醉药品、精神药品罪。

二、毒品的危害

当今世界，毒品犯罪日趋严重，它犹如一颗定时炸弹，严重威胁着公共安全，破坏着社会稳定，已成为许多国家面临的严峻社会问题，我国也不例外。我国历来致力于打击毒品犯罪，捍卫人民群众的生命财产安全。

毒品危害的严重性不容忽视，它给社会、家庭和个人造成了难以估量的伤害。因此，提高全民禁毒意识，杜绝毒品滥用，是我们共同的责任。毒品给人体健康带来极大危害。毒品犹如一颗慢性毒瘤，悄然侵蚀着人们的肌体。它对肝脏、肾脏、心脏等器官的功能造成严重破坏，甚至导致衰竭。此外，毒品还对人体神经、内分泌及免疫三大系统，以及各组织器官的功能代谢与结构造成严重损害。长期吸食毒品，会使人体免疫力下降，容易感染疾病，生活质量大幅下降。毒品严重破坏了社会和谐与家庭氛围。它犹如一个贪婪的吸血鬼，榨取着人们的财富，摧毁着家庭的幸福。不仅给个体与家庭带来沉重的经济负担，而且还常常诱发犯罪行为，恶化人际关系，导致道德沦丧、人格扭曲等问题。使用者会忽视亲情，丧失社会责任感，最终可能导致家庭破裂。毒品的存在，使许多家庭陷入痛苦的深渊。

毒品极易诱使人犯罪，是影响社会不安定的重要因素。由于消费毒品耗资大，吸毒者为取得财源，获得毒品，不惜铤而走险，犯下盗窃、抢劫、诈骗等违法犯罪行为，严重危害社会安定。吸食和贩卖毒品都是违法犯罪行为，会受到法律的制裁。同时，毒品犯罪活动对社会秩序造成极大破坏，影响人民群众的安全感。

我国历来高度重视毒品问题，采取了一系列措施加强禁毒工作。《刑法》第三百四十七条规定：走私、贩卖、运输、制造毒品，无论数量多少，都应当追究刑事责任，并予以刑事处罚。

三、避免大学生沾染毒

大学生避免沾染毒品是非常重要的，因为染毒行为会对个人的身心健康、家庭关系、社会安全和法律风险等方面带来严重危害。家庭、学校、社会是一个人成长必须接触的三大环境。因此，优化家庭环境、学校环境、社会环境，构建家庭、学校、社会"三位一体"的完整教育体系，以及大学生自身树立良好的防范及远离毒品意识，就能最大限度地防止大学生免受毒品危害。

（一）优化家庭环境

让大学生处于良好的家庭环境之中。家长作为孩子的长辈及好朋友，要充分认识到家庭教育的重要性，树立正确的教育观、亲子观和成长观，努力营造良好的家庭氛围，增强家庭的凝聚力。要尽量做到要求适度，目标合理，方法得当，既不给大学生施加无谓的压力也不对其不管不顾，任其"自由发展"。总之，优化家庭环境需要家庭成员一起共同努力，竭力营造一个健康、和谐、温馨的家庭氛围，帮助家庭成员远离黄赌毒的危害。

（二）创造良好的校园环境，充分发挥学校对大学生教育的主导作用

学校和老师应牢牢树立以人为本的思想，真正做到一切为了学生。开展多样化的心理健康教育活动和文娱活动，让大学生保持该有的年轻活力。同时，要针对当前高校学生的思想道德水平和法律知识水平适当开班授课，加强校园管理，加强对校园周边环境的监管，防止黄赌毒等不良行为进入校园。总之，优化校园环境需要师生共同努力，竭力营造一个健康、和谐、安全的校园环境，帮助学生远离黄赌毒的危害。引导学生树立正确的世界观、人生观、价值观。

（三）建立和谐社会环境，确保大学生健康学习生活

在优化社会环境方面，要做到严肃管理和严肃处置相结合，做到情理与法理并重与严惩不贷相结合。所谓严肃管理就是公安、工商、文化等部门要充分发挥职能作用，对涉""毒"场所及行为要依法严厉打击。所谓严肃处置，就是要深入开展"扫黄打非"行动，加强文化市场监管，同时要一手抓教育，一手抓惩处。

（四）大学生自身树立健康的世界观、人生观、价值观

大学生自身树立健康的世界观、人生观、价值观，需做到以下三点：

①坚持原则。大学生应树立正确的价值观，清醒地认识到什么是真正有价值的东西，例如健康、家庭、友情、爱情、知识、技能等。无论任何场合、任何情况，都要坚决拒绝参加任何形式的赌博活动，只要有不参与赌博的决心，就能从容应对任何突发情况。发现身边有亲戚、朋友参与赌博时，也应从关心的角度出发，采取适当的方式进行劝阻；若劝阻无效，可上报学校或相关部门。

②提高对毒品的防范能力。远离黄赌毒需要每个人的自我管理和控制。绝不能对毒品流露出一丝一毫的好奇心；不光顾复杂的娱乐场所，绝不结交有吸毒恶习的朋友，更不能受其诱使，要养成积极乐观的性格，提高心理承受能力，做生活的强者，不能因为一时无所适从或精神空虚而寻求不健康的精神刺激；一旦沾染毒品，要主动报告，自觉接受学校、家庭和社会的监督和帮助，及时治疗戒断毒瘾。

③高校大学生应秉持严谨的态度，自觉远离"黄、赌、毒"等不良习气，同时，为全社会的"防黄、禁赌、禁毒"工作贡献自己的力量。积极向亲戚朋友普及这些恶习的危害，勇于向相关机构或部门揭露不法行为，以共同构建和谐社

会。换言之，大学生应通过不断地学习、实践和反思，树立正确的世界观、人生观、价值观，提升自身的综合素质和能力，从而避免陷入黄赌毒的泥潭。

课后阅读

了解犯罪及其预防，拒绝走向歧途

犯罪行为是个体在特定情境下，违反社会规范，对他人或社会造成损害的行为。究竟是什么导致个体走上犯罪道路？这是一个复杂且令人深思的问题。众多心理学家和科学家对罪犯群体进行了研究，试图寻找答案。有人认为罪犯是低能儿，有人认为犯罪行为系遗传，还有人认为罪犯皆疯子。然而，个体心理学对此提出了不同的见解。

首先，罪犯与普通人并无本质区别，关键在于对生活意义的理解存在差异。人类自生命之初至生命终结，都在不断追求从失败到胜利，从低处到高处，从卑微到优越这一人生目标。罪犯同样追求这样的目标，只是方式与常人不同，这种差异源于他们对生活意义的理解与普通人的理解不同。在早年时期，大约四五岁时，一个人的生活方式便逐渐形成。此时，若孩子被忽视或溺爱，长大后犯罪的概率就比较高。

罪犯对生活意义的错误理解体现在以下三个方面：一是友谊问题。大部分罪犯在犯罪前都感到与他人难以相处，认为自己在社会中处于边缘化状态。他们有朋友，但多数是同类。二是职业问题。罪犯普遍认为工作辛苦，因而选择相对轻松的方式获取物质生活。一个人只有工作，才能学习并与社会保持沟通和联系。罪犯拒绝正当职业，导致他们只能通过其他途径与社会保持联系。三是优越感问题。罪犯渴望获得优越感，但他们未能与社会上其他人保持正当联系，因此不懂得合作的重要性。不懂合作的人难以为社会做出相应的贡献，于是罪犯采用独特的方式获得优越感。

罪犯之所以选择这种离经叛道的方式，是因为他们很大程度上是懦夫。为了逃避生活问题，他们不惜铤而走险，采用非正当手段来解决问题。但是，他们不愿承认自己是懦夫，反而认为自己是英雄，因为挑战了社会秩序。罪犯的早年经历通常是被忽视或溺爱，导致他们自卑感和优越感交织。深入了解罪犯后，我们应思考如何预防犯罪。

许多监狱采用严刑峻法管教罪犯，希望他们受苦后能改过自新。然而，事实证明，不少罪犯出狱后再次犯罪的概率仍然比较大。因此，我们需要重新审视这个问题，寻找症结之所在。罪犯普遍认为自己是英雄，敢于与生活搏斗。蹲监狱反而成了他们锻炼心智、增强反抗精神的契机。为此，监狱管教的关键在于引导他们学会合作，培养社交能力融入社会。

　　家庭和学校教育是预防犯罪的重要途径。只有当父母和老师在孩子成长过程中不断地引导并提升他们的社交能力和合作精神，才能有效地预防他们走向犯罪道路。此外，社会也要加大对预防犯罪的投入，提供心理咨询、职业培训等帮助，接纳罪犯重新融入社会，实现自我价值。通过多方面的共同努力，织密预防犯罪网络，我们才能有效降低犯罪率，构建和谐安全的社会环境。

第三篇

成 长 成 才

第五章　大学生社会活动

本章导读

　　社会活动是大学教育的重要组成部分，它可以帮助学生开阔视野，增长知识，提高综合素质，促进个人成长和发展。社会活动可以让学生接触到各种各样的人和事，了解社会和文化，提高社会责任感和自我认识能力，进一步完善自己的人格品质和价值观。同时，参加社会活动也是培养学生领导能力和团队合作能力的重要途径，可以增强学生的凝聚力和感恩心。

　　社会活动的类型非常多。例如，可以参加志愿者服务型活动，为社区居民提供帮助和支持；可以参加文艺类比赛，展示自己的才华和风采；还可以参与研究项目，更深入地探索知识领域。无论哪种类型的社会活动，都可以帮助学生获得更多的经验和技能，积累社会资源。学生参与社会活动的方式和途径有很多，例如加入学生组织、参加学校组织的社会服务活动、加入行业协会和社会团体、参与志愿者组织等方式。同时，学生还可以结合自己的兴趣、爱好和特长，选择适合自己参与的社会活动，并通过在活动中的表现来获得认可和成长。在参与社会活动的过程中，学生要注意保护自己的安全和健康，遵守活动规则和法律法规，树立正确的价值观和道德标准。学生参与社会活动不仅可以提升自我价值和素质，还可以为社会做贡献，让自己成为更优秀的人。

经典案例

"三下乡"活动

为深入学习贯彻习近平新时代中国特色社会主义思想，切实发挥共青团作为广大青年学生在实践中学习中国特色社会主义的引领作用，引导和帮助广大青年学生在与现实相结合的"大思政课"中"受教育、长才干、做贡献"，共青团西南财经大学天府学院委员会于2023年4月启动了以"学习贯彻党的二十大精神，永远跟党走，奋进新征程"为主题的2023年暑期"三下乡"社会实践活动。169支实践团队，1000余名天府学子在7月5日至8月25日奔赴四川、云南、新疆、重庆、河北、陕西等百余个实践基地开展实践活动。其中，国家级重点队伍1支，省级重点队伍3支，校级重点队伍31支。

此次"三下乡"活动反响热烈，得到中华网、中国网、中国日报、中国青年网、四川卫视、四川文明网、四川学联、直播绵阳、南充日报、眉山日报、凉山日报等多家主流媒体的宣传报道，共计宣传稿90余篇。

落脚南充市嘉陵区一立镇塘湾村实践的"天府青年"实践队，其实践工作先后得到了四川卫视、南充电视台等媒体的报道。报道中提到，9名来自西南财经大学天府学院的志愿者为塘湾村的孩子们组织开展了包括暑期作业辅导、安全教育、爱国主义教育、手工制作、兴趣课堂等主题活动，志愿者孙宇意同学在采访中说道："让孩子们在度过快乐而有意义的假期生活的同时接受爱国主义教育的熏陶，这让我们此行变得意义非凡，望着孩子们开心的笑脸，我们也特别有成就感。"

"三下乡"活动通常由大学生自发组织，旨在向中国农村地区传播文化知识和技能，为当地居民提供志愿服务。"三下"分别指下到村、下到田、下到户，意味着大学生志愿者们要深入到农村村庄、农田和农户家中，与当地居民建立联系，了解他们的需求和困难，给予帮助和支持。这个活动的具体内容包括但不限于教授农民新型技术、宣传健康知识、开展文艺演出、举办体育比赛、进行环境保护和清洁行动等。在活动中，大学生志愿者们充分发挥自己的专业和兴趣特长，通过多种渠道向当地居民传递有益信息，提高他们的生活质量和文化素质。这个活动对于大学生而言，不仅是一次实践锻炼和教育经验积累的机会，更重要的是能够让他们深入了解中国的农村地区和优秀传统文化。通过与当地居民的交流互动，大学生志愿者们也能够提升自己的领导力、团队合作能力和社会责任感。这是一个非常具有影响力和意义的社会活动，它不仅对大学生个人成长具有积极的推动作用，还能够丰富中国乡村文化、促进城乡交流融合，推进乡村振兴和社会发展。因此，在许多大学校园里，"三下乡"活动已经成为备受学生关注的社会实践项目之一。

第一节　大学生社会活动概述

一、大学生社会活动的定义

大学生社会活动是指大学生在校园内外参与的各种社会实践、公益活动、文化交流、学术研究等活动。这些活动旨在帮助大学生了解社会、增强社会责任感、提高实践能力和团队合作精神，同时也有助于大学生拓展人脉、丰富阅历、提升综合素质。大学生社会活动是大学教育的重要组成部分，它不仅有助于大学生提高综合素质，还可以为大学生未来的职业发展和人生规划奠定基础。然而，从社会学角度来看，只有当个人活动涉及他人时，才能称为社会活动。可见，并不是所有人的行为都能称为社会活动。社会活动按不同的标准可分为不同的类型，根据组织形式可分为官方组织的活动和民间自发组织的活动；根据参与人群可分为面向特定群体的活动和面向公众的活动；根据目的和内容可分为文化活动、体育活动、公益活动、科技活动、商业活动；根据参与人数的数量和覆盖范围可分为小群体活动、社区活动、大规模的社会组织活动；根据社会活动的性质可分为经济活动、政治活动、法律活动、宗教活动；根据活动的主从关系可分为原生活动和派生活动。马克思和恩格斯认为，人类要创造历史，首先需要满足衣食住行等基本要求。因此，人类第一个历史活动就是生产满足这些需要的相关资料，也就是生产物质资料的活动。在这基础上人们才可能从事政治、科学、艺术宗教等活动。马克思和恩格斯还指出，物质生产活动是原生的社会活动，对其他派生的社会活动具有决定性作用。

在高校中的大学生社会活动，不仅是大学生学习、生活的重要组成板块，更是学校培养、培育人才的重要载体。对于大学生社会活动的定义，不同的教育家有不同的解读。凯洛夫先生认为，大学生的社会活动，是在学校必修的培养方案、教学计划和大纲范围外所举办的各种类型、各种规模，具有教学培养性质和培育人才作用的教学作业和教育措施。巴拉诺夫先生认为，学校在第一课堂之外，对学生进行的各式各样的教学、教育活动统称为大学生的社会活动。而我国学者认为，大学生的社会活动是指在第一课堂教学任务之外，有目的、有计划、有组织地对学生进行的各式各样的教育活动。这些教育活动不仅是第一课堂教学的延展，也是一种重要的社会实践活动，在实现教育目标的过程中发挥着独特作用。一个高校，如果社会活动开展得好，还能在一定程度上提高教育教学质量，弥补第一课堂教育的不足，补充学生在第一课堂中学不到的相关知识或实践基础。这些活动，既有助于提高大学生的综合素养，也有助于高校完成大学教育教学任务，实现教育教学的相关目标。近年来，各高校围绕高等教育教学工作的重心，紧跟时代发展的步伐，开展各种类型、各种规模的社会活动，目的是将课堂外相关教育教学目标落实到大学生的人才培养计划中，持续推进学生世界观、人生观、价值观的合理塑造和学生综合素养的提高。

二、大学生社会活动的分类

大学生社会活动同样可按不同的标准划分为不同的类型：按组织实施地点可分为校内社会活动和校外社会活动；按活动内容可分为思想政治与道德修养类、科技学术与创新创业类、社会实践与志愿服务类、文体艺术与身心发展类、社团活动与社会工作类、技能培训及其他类。这些活动可以帮助大学生拓宽视野、增长知识、提高技能、增强人际关系、培养社会责任感和团队合作精神等，对大学生的成长和发展具有重要意义。其中的社团活动与技能培训类活动是高校大学生社会活动的主要形式，下面将对大学生社会活动作一详细介绍。

（一）思想政治与道德修养类社会活动

思想政治与道德修养类社会活动是以提高大学生的思想政治素质和道德修养为目的的社会活动。思想政治与道德修养类社会活动是指在课堂教学任务之外，围绕特定的主题，通过理论学习、政治学习、系列讲座、报告会、演讲、辩论等形式，以各级党团组织为载体开展的，旨在提高大学生的思想认识、政治觉悟，增强理论素质和道德修养的活动。此类社会活动主要包括围绕引导大学生树立正确的世界观、人生观、价值观等开展的理想信念教育活动，例如党的二十大宣讲、纪念五四运动一百周年主题演讲比赛等活动；围绕提高大学生的政治觉悟和理论水平等开展的活动，例如参加政治理论学习、时事政治讨论、参观革命纪念馆等活动；为培养大学生的爱国主义精神和民族自豪感，组织参观爱国主义教育基地、参加升国旗仪式、观看爱国主义影片等活动；为培养大学生的历史使命感、责任感和紧迫感开展的责任教育活动，例如开展感恩教育活动；为培养大学生良好的道德品质和行为习惯，树立体现中华民族特色和时代精神的社会主义道德观，提升精神境界和健全人格而开展的思想政治教育类活动，都对大学生的成长和发展具有重要意义。

（二）科技学术与创新创业类社会活动

科技学术与创新创业类社会活动旨在提高大学生的科技创新能力和创业意识。科技学术与创新创业类社会活动在课堂教学之外，包括大学生在课外所从事的各类科技学术和创新创业类活动，以及参加科技学术创新创业等竞赛活动，例如结合专业学习开展的科技竞赛、学术理论研究及创新创业比赛；新产品、新工艺设计及撰写科研论文、调查报告；协助教师牵头的科研项目、科技开发、科技服务项目及科研助学活动；在科技成果推广过程中开展的科技宣传、咨询、服务活动，例如科技创新成才论坛、学术报告（天府论坛）、科技博览会等；相关部门组织的科技创业竞赛及成果鉴定评选，例如"挑战杯"、全国大学生数学建模竞赛等。这些活动可以帮助大学生提高科技创新创业能力，增强创新创业意识，对大学生的成长和发展具有重要意义。

（三）社会实践与志愿服务类社会活动

社会实践与志愿服务类社会活动是指那些旨在提高大学生社会实践能力和社会责任感的活动。这些活动在课堂教学任务之外，大学生运用所学知识组织或参加的校内外实践活动与各种志愿服务活动。此类活动是大学生运用所学知识施展才华，提高社会责任感和公益意识，了解社会，检验自我，锻炼自我，服务社会的大课堂，是加强大学生思想政治工作、引导大学生健康成长成才的重要举措，是培养大学生综合素质，积累社会经验的有效形式，是有效实施大学生素质教育的重要途径。这类活动主要包括服务社会的大学生暑期"三下乡""逐梦计划""返家乡"等；社会调查、咨询服务、挂职锻炼的实践活动。其中，社会调查、研究项目等活动，旨在了解社会现象、分析社会问题，提高大学生的社会洞察力和研究能力。此外，以青年志愿者协会为牵头单位，开展社区援助、支教扶贫、助残济困、环保宣传等志愿服务活动；开展校园文化创建活动等。这些活动可以帮助大学生深入了解社会、培养社会责任感和团队合作精神，对大学生的成长和发展具有重要意义。

（四）文体艺术与身心发展类社会活动

文体艺术与身心发展类社会活动是指在课堂教学任务之外，大学生参与的校园文化活动、文体艺术活动以及有益于身心健康发展的其他活动主要目的是加强大学生认知，积累社会科学、文化艺术和身心健康方面的知识，培养素质能力，不断增强学生的文化底蕴、艺术修养、审美情趣、人文精神，提高大学生的身体素质和心理素质。这类活动包括校级迎新晚会，五月文化艺术节系列活动——大学生艺术团精品文艺汇演、主持人大赛、"525"心理健康月系列活动，还包括各种体育比赛、运动会、健身活动等体育健身活动，例如足球比赛、篮球比赛、马拉松等。这些活动可以帮助大学生提高文化艺术修养、身体素质和心理健康水平，对大学生的成长和发展具有重要意义。

（五）社团活动与社会工作类社会活动

社团活动通常是指在课堂教学任务之外，由学生自愿发起，由学校社团管理服务中心进行管理的全校大小社团进行的各种活动以及社会工作类活动。这些活动的主要目的是提供平台，让学生在自己感兴趣的领域发展技能、结交朋友、丰富校园生活，主要围绕学生的兴趣爱好组建舞蹈、声乐、表演类等社团，组织社员参加全校范围内的相关文娱活动及社团间评比竞赛类活动。例如，"自由之风"社团风采大赛、社团盛典等相关活动。此类活动可以帮助大学生发展个人兴趣、提高技能、培养社会责任感和团队合作精神。同学们可以根据自己的兴趣和需求选择参与适合自己的活动。

（六）技能培训及其他类社会活动

技能培训及其他类社会活动是为了提高大学生专业技能和职业素养，以及其他各种类型的社会活动。技能培训及其他类社会活动包括由各二级学院和教学研究中心主导的在第一课堂教学任务之外拓展的相关专业技能和通识基础技能的相关培训；其目的是在增强学生的专业知识的同时，在人文社科类、意识形态等领域进行技能培训项目，拓宽学生的眼界和知识面，增加知识储备，丰富课余生活，对大学生的成长和发展具有重要意义。

三、大学生社会活动的主要形式

在当今高校，大学生开展社会活动的形式越来越多样化，以下仅介绍几种主要社会活动形式，包括学术活动、实践活动、文体活动、社团活动、兼职和创业活动。

（一）学术活动

大学生学术活动是在大学这一智慧殿堂中，学生参与的与学术息息相关的各种活动。它们如同连接知识海洋的桥梁，引领学生走向学术的彼岸。这些活动旨在培养学生的研究能力，提高学生的专业知识与技能，并为他们未来的学术和职业发展，奠定坚实的基础。研究项目是学生可以参与的一种学术活动。在教师的指导下，学生能够完整经历从方案制订—实施—成果展示的整个研究过程。通过参与，学生不仅掌握了学术研究的流程和方法，还激发了他们的研究热情，提升了研究能力。

学术竞赛是学生大展身手的舞台。无论是科研竞赛还是创新创业竞赛，学生都能在舞台上锻炼自己的创新思维和解决问题的能力，同时也能为未来的学术研究和职业发展积累宝贵的经验。

学术讲座和研讨会是学生领略学术前沿的平台。在这里，学生可以与专家、学者面对面交流，拓宽视野，领略学术魅力。

学术社团和组织是学生的精神家园。在这里，学生可以与志同道合的朋友们一起探讨学术问题，分享研究成果，为未来的学术研究种下希望的火苗。

学术交流活动是学生的成长舞台。在国内外学术会议、研讨会等活动中，可以与学者、其他学生进行深入交流和合作，进一步拓宽视野，为未来的学术发展提供更多的机会。

大学生学术活动的内涵在于通过参与各种学术活动，让学生能够深入地了解自己所学专业的前沿知识，培养批判性思维和解决问题的能力，提高研究和创新能力，拓宽学术视野，建立学术网络，并为未来的学术研究和职业发展奠定坚实基础。这些活动不仅有助于提高学生的综合素质，也为他们未来的学术研究和职业发展提供了有力的支持和帮助。

（二）实践活动

当今的实践活动是综合实践活动，是现代教育的个性内容、体验内容和反思内容的复合体，与传统实践活动片面追求教育个体的发展、共性和知识有所不同。

实践活动提供了一个相对独立的学习生态化空间，学生是这个空间的主导者，拥有整个活动的主导权和支配权，能够以自我和团队为中心，推动活动的顺利进行。在这个过程中，学生更倾向于独立完成整个活动，而不是聆听教诲和指导。而教师在这个生态化空间里，只是扮演一个引导者、指导者和旁观者的角色。与传统实践活动强烈的目的性不同，综合实践活动更强调多种主题、多种任务模式、多种研究方法的综合，这种综合不是来自教师的人为复杂化，而是来自学生个体对实践活动主题的更深入认识和挖掘过程。在国外，教育的综合实践活动被民间公益组织、社区管理等组织所分担，学校仅起辅助和输送的作用。我国的实践活动通过课程改革得以推动，附加在课程体系上的课标教材、封闭实践基地、素质报告则承担了更多的实际责任。高校更是实践活动的重要载体和实验基地。

实践活动是国家规定的必修课，包括研究性学习、劳动技术教育、社区服务、社会实践四个部分。开展综合实践活动旨在让学生联系社会实际，通过亲身体验进行学习，积累和丰富直接经验，培养创新精神、实践能力和终身学习能力。学校要从实际出发，具体安排、确定综合实践活动各部分的内容和组织形式。

研究性学习以学生的自主性、探索性学习为基础，从学生生活和社会生活中选择和确定研究课题，主要以个人或小组合作的方式进行。通过亲身实践获取直接经验，养成科学精神和科学态度，掌握基本的科学方法，提高综合运用所学知识解决实际问题的能力。在研究型学习中，教师是组织者、参与者和指导者。

劳动技术教育主要对学生进行劳动观念和一般劳动技术能力的教育，进行现代职业意识、职业技能的培养和就业选择的指导。

社区服务主要通过学生在社区以集体或个人形式参加各种公益活动，培养其社会责任意识和助人为乐精神，为社区的建设和发展服务。

社会实践主要通过军训和工农业生产劳动对学生进行国防教育、生产劳动教育，培养组织纪律性、集体观念和吃苦耐劳精神。学校可以结合实际，为学生走出学校，深入社会创造条件。

在中国特色社会主义现代化建设进程中，新时代的优秀青年人才作为知识载体，已成为经济、政治、文化、文明发展的重要资源。高等教育的目标是为社会培养各种类型的专业人才，他们不仅拥有过硬的专业知识，还需匹配相应的服务能力。

而大学生社会实践是在校大学生利用课余时间，走出校园与社会接触，以提高个人能力，触发创作灵感，完成课题研究，发挥自己的聪明才智并对社会做出贡献的活动。可见，大学生社会实践正是一种重要的综合实践活动。用在校学习的理论知识进行社会实践活动是每一位大学生的必修课。

（三）文体活动

文体活动通常包括文化、体育方面的各种活动，旨在提高公众的文化素养和身体素质，促进个人的全面进步。这些活动形式多样，例如体育赛事、音乐演奏、戏剧表演、美术展览、摄影比赛等艺术活动，也包括文化活动，例如文学社团、电影俱乐部等。此外，娱乐活动包括舞蹈晚会、歌唱比赛等也属文体活动。

大学生积极参与文体活动益处多多。首先，这些活动丰富了学生的课余生活，为他们提供了放松和娱乐的机会，有助于缓解学习压力。其次，参与文体活动可以帮助学生发现和培养自己的兴趣爱好，发展个人特长。再次，文体活动有益于学生的身心健康，大学生积极参与文体活动既能保持身体健康，又提供了一种情感宣泄的途径，对心理健康有益。同时，学生参与文体活动还可以结识新朋友，拓展社交圈，提高人际交往能力。最后，许多文体活动都需要团队合作，学生参与这些活动有利于培养团队合作精神和领导能力。总之，大学生参加文体活动是大学教育的一个重要组成部分，它为学生提供了全面发展的机会，帮助学生在学术之外的领域也能得到锻炼和成长。

（四）社团活动

社团活动是指由学生或专业人员组织的，以特定兴趣、爱好或目标为基础的活动。社团活动不仅可以帮助社员发展兴趣爱好、提高技能、结交朋友，还能增强团队合作能力等。常见的社团活动包括体育运动、艺术、音乐、文学、科技、志愿者服务等。参加社团活动可以让社员在学习和工作之余放松身心，同时也有助于个人成长。

大学生社团活动有利于加强在校大学生思想品德修养，培养集体主义观念，促进正确的世界观、人生观、价值观的形成。思想品德决定一个人的政治方向和怎样做人的问题。通过健康向上的学生社团组织的一系列诸如政策理论学习、人生价值探讨、社会热点问题讨论等活动，能激发学生的政治热情和爱国热情，能增强他们的历史使命感和时代责任感，使他们能自觉地关心国家的前途和命运，树立为祖国而奋斗的远大理想；通过参与社团活动，学生可以亲身体验到集体活动的乐趣和集体的力量，从而增强他们的集体荣誉感，进一步认清个人与集体的关系，树立全局观念、集体观念；通过认可社团章程，能使大学生自觉地规范自我、约束自我、培养公德意识、领悟做人道理，从而促进良好行为规范的养成。

（五）兼职和创业活动

现今高校大学生兼职已成为大学校园的普遍现象，作为勤工助学、锻炼能力、适应社会的重要途径，兼职已成为大学生校园生活的重要组成部分。下面，将对大学生兼职现象进行详细分析，以期对社会进步和大学生个体发展起到积极作用。

大学生群体的主要特点表现在心理、身体和性格三方面：第一，他们拥有活泼的性格和积极向上的心态，对象牙塔外的世界充满好奇，又处于身体逐渐成熟的时期，体能充沛；第二，他们的朋友来自全国各地甚至全世界，语言、风俗各不相同，互相激励进步，又基于大学生学习、生活的方式相对多样化，授课方式灵活，上课时间相较于高中时期更少，自学成为大学生学习、生活的重要组成部分，客观上也造成了他们有更多的空闲时间用于自由支配；第三，他们在生活上更加自强自立自主，生活节奏快、活动空间大，也更容易建立起人际关系网，一群充满朝气的年轻人善于用青春展现自己的风采。这些客观因素都促进了大学生热衷于兼职。而大学生兼职的一部分原因则来自就业压力。自中国高等教育普及后，大学生毕业数量逐年增加。就业难成为社会公众所关注的焦点话题，面对严峻的就业形势和日益增加的就业压力，许多大学生选择兼职的方式来磨炼自己，从而缓解今后的就业压力。他们认为挣钱不是打工的唯一目的，能够参与社会实践、提高自身能力更加重要。从事兼职工作成为这部分学生了解社会、认识世界、贴近现实的很好方式，兼职经历能够让他们更快、更多、更准地发现社会需求、审视自身不足，从而更好地适应未来社会。

简单来说，创业是指创立新的企业、设立新的职业；具体地说，创业是一个发现并捕获机会，并由此创造出新产品、服务或实现潜在价值的过程，这个过程需要创业者贡献时间，付出努力。

大学生创业是以在校大学生和毕业大学生为创业主体的创业过程。随着我国转型化进程的不断加快以及社会就业压力的不断加剧，创业逐渐成为在校大学生和毕业大学生的一种职业选择方式，大学生创业问题也越来越受到社会的关注。因为大学生属于高级知识分子群体，通过创业谋求生存、实现就业是自我价值得以实现的方式之一，并且通过创业还可以带动更多人就业，在社会经济繁荣发展的同时，也使家庭和社会的期望得以实现。根据人力资源和社会保障部的统计，2020—2022 年的就业状况不尽如人意。为此，许多大学生都选择创业来实现就业。大学生作为我国年轻的高级知识分子群体，有着较为丰富的知识储备和相较于其他高级知识分子所欠缺的创造力，是符合我国《"十三五"促进就业规划》（以下简称《规划》）的主要创业人群。《规划》指出，就业是最大的民生，也是经济发展最基本的支撑，坚持实施就业优先战略，全面提升劳动者就业创业能力，实现比较充分和高质量的就业，是培育经济发展新动能、推动经济转型升级的内在要求，对发挥人的创造能力、促进群众增收和保障基本生活、适应人们对自身价值的追求具有十分重要的意义。

在高校，除了真枪实弹地进行创业实操，还有更多的途径为同学们提供练兵、体验的机会：

1．"逐梦计划"大学生社会实践活动

"逐梦计划"是一项以组织在校全日制大学生进机关、进企业、进金融机构、进科研院所、进社会组织、进基层、进乡村开展岗位实习为主要内容的社会实践活动，旨在通过职业体验帮助在校大学生提升就业能力和职业技能助力，积极推动地方党政机关、用人单位招才引智和大学生就业工作。

2．"返家乡"社会实践活动

"返家乡"社会实践活动是以学生家乡为纽带，通过返乡参与社会实践的形式，引导大学生更好地了解国情、感知社会、热爱家乡、服务群众。

该实践活动旨在让大学生在实践中锻炼自己，提升自身素质，同时也为家乡的发展和进步做出自己的贡献。参与"返家乡"社会实践活动的大学生可以选择在政府机关、企事业单位、社区等机构进行实践，积极参与家乡的经济建设、社会管理、文化传承等工作。

在实践过程中，大学生可以通过实地调研、志愿服务、文化宣传等形式，深入了解家乡的发展现状和需求，同时也可以尽其所能地将自己所学的知识和技能应用到社会实践中，为家乡的发展贡献自己的力量。

通过参与"返家乡"社会实践活动，大学生不仅可以锻炼自己的实践能力和综合素质，还可以增强对家乡的认同感和归属感，培养自己的社会责任感和使命感，同时也为家乡的发展和进步做出了积极贡献。

3.中国科学院青年创业大赛

中国科学院青年创业大赛（CAS Youth Venture Competition，CAS-YVC，以下简称"大赛"）是中国科学院举办的面向全国高校及各科研单位优秀青年的创业比赛。大赛期待每一项创业方案和行动具有经济价值和社会意义；期待以中国科学院青年为代表的广大优秀青年把握时代脉搏，为科学发展和社会经济进步做出贡献。

首届中国科学院青年创业大赛于2005年举办，大赛得到了路甬祥院士的肯定和指导。通过建立全国优秀青年与投资者、企业家和社会学者之间合作的平台，促进青年形成和锻炼创新、创业意识，同时为每一项优秀的创业方案找到资金，促进科技成果转化为应有的经济价值和社会意义。

大赛以中国科学院（包括分布在20多个省（市）的12个分院、113个科研院所、研究机构、事业单位）为核心，并与中国著名高校（包括清华大学、北京大学、人民大学、中国政法大学、中国传媒大学、复旦大学、南开大学等20余所）展开合作，面向社会开放，接纳上述各方的青年创业团队及青年个人报名参赛。同时，主办方在清华大学、北京大学、中国政法大学等著名高校举办相关品牌活动。大赛还与《科学时报》《中国青年报》《新京报》等知名报刊媒体，与团中央网站、《新浪网》、《人人网》、《优酷网》等主流网络媒体，以及CCTV、BTV等电视媒体建立合作关系，共同推动大赛及相关活动的开展，展现优秀青年人才的风采，展示大赛成果，使更多的人从中获益。

四、大学生社会活动的特点

大学生积极参与社会活动，不仅有利于自身的全面发展，更有利于个体的人格塑造和健康发展，是提高大学生综合素质和各方面能力的重要途径。一方面，大学生可以在社会活动中积极锻炼自己的各方面能力，提高自己的综合素质；另一方面，也可以在社会活动中充分发挥自己的组织能力、沟通能力和人际交往能力，进而服务他人，实现大学生活的多元化。与其他校园活动相比较，大学生的社会活动具有自主、灵活、开放、创新、趣味多样等特征。

大学生社会活动通常由大学生自主组织、自主参与，他们可以根据自己的兴趣、需求自主选择参与项目。大学生社会活动参与和服务的主要对象是学生，教师主要起组织、协调、指导和引导的作用。社会活动的自主性体现了大学生在活动中的主体地位；组织和参与这些社会活动，能够充分发挥大学生的主观能动性，让他们学会思考、自主谋划，能够根据自己的特长、优势和发展目的选择性地参与进来。积极参与社会活动有利于培养大学生的自主意识和独立能力，有利于提高他们的组织能力和团队合作精神。

大学生社会活动在内容上非常灵活，可以根据当前国际国内形势、国家发展政策和文件精神以及学生成长成才需要，结合课堂设计方案予以确定。而且活动内容可以增减，不像课堂教学有固定的教案和教学计划。社会活动的组织方式也比较灵活，可以是学生自主组织，也可以由学校、社区或企业等机构组织。学生可以根据自己的需求和实际情况，自主选择参与不同的活动。在活动时间上也具有灵活性，大学生可以根据自己的课程安排和个人时间，自主选择参与活动的时间，没有相对固定的模式，具有一定的弹性；在活动地点的选择上同样如此，可以选择室内或者户外，可以选择校内或者校外，活动的场地可大可小。社会活动的灵活性有利于大学生根据自己的兴趣和需求，积极参与到丰富多彩的社会活动中，提高自己的综合素质和能力。大学生社会活动不受教学计划、培养方案和第一课堂教学内容的限制，只要有利于大学生的身心发展，有利于提高大学生能力和素质，有利于促进学校教育教学模式创新和改革的活动都可以开展。

大学生社会活动内容的开放性是一方面，另一方面则是活动参与对象的开放性。大学生社会活动通常面向所有大学生开放，无关专业、年级、性别、种族、宗教信仰等背景，都可以参与其中。由于大学生社会活动服务于当代大学生成长成才，为此，根据当代大学生的特点，增强了社会活动的实践性和有效性，融教育与趣味性于一体，使之更加贴近学生生活，贴近实际。

五、大学生社会活动的重要意义

大学生社会活动具备着极为关键且重大的意义，具体体现在以下几个方面：大学生社会活动构筑起了实践的平台，为大学生提供了将理论知识运用于实际的契机，有力地促进了理论与实践的深度融合。例如参与志愿服务活动、实习或者社会实践项目，能够把专业知识运用到实际工作中，提升实践以及解决问题的能力；能够拓展大学生的视野，让其接触到不同背景和地域的人群，增进对多元文化和社会现象的理解。像是参加国际交流项目或跨文化活动，就能够了解不同国家的文化差异，培育全球视野和跨文化交流能力；有助于培养大学生的社会责任感，通过参与社会活动，大学生可以深刻认知社会问题，激发为社会做出贡献的意识。比如参与公益活动、社区服务或者环保项目，能够亲身感受到社会问题的现实性，增强社会责任感与使命感；有益于个人成长和职业发展，培养诸如沟通能力、团队合作能力、领导能力等重要技能和素养，这对于未来的职业发展至关重要，而且社会实践经验能够增加就业竞争力，为职业规划提供参考；还能培育创新和创业精神，激发创新思维和创业意识，鼓励提出全新的想法和解决方案。比如参与创业竞赛、创新实践项目或者科技研发活动，能够锻炼创新能力和创业精神。

此外，大学生社会活动通过切实且有效的方式，增进了大学生彼此之间，更为深入的沟通交流与协同合作。例如在一些高校组织的团队拓展训练活动中，大学生们需要共同完成各种任务与挑战，当大学生踊跃参与到这些活动中时，他们便能够切实地加深彼此间的情谊，持续强化相互间的团队精神。通过这种频繁且密切的互动以及紧密且深入的协作，他们会逐步培养出良好且稳固的合作意识与卓越且非凡的团队素养，这无疑为他们未来能够顺利且顺畅地步入社会、更出色地适应职场等奠定了极为良好、坚实且可靠的基础。

当前，国内各大高校也在积极同企事业单位展开合作，进行产教融合的实践教学活动。学生拥有参与企业实际项目的机会，通过实践锻炼提升自身的专业能力与创新思维。学校依据企业的需求和行业的发展动态，及时调整教学内容与方法，引导教育教学更贴近实际，培育出符合市场需求的应用型人才。

总之，大学生社会活动不管是对于大学生个人在各个方面全方位的健康成长、蓬勃发展，还是对于整个社会朝着更高水平、更优质量的方向发展进步而言，都有着至关重要且影响深远的作用，为大学生的成长和社会的进步注入了源源不断的动力。这与前面所提到的大学生社会活动对大学生的积极影响以及对社会发展的意义紧密相联，高校在这方面也在积极探索和实践，通过各类社会活动为学生提供更多的机会和平台，推动学生的全面发展以及社会的进步。

第二节　大学生社会活动中常见的问题和误区

一、大学生社团活动的问题和误区

近年来，大学生社团在高校呈蓬勃发展之势，社团活动越来越受到大学生的青睐，成为大学生学习生活的重要组成部分。它不仅可以帮助大学生发展兴趣爱好、锻炼技能，还能结交朋友、丰富校园生活。然而，大学生社团也存在一些问题和误区。部分大一新生加入社团的功利性过于浓厚，他们加入社团的目的只是想进入管理层，成为社长，为将来就业增加砝码。然而一些社团缺乏有效的组织和管理机制，导致活动安排不合理、经费使用不当等问题，而社团管理人员并未意识到社团工作也是一个重要的能力提升渠道；还有一些社团活动缺乏创意和质量，无法吸引更多的学生参与，导致社团成员不断流失。由于经验不足，也有不少新生抱着试一试的态度，漫无目的地申请了多个社团，缺乏相应的目标和规划。从客观上讲，大学生社团发展不平衡，活动层次和水平也不一致。有的社团规模大、活动多、影响广泛、凝聚力强、自身建设相对完善；有的社团在活动中忽视安全问题，往往导致学生受伤或者发生意外事故；有的社团仅凭成员的一腔热情撑起一片天，却忽略了社团的长期发展，并未对社团资料和活动档案进行留存，致使社团管理日渐式微，甚至走向结束。有的社团缺乏自身的文化和特色，难以形成独特的社团氛围和社团文化。此外，一些社团之间还存在激烈竞争，导致资源分配不均、活动冲突等问题。为了避免出现这些问题和误区，大学生社团应建立有效的管理机制，明确职责分工，加强对社团活动的监督和管理。注重活动的创意和质量，提升大学生的参与度和满意度；同时，也要关注安全问题，合理安排活动时间，避免与学生的学习时间冲突，形成独特的社团文化和社团氛围，增强社团的凝聚力和吸引力。此外，社团还应积极寻求资金支持，加强与指导教师的沟通和合作，促进社团活动的健康发展。总的来说，无论是社团整体，还是社团中的成员个人，如果缺少了可持续发展战略，仅仅因为学生的某一特长和爱好就组建社团，那么在后期发展中，就难以避免人走社散的现象。因此，应该加强社团之间的合作和交流，共同推动社团活动的开展。如果社团能够规避形式主义，重视成员内在素质的提升，并制订长期发展规划，适当延长活动周期，那么不仅能增强社团的深远影响力，还能减少活动的局限性。

总之，大学生社团活动是大学生学习、生活的重要组成部分，需要加强管理和改进，以提高社团活动的质量和效果。

二、大学生实践活动的问题和误区

随着云计算、大数据、人工智能等数字时代的来临，世界范围内的竞争日益激烈，培养具有创新意识和实践能力的人才越来越成为高等教育领域的普遍共识。大学生实践活动是大学生活的重要组成部分，它可以帮助大学生提高实践能力、增强社会责任感、拓展人际关系，等等。客观来讲，在很长一段时间内，我国大学生参加科研活动的机会比较少，一方面是因为教师很少将大学生纳入自己的科研活动范围，导致他们很少有机会进行科研实践，得不到科研训练；另一方面，我国高校提供给大学生的科研项目和课题也很少，只有极少数大学生可以获得这样的机会。由此造成我国大学生参加科研活动少，科研能力弱的现状，而科研能力弱又是专业实践能力中最薄弱环节。在现实生活中，学校和社会应当为大学生提供更多的参与社会实践活动的机会。总体来看，目前参加社会实践活动的大学生人数仍然较少，而且他们所参加的社会实践类型也较少，主要是勤工俭学和学生社团活动，像社会调查和支教等社会实践活动的参与者更少。这在一定程度上限制了大学生实践能力的提升。

三、大学生兼职与创业活动的问题和误区

大学生求职时对中介公司和用人单位的警惕性较低，遭遇侵权后的维权意识严重不足，故大学生兼职活动的保障措施有待加强。

大学生对兼职时间与学习时间的平衡也存在问题。一些大学生在兼职和创业活动中投入了过多的时间和精力，占用了过多的学习时间，导致正常学业受到影响。有些大学生由于精力消耗过度导致学习和兼职本末倒置，经常上课打瞌睡、无精打采，甚至逃课去兼职，这对长期发展来说极其不利。

一些大学生在寻找兼职时，可能会遭遇诈骗或安全问题，故兼职类活动要警惕陷阱。社会上一些中介机构或用人单位，名义上为大学生提供兼职机会，实际上就是一骗子行为，主要类型如下。

（一）收押金

一些用人单位在招聘时，往往会变相收取一定的押金或者收取身份证、学生证作为抵押物。

（二）交保证金

一些不法单位在招聘时往往会以优于市场的报酬来吸引涉世不深的大学生，但求职者必须先交一定的保证金或者其他费用。

（三）骗培训费

一些单位要求应聘大学生先培训后上岗，但是需要大学生自付培训费，很多大学生刚付清培训费单位就失联。

（四）拖欠费用

一些不法单位先以高薪诱惑大学生兼职，待工作完成后，大学生却迟迟领不到报酬。

（五）欺骗女生

各位女学生千万要注意，像 KTV、侍者、伴游等工作极有可能涉及不正当交易，女生千万要擦亮眼睛，切勿以身涉险。

（六）传销骗人

以世界五百强的名义招聘销售人员，前提是要前往外地经过一两个月的培训后方可入职。一旦抵达所谓的"培训地点"，你就身陷了骗局。大学生创业活动

也存在不少的困难和阻碍。缺乏资金、技术、人脉等资源，是高校毕业生创业的最主要障碍。同时，目前大学生创业者选择技术含量和门槛较低的服务类行业入手较多，容易陷入创业初期红红火火，但后继乏力，最终无疾而终的尴尬境地。这些大学生在创业活动中缺乏耐心和毅力，一遇到困难就容易放弃。创业不是仅凭个人的兴趣、爱好，而应把学到的知识转化为自己创业的武器，切勿盲目投入某个行业，要充分进行市场调研和商业计划，对面临的行业形势进行充分分析，有计划地行动才能事半功倍。

第三节　把握好大学生社会活动

一、在社团活动中要树立目标，把握原则

针对上述提及的大学生社会活动中常见的问题和误区，我们正在从以下方面进行把控和解决。大学生社团在招新时，要格外注重对社团新人的考核和筛选，社团之间也要加强交流，由团委社团联合会牵头，联合各个社团发布公告，力求杜绝出现一人报名参加多个社团的现象大学新生在选择社团时，也应对学生社团做一详细了解。在参与社团之前，应当明确自己的目标和期望，例如提升技能、拓展人际关系、增强团队合作能力等。再结合自身条件、素质和爱好进行抉择。大学新生对自己在社团中的发展也应有一个整体规划，多与社团成员沟通、请教、虚心学习。进入社团后，大学生应积极参与社团活动，不仅可以提高自己的技能和知识，还可以增进人际关系和习得社交经验。要合理分配学习和社团活动之间的时间。许多学生进入社团后感觉社团工作得心应手，符合兴趣爱好，于是把更多的时间投入到社团工作上，导致学习时间严重不足，这是相当不可取的。在积极参与社团活动的同时，大学生应当以学业为重，避免将时间过度投入社团活动而影响了其他方面的发展尤其是学业。大学生的本分是学习，学习专业知识是大学最重要的任务，社团活动属于社会活动的一部分，是大学生活中有趣的调节剂，是锻炼能力的手段，切忌本末倒置。学校应引导学生正确处理学习和社团工作之间的关系。

学生管理部门要转变观念，提高对社团工作重要性的认识，加大对社团工作的支持力度。实际上，学生社团是高校在学生工作中具有一定地位和作用的宣传阵地。学院应加大对学生社团发展规律尤其是学分制下学生社团发展规律的研究，以有效调动学生的积极性和上进心。

打破大学生社团条块分割的局面，积极引导跨专业、跨学科的社团联合，进而为社会培养全面发展的复合型人才。社团活动通常由不同背景和经历的成员组成，应该尊重每个成员的差异性和多样性，建立一个包容、开放的环境，支持和鼓励建立富有时代气息、有利于学生全面发展的新型社团。社团管理部门也应大胆探索，积极促进单一社团向综合社团转变，使大学生社团焕发新的生机与活力。大学生社团是开展大学生"三走教育"的有效途径，是培养组织协调能力和创新精神，帮助大学生树立正确的世界观、人生观、价值观，提高政治思想觉悟和思想理论水平的重要宣传阵地。加强对学生社团的管理和引导，帮助学生社团完善自身建设势在必行。首先，明确社团归属，规范社团管理，制订相关制度和条例，让社团活动有章可循。其次，在社团管理中，应注意宏观方向上的把控，在不违背社团原则的基础上，充分发挥大学生的聪明才智，让学生社团真正实现学生的自我管理、自我教育。但在社团活动中，应该坚持一些基本原则，例如诚实守信、尊重他人、团结合作等。同时，开展"自由之风"社团风采大赛，对规模大、水平高、活动开展得好的社团予以表彰和奖励，影响和带动其他社团共同健康发展。我们不仅要提高学生社团工作的战斗力，更要优化社团活动质量，拓展社团活动范围，为大学生的健康成长创造良好条件。

二、在实践活动中要重视实践能力的培养

提高学生的社会实践能力是提升高校整体实践活动影响力的关键和核心，只有学生自己具备了提高自身实践能力的主动性和期望，学校的相关教育和实践工作才能更加有序地开展。从个体角度来说，为了提高自身实践能力，大学生应当做出相应的自我调整。从观念层面来说，要摆脱传统观念的约束，明晰新的人才标准和人才观。作为新时代的大学生，要跟上时代和社会发展的需要，必须打破以知识和学历为衡量标准的传统人才观，树立以能力为衡量标准的人才观。在实践活动中，应当将实践与理论相结合，通过实践来加深对理论知识的理解和掌握。在学习专业知识的基础上，更应当重视通识教育，提高自身的综合素质能力。通过参加社会活动和实习等方式，培养和锻炼自己的实践能力，在实践过程中促进理论与实践相结合。

此外，还应该培养大学生自身的学习能力和反思意识。在科技发展日新月异的背景下，学校课程在很大程度上难以紧跟知识和信息的发展更迭，因此，大学生必须改变传统的以知识学习为主的学习方式，从多角度思考问题，培养自己的创新思维和解决问题的能力；大学生更应注重培养自己的学习能力和反思意识，增强主动学习的愿望和动机，学会接收和过滤有效的知识和信息，提高自己的社

会适应能力，以期在激烈的社会竞争中处于不败之地。在实践活动中，大学生应不断地反思和总结自己的经验教训，不断地提升自己的实践能力。为此，大学生应从自身实际情况出发，不断地开发自己的潜在能力，并结合专业学习充分发挥自己的优势。另外，大学生应对自身形成准确的定位和认知，尽早制订职业计划。在此基础上，不仅可以增强大学生在就业过程中的规划和目的，还能够顺利地帮助大学生较为轻松地进入未来职业领域。

高校还应注重实习基地的建设，给大学生提供锻炼自身能力、增加阅历的优秀平台。具体来说，高校应根据学科特点、专业方向及培养计划和方案的差异性，有计划、有步骤、有针对性地根据每一位学生的具体情况选择能够满足教学条件和企事业单位共同需求的校外实习基地，为大学生的社会实践提供重要的硬件资源和物质保障。在实践活动中，大学生应注重实际操作，通过实际操作来提高技能运用能力。高校还应重视与企业之间的合作，共同推动课堂教学与学生实习的有机结合，培养学生专业知识和技能运用融合发展的能力。

大学生缺乏社会实践活动和社会实践能力，在我国并非个例，而是长期存在的、亟待破题的热点话题。大学生应在社会实践活动中勇于尝试新事物，不断挑战自己的能力和极限，以提高自己的实践能力。此外，大学生参加社会实践活动，还应得到社会和家庭的更多支持和帮助。

三、在兼职和创业活动中重点处理好各种关系，增强自我保护意识

迈进大学校园，大学生最主要的任务是学习，掌握各种基本的理论知识和技能。而且，不论兼职还是创业，都是一种社会实践方式，是对理论知识学习的检验、补充和完善，切忌本末倒置。在兼职或创业活动中，大学生应合理规划时间和资源，确保兼职或创业活动与学业或生活保持平衡，相互促进，避免过度投入而影响其他方面。大学生从事兼职活动时，一定要调整好自身状态，确保能将足够的时间和精力投入到学习中去，采用更加灵活的方式积累社会经验，而不是牺牲自己的学习时间和精力，真正做到鱼与熊掌兼得。

此外，大学生还应通过其他方式来锻炼自己的能力。例如，积极参加学校举办的各类社团活动和实践活动，积极地运用所学专业知识与实践相结合，不论进行社会调查还是课题研究，都能收获一些社会经验。另外，在兼职或创业活动中，大学生应增强自我保护意识，避免受到欺诈、侵权等不法行为的侵害。多了解相关法律法规，注意保护自己的知识产权和商业机密。作为大学生，走出校门、接触社会并了解社会，积累社会经验是非常有必要的，从事兼职活动是一个很好的途径：一则可以锻炼自己，提高自己的能力，对将来毕业求职也是很有帮

助的；二则可以减轻家庭的部分经济负担，更能体会到父母的辛苦与不易。

大学生从事兼职活动的优势，总体来说有以下几点：

（一）实现自我价值

了解自己的兴趣和激情是实现自我价值的关键。通过探索不同的领域和活动，找到自己真正热爱的事情，并将其作为实现自我价值的方向。在大学校园，并不是每一位大学生都能拥有中学时代的"荣耀"与"辉煌"，因此失落感是普遍存在于大学生中的一种彷徨而苦闷的心理。为此，一部分大学生另辟蹊径，选择了兼职道路，希冀在这一领域重新寻回中学时代的"良好感觉"。

（二）获得经济收入

大学生从事兼职工作不仅获得一定的经济收入，还可以增加工作经验和社交机会。"金钱不是万能的，但没有金钱却是万万不能的。"这一观念可以说是深得大学生的认可，因为它强调了个人的自主自立。尤其是来自贫困家庭的学子，他们不愿意学习费用和日常消费这两笔巨大的经济开支都由父母全额承担。于是，选择兼职就成为大学生们解决在校开支的一个重要途径。

（三）锻炼自我

目前，大学生面临的一个突出问题是就业。为此，不少大学生们将锻炼自己的空间不仅限于校园内，而逐渐将目光投向了丰富多彩的社会生活。故大学生首先应明确自己想要发展的方向，并设定具体目标。目标可以是学习新技能、改善身体状况、提高沟通能力等。其次，大学生兼职是为了锻炼能力，获得社会经验，为未来求职增加砝码。因为工作经验是人才市场上的第二张学历，并随着人才市场的成熟和企业管理者用人理念的更新，这张"学历"的含金量将逐渐增高。

（四）选择互联网

互联网是大学生创业的最佳选择，它具有最简单快捷、成功时间最短、成本最低等特征，是掘金 21 世纪的最佳商机。

但大学生必须明确，兼职和创业的最终目的不应以获得经济收入为唯一目的。无论是锻炼自身的社会实践能力或者是社会适应性，或者是成就动机激发兼职和创业动机，同学们都应擦亮眼睛，认真分析，不盲从，最终找到适合自己的道路。国家和高校也应发布更加便利和优惠的兼职、创业政策，充分调动大学生投身社会实践的激情。

📖 课后阅读

聚焦大学生社会实践：志愿服务怎样避免一阵风

"到西部去，到基层去，到祖国最需要的地方去！""西部计划"的一句口号，让广东姑娘邵书琴毕业后走进了新疆，成了一名志愿者。如今，服务期满后，邵书琴毅然决定继续留在这里，把自己的青春继续奉献给克孜勒苏柯尔克孜自治州第三师托云牧场。

"用一年不长的时间，做一件终生难忘的事"。北京航空航天大学连续14年坚持"研究生支教"项目，源源不断地向西部贫困地区派送优秀学生。志愿者们用自己的坚守，为贫困地区的教育事业贡献了一份份力量。

"我们的形象，就是中国青年的形象。前不久，在"一带一路"国际合作高峰论坛上，来自中国人民大学的100名志愿者，承担起筹备、联络、礼宾、后勤等多项工作，累计上岗664人次，服务时长达6484小时，得到组委会和中外来宾的一致好评。

"奉献、友爱、互助、进步"，志愿服务正在大学生群体中蔚然成风。然而，"风靡"之余，学生志愿服务应当如何发展？有什么新趋势？如何形成制度化、常态化机制？怎样让志愿服务精神真正深入人心？这些问题值得我们探究。

志愿服务 ≠ "简单帮忙"

日前，北京外国语大学2017年暑期社会实践出征仪式举行，63支实践团队、600余名志愿者参与到"歆语工程"多语言服务中心等志愿服务活动之中。

"歆语工程"是北京外国语大学（简称"北外"）的品牌志愿服务项目之一。10年来，学校共组织了3000余名师生，赴西部欠发达地区、革命老区和少数民族地区，开展了以语言服务、教师培训为主的扶贫支教活动，直接受益人群达7万多人。

依托自身优质的外语教学科研力量，用专业所长从事志愿服务，这是"歆语工程"成功的秘诀。有高校相关负责人介绍，当下，学生志愿服务虽然看上去"如火如荼"，但也常常陷入一种"简单帮忙"的困境。不少志愿活动内容陈旧、形式单一，与社会需求不吻合，与专业学习的关联性也很低。

事实上，志愿服务针对特殊人群，更需要专业化的团队和解决方案，特别是与专业学习相结合的志愿项目，更能吸引学生并满足其成长需求。可喜的是，像北外"歆语工程"这样专业化的学生志愿服务团队，俨然已呈星火燎原之势。

北京林业大学的杨柳树雌株调查志愿服务团队，连续22天对北京市五环范围内杨树、柳树展开网格式全覆盖调查，并对重点示范区树木进行二维码信息采集，建立雌株数据库，为北京飞絮治理奠定了基础；中国政法大学的法学院法律援助中心，通过接待来访、回复信件、为当事人出具法律意见书、代写法律文书等形式为广大群众提供法律咨询，为弱势群体撑起一片明净天空；上海外国语大学的志愿者组建起中国问题回答小组，在国外主流社交网站上解答有关中国方方面面的问题，承担起青年外宣志愿者的任务，向世界传播中国声音……

许多高校负责人表示："让学生在志愿服务的过程中，真正发挥所学，而且对专业所学有所提升、有所思考，这样的志愿服务才能让学生感到更有收获，也才能在运行过程中更为持久。"

志愿服务要传递好"接力棒"

"东乡行"西部志愿者协会是中国海洋大学志愿服务的一张亮丽名片。该会在西部贫困地区建立了9个支教点、3个大学生社会实践基地，开设了多门海洋特色课程，资助学生近800人、捐款近15万元……12年来，这支团队从一个仅有5人的暑期社会实践团，发展成一个400名海大学子志愿接力的学生公益组织。

这些成绩的取得，离不开一套常态化、制度化的志愿服务机制。目前，"东乡行"志愿服务已打破暑期支教的单一形式，形成了覆盖全年的扶贫支教活动，并且逐步构建起宣传招募、日常活动、扶贫支教、回校宣传的运作模式。

完善的工作制度是推动学生志愿服务活动可持续发展的有力保障。在北京林业大学，志愿服务以项目化方式进行运作，学生按需立项、据项组团，然后通过自主申报、学院推荐、综合评审等环节，优秀项目就会获得国家或学校的资金支持。此外，北京林业大学还依托"志愿北京"网络平台，实现了志愿项目发布、志愿者招募、工作时长记录的网上操作，提升了学生志愿服务的管理水平。

该校负责社团工作的老师介绍，目前学生志愿服务活动在项目制、品牌化、规范性等方面确实有了很大进展，但是相较于热情高涨的志愿服务，制度建设还是相对落后。例如，志愿服务活动更多的是依赖行政模式，社团联盟化管理模式的志愿服务数量有限；志愿者流动性大、服务持续性不强，

"传递好接力棒"的难度很大；志愿者招募标准较单一，岗位划分和岗位要求不明确；志愿者培训缺乏规范与标准，很少着眼于志愿者的自身发展……诸如此类问题，急需在接下来的探索过程中得到解决。

"应该讲，在我们国家，志愿服务已经从蓬勃兴起的初始阶段，逐渐走向理性和规范化的成熟阶段。如何从 1.0 阶段走向 2.0 阶段，制度建设至关重要。"北京林业大学团委负责人说道。

志愿精神塑造是一门终生的"必修课"

志愿服务本身是一项自觉自愿的行动，但参与志愿服务又避不开考核、奖励等一系列评价指标。二者之间如何平衡？采访中，很多高校老师表示，这是一个必须审慎思考的问题。

高校都很重视志愿服务工作，也采取了一系列鼓励措施，例如将志愿服务纳入综合实践学分，参与志愿活动可以在奖学金评比、评优评先中获得加分，为优秀志愿项目提供资金赞助，大力扶持青年志愿者协会等。这些措施的初衷本是激励学生参与志愿活动，然而有一些学生却为了证书、奖学金、当社团干部，使公益服务掺杂了不少功利色彩。对此，北京航空航天大学相关负责老师认为：学生志愿者在为他人和社会提供服务的同时，获得社会实践的机会、获得个人能力的锻炼、获得他人和社会的认可，这本无可厚非，但志愿服务最根本的精神在于"奉献、友爱、互助、进步"。要让这种精神价值内化于心、外化于形，要让学生出于自我奉献而非自私自利之心参与志愿服务。大学生必须把握好利己和利他两种动机的平衡；而高校应注意引领，防止志愿服务出现异化倾向。"强调志愿服务的精神激励和过程评价很有必要。一些团队贡献、最佳服务之类的个性化荣誉，可以捕捉到学生在某一方面的闪光点；优秀志愿团队的演说、表彰，可以让学生感受到社会对其劳动付出的认可。只有充分展现志愿服务的荣誉感和使命感，让学生在精神上获得愉悦和满足，志愿服务的价值才能得到真正彰显。"上海外国语大学团委老师说道。

当然，志愿服务精神不仅要从大学开始培养，更需要提前到中小学阶段。在采访中，不少学者认为，当今社会的志愿服务文化已经越来越好，在中小学阶段，学生参与志愿服务的情况会纳入综合素质评价，学生的志愿服务记录也会归入学生综合素质档案，这些都在一定程度上助推了学生志愿精神的形成。但是，需要防范的是，尽管《关于加强中学生志愿服务工作的实施意见》一再强调，学校要制订科学规范的评价制度，以日常服务记录、组织评价、服务对象评价为主要依据，对中学生志愿服务工作进行综合评价，但由于综合素质测评可能会影响到学生的升学，所以，也出现了一些为了获取较高的综合素质分数，怀有较强功利性而参与志愿服务的现象。

他山之石，可以攻玉。国外许多学校都非常重视学生参与志愿服务的情况，甚至把学生的社区志愿服务与课程标准以及毕业要求结合起来。例如，美国绝大多数学校都会开设志愿服务学习的相关课程；加拿大的安大略省要求学生必须完成40小时的志愿服务才能获得毕业文凭；韩国规定志愿服务活动的分数占总成绩的8%，等等。

"当然，志愿服务精神的培育不是一朝一夕就能形成的，而是应该伴随学生成长的全过程。不能让志愿服务一阵风，而是真正常态化、长效化。"采访中，不少专家表达了类似观点。

某些大学生社会实践为何沦为"作秀"

很多大学毕业生都在大学时代参加过或长或短的社会实践，主要是前往农村或社区开展支教、支农、支医等活动。如果学生能踏踏实实地完成各种社会实践，这当然是一件好事。在帮助基层解决一些实际问题的过程中，学生也能更好地了解基层的真实情况，学习并掌握课堂上学不到的知识。

但从现实来看，一些大学生并没有真正理解社会实践的意义。他们带着走过场的心态参与社会实践，暴露了形式主义之风。在"变味"的大学生社会实践活动中，以下几种表现形式比较有代表性：一是弄虚作假。曾有媒体报道，一些大学生因为贪玩、怕吃苦等原因，并未真正参加社会实践，而是到社区托人盖个章，然后向学校交差。在某电商平台，代开社会实践报告、实习证明，已成一种热门业务。

二是走马观花。一些大学生参与社会实践时，并未将心思用在深入了解基层情况方面，而是用在了拍照、发朋友圈、观光、谈恋爱等方面，导致社会实践活动结束了，"实践"收获基本为零。

三是功利化心态比较普遍。一些大学生对社会实践缺乏正确的认识，他们对实践内容不关心，但实践报告、实践总结却写得十分漂亮。他们希望通过实践报告、实践总结获得荣誉，为将来考研、求职增加胜算。

四是缺乏常识与技能。一些大学生根本不具备教书育人的能力，却一窝蜂地涌向山区支教，除了"混"一段经历，对各方而言都弊大于利。

社会实践变形走样的表现，可能远不止这些。根据这些表现形式，不难推测社会实践之所以"变味"，根本原因在于一些大学生对社会实践的认识不到位。他们要么对社会实践不关心、不"感冒"，要么将社会实践当成公费旅游，要么参加社会实践纯粹是为了美化一段漂亮的"简历"。据观察，一些大学生社会实践活动，动员号召、出征仪式搞得轰轰烈烈，既有学校领导讲话，又有学生代表发言。但是，社会实践开展得如何，效果怎么样，学生从中学到了什么，似乎无人关心。只重视表象，不重视实际效果，可能也是大学生社会实践"变味"的重要原因。在一些高校，大学生社会实践似乎成了一阵风，而对社会实践的目标管理、过程管理以及学生个体监督，都是一团糨糊。在提倡个性发展的当下，一些高校在组织开展大学生社会实践活动时，同质化严重，不能满足不同层次、不同个性的大学生的实际需要。在结果考评方面，高校又缺乏科学的判定标准，过于倚重社会实践报告书面材料的"漂亮"却忽略了学生内心的真实感受，在一定程度上也误导了部分学生，导致他们不注重实践过程，而将过多的精力投入到成果展示、总结汇报与包装上。社会实践是促进大学生了解社会、增长才干、回馈社会的重要方式，只有回到这个"起点"，才不会"变味""走偏"。如何提高社会实践的"含金量"，让大学生真正融入其中，又有所收获，不再为子虚乌有的事开证明而犯愁，有关各方确需深度思考。如果没有领会到社会实践的真正含义，缺乏切实可行的行动计划、真实有效的过程管理，那么，不管去了多少人、到了多少地方，所谓的社会实践，最终都只会沦为一场场闹哄哄的"秀"。

第六章　大学生人际交往

本章导读

　　每个人都是社会的一分子，每个人都离不开人际交往。社会心理学家指出：在正常情况下，一个人每天除了 8 小时的睡眠时间以外，其余时间大约有70%都花在人与人之间各种直接或间接的沟通、交往上。大学生作为社会群体之一，其人际关系是整个社会人际交往的独特产物，是大学校园生活的重要组成部分，是每个人都需认真"修炼"的必修课。因此，重视人际交往，了解人际交往状态，学习人际交往知识，构建良好的人际交往模式，掌握人际交往技巧，建立和谐友爱的人际关系，对大学生成长成才具有重要意义。本章将对大学生人际交往的概念、特点及意义进行简单介绍，对大学生人际交往中存在的问题进行归纳讲解，并对大学生人际交往能力的培养进行详细阐述。希望通过本章的学习，同学们能够全面了解人际交往的相关知识，对人际交往中可能存在的认知偏差、情感误区、人际沟通技巧等问题进行深入了解，通过完善认知、学习人际交往技巧，逐步培养起良好的人际交往能力。

经典案例

菁菁校园中的惨剧

　　2013 年 4 月，上海复旦大学一名医科在读研究生黄某因饮用了寝室内饮水机中的水后出现身体不适，有中毒迹象，经抢救无效，在医院不治身亡。经警方现场勘查和调查走访，锁定同寝室同学林某有重大作案嫌疑，其后被警方依法刑事拘留，最终林某因犯故意杀人罪被判处死刑。

经警方查明，林某因生活琐事与黄某不和，心存不满，经事先预谋，将实验后剩余并存放在实验室内的剧毒化合物带至寝室，注入饮水机水槽。黄某因饮用了饮水机中的水后出现中毒症状，后经医院抢救无效去世。

美国弗吉尼亚理工大学发生了美国历史上最严重的恶性校园枪击案，枪击造成33人死亡，枪手本人开枪饮弹自尽，枪击案疑犯为23岁的韩籍青年赵承熙。与赵承熙相识多年的人都说，赵承熙不管是愤怒、沮丧或是心烦，从来都没有任何表情，他通常都轻声说话，并且完全拒绝对老师和同学敞开心扉。弗吉尼亚理工大学发言人说，赵承熙是个"独来独往的人"，学校很难找到关于他的信息。在赵承熙的一只手臂上文着"Ishmael"，意为"被遗弃的人、社会公敌"。

点评：上述案例真实地发生在原本美好和谐的大学校园里，真实原因很复杂，但有一点是确定的，就是他们没有良好的人际交往状态，存在不良的人际互动模式。当内心的膨胀情绪被小事刺激得发生扭曲时，所有积郁便会爆发，行为人往往会采取极端行为，这就导致了惨剧的发生。审视案例，不难发现，人际交往状态不仅影响着大学生的生活，而且直接影响着大学生的身心健康。良好的交往状态可以让人打开心扉、拆掉隔阂的心墙，可以让人解开心结、身心愉悦，可以自我缓解压力，交往本身就是成长的过程和融入社会的过程。可见，良好的人际交往是大学生健康成长的基本条件。

第一节 大学生人际交往概述

一、大学生的人际交往

1943年，美国心理学家亚伯拉罕·马斯洛提出了需求层次理论。他认为人类需求像阶梯一样从低到高分为五层，分别是生理需求、安全需求、社交需求、尊重需求和自我实现需求。每个人都有需求，当人在满足了最基本的生理需要和安全需要后，就会产生人际交往需要和社会需要，人际交往如果受到阻碍，没有及时得到交流沟通，即使物质生活再富裕，也难以感受到幸福感、满足感，精神生活依旧会感到空虚。可见，作为社会的一分子，每个人自始至终都离不开人际交往。大学时代是人际关系走向社会化的一个重要转折时期，也是一个关键时期。随着我国社会、经济、科技、文化等方面的迅速发展，人际交往方式变得多种多样，也给新时期的大学生人际关系带来了巨大的影响和挑战，以致人际关系问题成为影响大学生心理的重要问题之一。进入大学后，大学生开始独立生活，不可避免地会面临各方面的人际关系（例如师生关系，同学关系以及个人与班级、学校之间的关系等），这就要求大学生必须学会与周围的人打交道，建立新的人际关系。当然，人际关系也会随着时间的推移不断发展，逐步趋向稳定与成熟。大学生在人际交往中难免会遇到各种困惑，这些困惑都是大学生在这个全新环境中或迟或早、或多或少会遇到的问题，是一种再正常不过的经历，需要大学生在人际交往中认真学习构建良好人际关系的方法和技巧，经过不断地练习、成长，逐渐提升与周围的人建立和谐人际关系的能力，从而更加顺利地度过美好大学时光。

二、大学生人际交往的特点

人际交往是人类生存和发展的重要组成部分。一位古代阿拉伯哲人曾形象地描述过人际交往的重要性，他说，一个不会交往的人犹如陆地上的船，永远不会漂流到人生的大海中去。大学生人际交往是指大学生之间以及大学生与其他人之间沟通信息、交流思想、表达情感、协调行为的互动过程。良好的人际交往能力是大学生应当具备的素质之一。当代大学生作为社会中的特殊群体之一，正处于探索人生、认识社会、结交朋友、掌握专业知识阶段，处于相对单纯的校园环境中，同时又不可避免地会受到相对复杂的外部环境的影响。当这两种环境交织在一起，就构成了大学生所处的特殊环境。大学生身处其中时时刻刻感受着这种特殊环境潜移默化的影响，这也导致了大学生人际交往具有一定的特殊性。

（一）人际交往的迫切性和主观性

人际交往是人的基本需求之一。大学生由于刚步入新的校园环境，学习和生活较高中阶段都发生了巨大变化，加之思想活跃、精力充沛、兴趣广泛，对周围的一切新事物都会产生强烈的好奇心，因此与其他年龄段的人相比，大学生在人际交往的需求方面体现出迫切性特征。他们的交友愿望十分强烈，迫切想要结识新朋友，尽快适应新环境，急于了解他人和社会，同时也希望他人了解自己，渴望得到他人的尊重和认可，对人际关系的建立抱有积极而良好的愿望。发展心理学指出，青年时期是人自我意识发展和完善的时期，大学生不愿意再依赖他人，对周围的人和事的评判总是带有较强的主观主义色彩，希望独立处理一切事务。在人际交往中，大学生从交往观念的建立到交往对象、交往方式的选择都具有鲜明的主观性。这种主观性还表现在他们已经充分意识到人际交往能力是自身素质的重要能力指标，非常明确人际关系的建立是自我锻炼和自我提高的主要内容与途径，开始有意识地、积极主动地进行人际交往，提升自我素质。

（二）人际交往的平等性和不平衡性

大学生交往的对象主要是同龄人，人际关系主要是同学之间的横向关系。由于知识背景相似、生活环境趋同、心理年龄相近，他们更趋向于追求一种平等条件下的交往，期待交往双方彼此尊重、相互理解包容。一般而言，大学生会把真诚坦率、品德高尚作为择友的首要条件。调查显示，来自农村及贫困家庭的大学生在社交方面比其他同学稍差一些，农村及贫困家庭的学生性格较敏感、自尊心较强，在家庭经济的压力下常常出现自卑、自闭等心理问题，人际交往缺乏主动性，不敢与人交往，不敢参与学校集体活动，在这种环境下容易出现集体观念淡薄，滋生个人主义、拜金主义和享乐主义，攀比之风盛行的不良现象。

（三）人际交往的理想性和易变性

正处于求学阶段的大学生，人际交往的动机相对单纯，情感因素占比较大。他们在人际交往中更加注重情趣相投、志趣一致，偏重精神层面的契合。初入大学校园这个陌生环境的大一新生，在人际交往上特别渴望真诚纯洁的友谊，对于交朋友抱有较高的期望值，往往带有较为浓厚的理想主义色彩，希望彼此之间的交往是单纯的、平等的、相互欣赏的，而不夹带任何杂质。这就会导致出现一种特殊的心理期待，一旦发现交往对象具有某些自己所不认同或接受的品质时就深感失望，并对下一任交往对象保留怀疑态度，很难吐露心声，这种对人际交往的高期待值极易导致严重的挫败感。另外，由于大学生正处于心理发展不成熟、思想观念尚不稳定的阶段，因此在交往对象、交往内容、交往方式及交往层次等方面都会表现出明显的易变性，人际关系比较脆弱。例如在选择交往对象时，往往缺乏全面、客观的态度，只看到表面现象，看不到内在本质，再加上年纪较小，情绪常常处于不稳定状态，一点小事就可能改变人际交往状态，即使同一交往对象也可能今天情同手足，明天形同陌路。

（四）人际关系的广泛性和时代性

大学生的人际交往随着社会的发展不断地发生着改变，他们交往的内容和范围表现出极大的广泛性。除了交流感情、切磋知识外，大学生们还常常在一起探讨人生、传递各种信息，并且由于参加各种社会活动，大学生人际交往的范围越来越宽泛，内容涉及政治、经济、文化等社会生活的方方面面。交往内容的不断扩充，使他们日益扩大了与社会的接触面。同时，由于互联网信息技术的高速发展，大学生的人际交往范围也进一步得到拓宽，打破了人际交往的时空限制，交往范围不再局限于班级、院系，他们人际交往的"触角"延伸至校园外，不仅注重与校内同学的交往，同时还注重走出校园、走向社会，与社会各界人士广泛接触。

此外，大学生人际交往的时代性特点主要通过交往方式的改变体现出来，大部分的大学生不再秉持狭隘的交友观念，转而追求建立更加广泛、多样化的人际关系。随着信息网络技术的飞速发展，网络交往已经成为一种新型人际交往模式。大学生在网络空间进行聊天、交友等人际交往反映出人际交往的时代性特点。

三、大学生和谐人际交往的重要意义

和谐的人际交往是大学生走向成功的重要保证。大学生正处于大数据时代，各种信息呈井喷状态，而人际交往正是交流信息、获取知识的重要途径。大学生通过人际交往可以相互交流、传递信息，在增加知识的同时开阔了眼界，使他们的思想得到了升华。人际交往实际上也是实现人际信息沟通的基本途径之一，大学生人际交往既有利于结交新朋友获得新友谊，又有利于克服知识盲点，树立全局观念。大学生在人际交往中相互学习，汇聚集体智慧，实现共同进步和提高，为未来的成功打下了坚实基础。哈佛大学就业指导小组曾对 500 名被解雇的男女员工进行调查，结果显示在这些被解雇的员工中因人际关系不良而导致工作不称职的人占 82%。美国著名人际关系学专家戴尔·卡耐基也曾说，一个人事业的成功，只有 15% 依靠专业技术，而 85% 要靠人际关系和处世技巧。可见，和谐的人际交往不仅是人们生存和发展的必要条件，同时也是取得成功的重要因素，可以说和谐的人际交往是个人成功道路上的高效润滑剂。

（一）和谐的人际交往有利于促进大学生的身心健康

和谐的人际交往是大学生身心发展的需要。大学生告别了学业紧张的高中生活，远离了父母，惜别了昔日的同窗、老师，离开了原本熟悉的生活环境，从四面八方汇聚到大学校园，他们不得不独立面对和处理在新环境中面临的生活问题、学习问题、情感问题以及人际交往问题，其中最关键的是人际交往问题。由于大学生正处于世界观、人生观、价值观的形成阶段，是个性定型的关键时期，他们渴望通过人际交往来获得新友谊，从而不断地满足自己物质和精神上的需求。如果人际交往的需求得不到满足，就会增加他们的挫败感，造成严重的心理负担，引发内心的矛盾冲突，导致情感的孤寂和空虚，进而带来一系列不良情绪的反应，甚至产生严重的心理障碍。相反，如果建立了良好的人际关系，就能产生积极的情绪体验，使人精神愉快，情绪饱满，形成乐观开朗、积极进取的良好心态，从而极大地促进大学生的身心健康，使其得到全面发展，为今后的成长成

才奠定坚实的基础。

（二）和谐的人际交往有利于深化大学生的自我认识

美国心理学家约瑟夫·鲁夫特和哈里顿·英格拉姆提出关于人自我认识的窗口理论。该理论认为每个人的自我都由"公开的自我""盲目的自我""秘密的自我""未知的自我"四部分组成，其中"盲目的自我"是别人看得很清楚，但是自己却不了解的部分。人们与他人交流，通过他人的反馈以减少盲目的自我，从而让自我认识变得更全面、更客观。孔子曰："独学而无友，则孤陋而寡闻。"和谐的人际交往可以帮助大学生深化自我认识，即大学生在人际交往中，从彼此的言谈举止中了解对方，同时又不断地以交往对象为参照、以他人为镜，从他人对自己的态度和评价中正确认识自己，深化自我认识。另外，人际交往可以帮助大学生提高对自己、对他人的认识并在对照中发现自身的不足。可见，大学生只有全面认识自己，深刻反省自己，才能定位准确，选择更为恰当的行为方式来深化自我认识。

（三）和谐的人际交往有利于提升大学生的综合素质

和谐的人际交往有助于大学生获取新信息，更新观念，促进自身的成长和发展。每位大学生获取信息的渠道有别，涉猎范围不同，获取的信息迥异。通过人际交往，大学生在双向或多向交流中可以相互传递信息、相互交流、相互学习，以累积更加丰富的经验，拓展更加开阔的视野，锻炼更加活跃的思维，从而提高自身的综合素质。大学生在人际交往中不仅可以锻炼沟通协调能力，提高团队合作意识，同时还可以通过广交朋友来扩展自己的人脉网络，以捕捉更多的成长机遇，对自己的成长成才起着有力的推动作用。随着时间的推移，最终提升大学生自身的综合素质。

（四）和谐的人际交往有利于促进大学生的社会化进程

大学阶段是大学生从家庭、学校走向社会的关键时期，和谐的人际交往有助于大学生更好地融入社会，加快其社会化进程。如今的大学，在一定程度上可以说是社会的缩影。良好的人际关系与人际交往能力不仅是大学生活的必备素质，也是大学生走向社会的必备素质，是大学生社会化的重要内容。培养大学生良好的人际交往能力，让他们在与人交往的过程中了解如何更快地融入社会，如何有效地掌握与人交往的方法和技巧，这不仅会直接影响他们在校期间的学习、生活和心理健康，而且关系到他们走向社会的成长和发展。在当今社会，并不是只有专职公关人员才注重人际交往能力，除了扎实的专业能力，用人单位各个岗位都开始注重学生的人际交往能力及团队协作等"软实力"。普林斯顿大学曾对一万份人事档案进行分析，结果发现"专业技术"和"经验"这两种因素只占成功的

25%，其余 75% 取决于良好的人际关系。在现代社会，拥有和谐人际交往能力已成为大学生步入社会必不可少的条件之一。总之，大学生的职业发展需要具备扎实的专业能力，掌握良好的人际交往技巧，才能成功地走向社会，发展自己，成就自己。

第二节 大学生人际交往存在的问题

大学生摆脱了高中阶段繁重的课业负担和升学压力，步入相对自由轻松的大学校园，对人际交往的需求会越发强烈，其人际交往质量往往会直接影响到他们在校期间的学习、生活和心理健康。同一个班级或宿舍的同学可能来自不同的城市，大家在家庭背景、生活习惯、性格特征、消费方式和行为习惯等方面可能存在不小的差异，在人际交往中难免会出现冲突。有些同学可能会很好地处理这些冲突，然而有些同学却不能恰当地处理，导致人际关系紧张，造成精神压抑、苦闷纠结甚至诱发心理疾病，影响正常的学习和生活。总而言之，大学生遇到的人际交往问题主要集中在自我认识偏差、情感障碍、缺乏人际交往技巧等方面，这些问题必须引起足够的重视，老师及家长采取恰当的措施，进行合理引导，帮助他们有效地解决人际交往问题。

一、缺乏正确的自我认识

"认识你自己"，是一条镌刻在德尔斐神庙上的箴言。受到这条古老箴言的启示，许多有识之士提出了发人深省的观点："一个真正能够正确认识自己的人，才是最有力量的人。""认识自己，方能认识人生。"这些观点充分表明了自我认识的重要性。

大学生在人际交往中容易产生两种认识偏差：过低的自我认识和过高的自我认识。美国著名心理学家罗杰斯认为，每个人都有两个自我，即理想自我（ideal self）与现实自我（actual self）。"理想自我"象征个体最喜欢拥有的自我概念，是指一个人希望自己"应当是"或"必须是"的理想状态，而不是他现实表现出来的样子。例如，有的人希望自己的声音再好听一点、个子再高一点、容貌再美一点，或者希望自己的成绩再好一点、能力再强一点、经济实力再雄厚一点，或者希望自己成为学校的风云人物、异性眼中的魅力人士等。这种"理想自我"多数是希望、期待自己想要成为的样子。而"现实自我"是指此时此刻真实存在的自我，是个人在现实生活中获得的真实感受。

"理想自我"与"现实自我"存在很大差距，越追求理想自我，背离真实自我就越远，这种背离会使自己陷于失败的感受状态中。当人们迫切地希望成为理想自我时，就会对现实自我产生不满，忽略自己的优点，觉得自己处处不如别人，陷入自我排斥、自我否定、自我怀疑状态中，无法接纳自己，更无法悦纳自己，从而对自己产生过低的自我认识。具有这种认知的同学在人际交往中往往缺乏自信和勇气，虽有良好的交往意愿，但总怕被人轻视和拒绝，从而产生自卑感，惧怕与人交往。他们的心理体验常常伴随着较多的悲观失望和忧郁纠结，尤其面对人际挫折时，常常会因自我处理不当而产生失落感，进而形成一道心理屏障，影响正常的学习和生活。而过高的自我认识则是与过低的自我认识相对的一种自我意识状态。在这种自我概念的支配下，个体往往高估现实的自我，形成错误的脱离实际的理想自我，并认为这种"理想自我"可以轻易实现。具有这种认知的同学在人际交往中往往表现为妄自尊大、居高临下、盛气凌人，不能以平等的态度对待他人，很容易引起他人的反感和排斥，不易被周围环境和他人所接受和认可。因此，他们极易遭受巨大的心理冲突，产生严重的情感挫伤。这种认知的典型表现是过于讲究个性而忽视群体氛围。这类学生对自己往往有较高的认知，喜欢标榜个性，特立独行，喜欢通过一些迥异于常人的言行来强调自己的存在，言行举止不顾及周围人的看法和感受，一味地按照自己的意愿行事，往往会背离群体氛围，不能很好地与他人相处，从而无法构建起良好的人际交往关系。

二、情感误区

情感是人们对客观事物的态度体验，是一种好恶倾向。它不仅具有动力功能，会对交往中的行为起到推动或阻滞的作用；还具有重要的信息传递功能，传达着人际交往的各种信息。大学生人际交往中的情感障碍集中体现在以下三个方面。

（一）自卑与孤傲心理

大学生在人际交往中，如果不能对自己做出客观公正的评价，就容易产生自卑心理。具体表现为：对自己的能力或品质评价过低、轻视或看不起自己、担心得不到他人的尊重。自卑是一种消极型情感体验，容易产生压抑感、孤独感，以致发生自我认识和评价的偏差。他们认为自己的学业不理想、家庭条件差、恋爱不如意，甚至对自己的容貌、身材缺乏自信，担心受到周围人的嘲笑和蔑视。这部分学生容易产生消极心理，甚至回避与人交往。

某大学二年级学生小刘，成绩一向优异，大一时还取得了专业第一的好成绩。从小生活在农村的小刘，父母都是农民，家境贫寒，进入大学后，他一直很自卑。小刘在中学时成绩拔尖，深受老师的器重，周围同学与他的生活背景也相似。为了他上大学，家里已负债累累，而大学宿舍里的同学都来自城市，生活条件优于他，手机、电脑等电子产品几乎人手一份，唯独他没有。因为生活在农村，上大学前也几乎没有接触过这些，就算偶尔有同学愿意借给他，他也不会使用，所以每次他都拒绝同学的好意。因经济拮据，他日常三餐都很简单，每次都不和宿舍同学一起吃饭，也从不和大家一起聚餐，久而久之，其他同学都觉得小刘很清高、很神秘、很难以接近，和他的关系也逐渐疏远。这令小刘备感困惑和焦虑。

案例中，小刘过于关注自己的家庭出身和经济条件，却忽视了自己优异的成绩和出色的学习能力，具有过低的自我认识，因而产生自卑心理，造成人际交往的困惑。自卑的浅层感受是其他人瞧不起自己，而深层体验则是自己看不起自己。

另一种情况则是有的大学生由于一直是家庭、学校的宠儿，走进大学后仍然被关注，从而形成了心理上的优越感，具有过高的自我认识，往往自视甚高、狂妄自大，认为自己高人一等，不愿与自认为不如自己的人交往。这种孤傲心理使他们在人际交往中容易形成以自我为中心的处事态度，总认为自己非常优秀，其他人对自己的关心和帮助都是理所当然的，在与同学交往时喜欢"摆谱"，对待别人吹毛求疵、居高临下，只关心自己的需要，强调自己的感受而忽视他人。高兴时，就海阔天空，想让其他同学都来分享自己的快乐；不高兴时，就阴沉着脸，甚至对其他同学冷言冷语，或者借题发挥来排解怨气。这难免会引起周围同学的厌倦和反感，最终导致自己被其他同学孤立。

小慧可以说是幸运的宠儿，美丽聪明的她一直是异性追逐的对象。也许是从小就受宠的原因，她天生就有一种优越感。的确，无论在相貌上还是学习上，她都是佼佼者。但她却很少有朋友，特别是在班上，同学们表面上对她笑脸相迎，但实际上却敬而远之。其他人同她在一起会感到不自在，甚至有压力。小慧也因为自己有才有貌，说话时自带一种盛气凌人的架势，还习惯以自我为中心，让同她相处的人感到格外不舒服。

案例中，小慧的优越感和她的个性造成了她的交往困惑，外在形象的影响更多地体现在人际交往的初始阶段，而在深层次的人际交往中，良好的个人品格更具吸引力和交往的随和感，人们也更趋向于喜欢真心相待的人。无论是自卑还是孤傲，这两种心理状态都是不健康的，不仅不利于大学生人际关系的健康发展，还会影响他们对自己的正确认知，不利于健康人格的形成。

（二）猜疑与嫉妒心理

猜疑和嫉妒是人际交往中痛苦的两大根源，不只是对自己，对他人也同样如此。猜疑和嫉妒往往相伴而生，是使人际交往陷入困境的重要误区。

英国伟大的剧作家、诗人莎士比亚曾说："您要留心嫉妒啊，那是一个绿眼的妖魔！"西班牙作家塞万提斯也指出：嫉妒者总是用望远镜观察一切，在望远镜中，小物体变大，矮个子变成巨人，疑点变成现实。大学生在人际交往中的嫉妒心理，往往表现为对他人所取得的成绩、所具有的优势心怀不满，进而产生嫉恨，甚至会进行言语诋毁或者在他人陷入困境时幸灾乐祸。显而易见，嫉妒极易导致人际冲突和交往障碍。嫉妒会使不善猜疑者开始猜疑，而猜疑是构建和谐人际关系的障碍和绊脚石。《列子·说符》中有一则典故：从前有个乡下人，丢了一把斧子。他怀疑被邻居家的儿子偷去了，便观察那人。看那人走路的样子，像是偷斧子的；看那人的脸色表情，也像是偷斧子的；听他的言谈话语，更像是偷斧子的。总之，那人的一言一行、一举一动，无不像是偷斧子的。不久后，他在上山砍柴时发现了自己的斧子；第二天他又见到邻居家的儿子，就觉得那人的言行举止没有一处像是偷斧子的人了。典故中丢斧子的人怀疑邻居偷了他的斧子，便胡乱猜疑，觉得那人的一切言行都与所怀疑的事情相吻合，而后来在别处找到斧子的事实却证明了他的猜疑实属无中生有。

英国哲学家培根曾说："猜疑之心犹如蝙蝠，它总是在黄昏中起飞。这种心情是迷惑人的，又是乱人心智的。它能使你陷入迷惘，混淆敌友，从而破坏人的事业。"有猜疑心理的人，总是用怀疑和不信任的眼光去审视对方的言行举止和看待周围的事物，会在主观上先行设定自认为的假象，然后在现实生活中寻找证据。每当看到其他人在议论什么，就先入为主地认为是与自己有关，有时看到同学态度稍冷淡一些，就会觉得同学对自己有看法，结果处处敏感多疑，对他人失去信任，对自己同样心生怀疑，逐渐产生自己比不上他人的自卑感和失落感，损害正常的人际关系，给自己带来无尽的苦恼。

在某高校就读热门专业的大一学生小蕾（化名），几次找到老师要求退学。在老师的眼里，小蕾写得一手好文章，还弹得一手好钢琴。入校不久，她就因文笔出众，被校内文学社团破格吸收为团员。听说她要退学，大家都很吃惊。经了解，小蕾的退学理由主要有两个：一是自己是自费生，要花10多万元的学费，父母负担太重；二是觉得同学们都瞧不起她，虽然表面上大家都比较客气，但是却总在背后议论她，以至于她感觉"大家都挺虚伪的，一回到寝室，就胸口发闷"，甚至觉得"活着没意思"。据小蕾父亲讲，家里并不缺钱，供孩子上学根本不成问题。老师也描述说："当小蕾讲到第二个退学理由时，就变得烦躁不安，最后竟然泪流满面。"由此，老师们认为，在大学人际交往中感到不适，甚至产生深深的挫败感，才是小蕾想退学的根本原因。

案例中，建立起和谐人际关系，小蕾才会对所处环境产生安全感、归属感。在案例中，小蕾主要是在适应大学人际关系环境时遇到了挫折，在人际交往中出现了猜疑心理，变得敏感多疑，总以为其他人在议论自己、瞧不起自己，心里感到紧张不安，进而觉得自己与周围的人格格不入，于是产生了消极情绪和心理压力，最终产生了退学想法。

（三）羞怯与封闭心理

羞怯与封闭是人际交往中重要的心理障碍。羞怯是一种常见的心理现象，在大学生人际交往中往往表现为性格腼腆，或动作忸怩、不自然、脸色绯红、说话音量低且很少与对方有眼神交流，严重者怯于交往，对人际交往采取回避态度。有关资料表明，只有5%的成年人确信自己从未感到过羞怯，约80%的成年人认为自己在儿童和青少年时期感到过明显的羞怯。可见，羞怯心理是绝大多数人都会有的一种心理，只是每个人羞怯的时间和程度不一样。羞怯确实会影响人际交往，对交往产生一定的障碍。具有这种心理的学生，往往过分约束自己的言行，主观上不愿意与人交往，无法充分表达自己的思想和情感，无法与他人建立正常的沟通渠道，不愿意参加各项集体活动，总是游离于集体视线之外，久而久之，就会造成交往双方的不理解或误解，彼此之间的关系就会越来越疏远，不利于良好人际关系的深入发展。伴随羞怯心理的是人际交往的自我封闭，有些大学生由于幼年时期受到过多的保护或管制，内心比较脆弱，自信心严重不足，只要有人说与其行为相似的内容，就容易对号入座，心里紧张。他们最怕到公开场合中去，在生人面前常常显得束手无策。有羞怯心理的大学生往往缺乏交往的勇气和行动，与同学直接的面对面交流和情感互动较少，同学之间关系逐渐疏远，长此以往就会造成恶性循环，出现对人际关系的畏缩逃避，甚至将自己完全封闭起来。现实生活中不乏人际交往羞怯和自我封闭的实例。某高校物理专业大三男生孔某，相貌俊朗，学习成绩优异，但性格内向羞怯，不善言辞，有时甚至一天都不说一句话，与人说话时总是低着头，眼睛躲闪，不敢直视对方。在校两年多，竟然和班内很多同学从未交谈过，身边也没有朋友。平时除了上课就是独自在图书馆看书，晚上到了闭馆时间才回宿舍，回去之后跟宿舍同学也没有过多交流。课堂上从不主动回答老师的提问，被点名要求回答问题时，经常面红耳赤、词不达意，班级活动也很少参加。同学们都说每天看不到他的身影，除了睡觉、上课，基本上感觉不到他的存在，他也很少主动与其他人交流。

英国哲学家培根曾经说过：缺乏真正的朋友乃是人生最纯粹最可怜的孤独，没有朋友则斯世不过是一片荒野。案例中，孔某由于性格内向，不善与人交流，喜欢独来独往，不愿参加集体活动，使周围的人很难接近、了解他，自然也难以接纳、认同他。在日常生活中，像孔某这样的学生不在少数，这类学生总是把自己真实的想法、情感和需求掩饰起来，不愿让其他人了解自己，在心理上筑起了一道屏障，形成了一种自我封闭状态，从而阻断了正常人际关系的形成。

除了羞怯因素，过分沉溺于虚拟网络世界，也会造成人际关系的自我封闭，这具有鲜明的时代特征。随着信息技术的高速发展，互联网得到了极大应用和推广，大学生俨然成为网络大军中的主力部队。适度、合理地利用网络可以帮助大学生开阔视野，更加便利地获取感兴趣的知识。但过分沉溺于网游、网恋等不健康的网络生活会直接影响大学生现实生活中的人际交往能力。无论是公交车上，还是朋友聚会上，低头族的身影随处可见，面对面的交流变少了，他们往往会将更多的时间和精力倾注于网络世界，在网络中寻求所谓的友谊和情感安慰，而在现实生活中却采取逃避交往的态度，逐渐变得孤僻、沉默、不善于与人沟通，将自己与周围环境隔离开来。

三、缺乏人际交往的技巧

同学们，人与人之间的交往不是随心所欲，而是有一定目的、一定技巧的交往。大学生由于阅历尚浅，往往缺乏人际交往的知识和技巧，具体表现在：与人交往时不注重交往原则，说话办事不顾及他人立场；当人际交往出现问题时不知所措等，这些表现都有碍于大学生之间的进一步交往。而大学生正处于渴求交往的年龄段，由于方法欠妥、能力有限等原因，他们在与人交往的过程中不可避免地会遇到难以应对的困境，遭受人际交往理想与现实的矛盾冲击，进而产生人际恐慌甚至选择逃避，这不仅会直接影响到大学生在校的学习和生活，还会给其心理层面带来阴影，影响他们将来步入社会后的人际交往。因此，掌握一定的人际交往技巧，有助于提高大学生的处事能力。

趣味测试

大学生人际关系综合诊断量表

这是一份人际关系综合诊断量表，共28个问题。对于每个问题，同学们可以根据自己的情况进行选择，认为自己具备的记1分，认为自己不具备的记0分。全部完成后，请参照后面的评分办法，查看测查结果解释。

1. 关于自己的烦恼总是有口难言。

2. 和陌生人见面感觉不自然。

3. 过分地羡慕和妒忌他人。

4. 与异性交往太少。

5. 对连续不断的会谈感到困难。

6. 在社交场合感到紧张。

7. 时常伤害他人。

8. 与异性来往感觉不自然。

9. 与一大群朋友在一起，常常感到孤寂或失落。

10. 极易受窘。

11. 与他人不能和睦相处。

12. 与异性相处不知如何把握分寸。

13. 当不熟悉的人对自己倾诉他的生平遭遇博取同情时，自己常常感到不自在。

14. 担心他人对自己有什么坏印象。

15. 总是尽力使他人赏识自己。

16. 暗自思慕异性。

17. 时常避免表达自己的感受。

18. 对自己的仪表（容貌）缺乏信心。

19. 讨厌某人或被某人讨厌。

20. 瞧不起异性。

21. 不能专注地倾听。

22. 自己的烦恼无人可倾诉。

23. 受他人排斥与冷漠。

24. 被异性瞧不起。

25. 不能广泛地听取各种意见、看法。

26. 自己常因受伤害而暗自伤心。

27. 常被他人谈论、愚弄。

28. 与异性交往不知如何才能更好地相处。

[测查结果解释]

1. 0～8分，表明被测者与朋友相处时困扰较少。被测者善于交谈，性格比较开朗，会主动关心他人，对周围朋友都比较好，愿意和他们在一起，朋友们也喜欢被测者，大家相处得不错。而且，被测者能够从与朋友相处中收获许多乐趣。被测者的生活比较充实且丰富多彩，与异性朋友也相处得很好。总而言之，被测者不存在或较少存在交友方面的困扰，善于与朋友相处，人缘很不错，能获得许多人的好感与赞赏。

2. 9～14分，表明被测者与朋友相处时存在一定的困扰，人缘很一般。换句话说，被测者与朋友之间的关系并不牢固，时好时坏，经常处于波动起伏中。

3. 15～28分，表明被测者与朋友相处时存在严重困扰。得分超过20分，则表明人际关系困扰程度很严重，而且出现了较为明显的心理障碍。被测者可能不善于交谈，也可能是一个性格孤僻的人，不开朗，或者有明显的自高自大、讨人嫌的行为。

以上是从总体上评述被测者的人际关系。下面根据各个小栏的得分，具体分析被测者与朋友相处时的困扰行为及其纠正方法。

Ⅰ题目	1	5	9	13	17	21	25	小计：
Ⅱ题目	2	6	10	14	18	22	26	小计：
Ⅲ题目	3	7	11	15	19	23	27	小计：
Ⅳ题目	4	8	12	16	20	24	28	小计：

1. 记分表Ⅰ栏上的小计分数，表明被测者在交谈方面的困扰程度

（1）6分以上，表明被测者不善于交谈，只有在迫不得已的情况下才与他人交谈，总是难以表达自己的感受，无论愉快还是烦恼；被测者不是一个很好的倾听者，往往无法专心倾听他人说话或只对某个话题感兴趣。

（2）3～5分，表明被测者的交谈能力一般，能够诉说自己的感受，但条理不是很清晰。如果被测者与对方不太熟悉，开始时往往表现得比较拘谨、沉默，不太愿意与对方交谈，但这种状况一般不会持续太久。经过一段时间的接触，被测者可能会主动与人搭话，这方面的困扰随之就会减轻或消除。

（3）0～2分，表明被测者有较高的交谈能力和说话技巧，善于通过恰当的说话方式来交流思想感情，在与他人建立友情方面，往往更容易获得成功。这些优势不仅为被测者的学习和生活创造了良好的心境，而且常常有助于被测者成为伙伴中的领袖人物。

2. 记分表Ⅱ栏上的小计分数，表示被测者在交际与交友方面的困扰程度

（1）6分以上，表明被测者在社交活动与交友方面存在严重的行为困扰。例如，在正常的集体活动与社交场合，比大多数同伴更为拘谨；在有陌生人或老师在场时，往往会感到更加紧张而思绪大乱；被测者往往过多地考

虑自身形象而使自己深陷被动、孤独的境地。总之，交际与交友方面的严重困扰，会使被测者深陷"感情危机"和孤独困窘的状态。

（2）3～5分，表明被测者在社交与交友方面存在一定的困扰。被测者不喜欢一个人待着，喜欢与朋友待在一起，但是不善于创造条件并积极主动地寻找知心朋友。

（3）0～2分，表明被测者对人较为真诚和热情，不存在人际交往困扰。

3. 记分表Ⅲ栏上的小计分数，表明被测者在待人接物方面的困扰程度

（1）6分以上，表明被测者缺乏待人接物的机智与技巧。在实际的人际交往中，被测者也许会有意无意地伤害他人，或者过分地羡慕他人以致嫉妒他人，因此，可能受到其他人的冷漠对待、排斥，甚至愚弄。

（2）3～5分，表明被测者是一个处事较圆滑的人。对待不同的人，被测者有不同的态度，而不同的人对被测者也有不同的评价。被测者讨厌某人或者被某人讨厌，但却非常喜欢一个人或者被另一个人喜欢。被测者的朋友关系某些方面是和谐、良好的，某些方面却是紧张、恶劣的。因此，被测者的情绪相当不稳定，内心极不平衡，常常处于矛盾状态中。

（3）0～2分，表明被测者较为尊重他人，敢于承担责任，对环境的适应能力强。被测者常常以自己的真诚、宽容、责任心强等个性特点，获得众人的好感与赞赏。

4. 记分表Ⅳ栏上的小计分数，表明被测者与异性朋友交往的困扰程度

（1）5分以上，表明被测者在与异性同学的交往中存在较为严重的困扰。或者被测者对异性存有过分的思慕，或者对异性持有偏见。这两种态度都有失偏颇，被测者也许因不知如何把握与异性同学交往的分寸而陷入困扰中。

（2）3～4分，表明被测者与异性同学交往的行为困扰程度一般。有时被测者可能觉得与异性同学交往是一件愉快的事，有时可能又觉得这种交往似乎是一种负担，不知如何把握与异性交往最适宜的"度"。

（3）0～2分，表明被测者能够正确处理与异性朋友之间的关系。被测者对异性同学秉持客观公正的态度，能大方自然地与他们交往，并且在与异性朋友交往中，学到了许多从同性朋友那里学不到的知识。被测者可能是一个比较受欢迎的人，无论是同性朋友还是异性朋友，大家都比较喜欢和赞赏被测者。

第三节　大学生人际交往能力的培养

大量实践证明，不和谐的人际交往严重地影响了大学生的学习、生活及心理健康，给他们带来了无尽的苦闷和烦恼。建立健康和谐的人际关系已成为大学生必须正视和亟待解决的问题。

一、完善认知，优化人格

我国古代伟大的哲学家、思想家老子在《道德经》中说："知人者智，自知者明。"所谓自知，即拥有正确的自我认识。正确地认识自己，准确定位，是建立良好关系的第一步，也是发展和谐人际关系的必要条件。"金无足赤，人无完人。"在现实生活中，每个人都不是完美无缺的，唯有形成正确的自我认识，才能在肯定自我的同时，发现他人的优点，看到自身的不足，既不自卑怯懦，也不孤傲清高，摆正自己的位置，以平等之姿与人相处，构建起良好的人际交往互动模式。

我国社会心理学者研究表明，在受教育程度较高的群体结构中，人们做第一选择时主要考虑的因素是具有较好的合作性，能谦让，懂得体谅人，能够就思想观点方面的问题进行讨论或争论，思想比较成熟，可以给予自己一定的帮助，热情坦率，愿意与他人交流，性格活泼，爱好广泛，考虑问题能以大局为重，对自己应当完成的工作抱有责任感，能善始善终，能正确认识自己，思维活跃，有创新精神。具有友好、诚实、可信、热情、无私品质的人最容易成为他人的朋友。因此，大学生想要在人际交往中游刃有余，首先要在完善自我认识的基础上注重自身人格品质的提高。

具体来讲，大学生一定要经常反思自己的言行，善于总结自己在人际交往中的经验教训，培养真诚友善、热情开朗、自信豁达等个性品质，形成良好的人格魅力。要学会接纳他人，体谅他人，正确看待彼此之间存在的差异，容许不同于自己的意见、观点和行为存在，用批判性思维辩证地看待彼此的言行。同时，还要向那些人际关系好的同学学习，努力提高自己的人际交往能力，促进人际关系的健康发展。

二、跨越人际交往的障碍，走出人际交往的误区

社会发展要求大学生具备一定的人际交往和协调能力。只有主动去克服和消除影响人际关系形成的社会心理障碍，才能建立起良好的人际关系。

（一）消除自卑和孤傲心理

健康的人际交往关系建立在相互尊重、人格平等的基础上，无论是过多的自我否定和消极的自我暗示所形成的自卑心理，还是不切实际地高估自己、目空一切的孤傲心理，都不利于和谐人际关系的建立，只会使自己被周围的人疏远。马克思说："只有在集体中，个人才能获得全面发展的手段。"当一个人真正感到与他人心理相融、为他人所理解和接受时，就会摆脱孤独，获得友谊和真情。因此，要积极调整心态，客观评价自己，在扬长避短中摆正自己的心态，从而建立良好的人际关系。在与他人的交往中，既要看到自己的长处，也要发现自己的不足，从而在人际交往中获得更多主动权。拥有良好心态和健康人格的同学，自身会散发出独特的人格魅力，会吸引他人乐于与其交往，从而促进良好人际关系的形成。当他们拥有了良好的人际关系，不仅可以在心理上得到极大的满足，而且有助于他们更好地完成学业，甚至促进他们更好地步入社会，取得不凡的成就。

（二）消除猜疑与嫉妒心理

猜疑和嫉妒都不同程度地影响着良好人际关系的建立。一旦陷入猜疑和嫉妒的境地，必定会为人际交往埋下不定时炸弹，损害正常的人际关系，甚至影响身心健康。

要消除猜疑和嫉妒心理，首先需要同学们主动敞开心扉，培养豁达乐观的性格，积极主动地与他人交往。只有加强彼此的沟通，才能消除误会和隔阂。同时，还要积极调整自己的心态，心胸开阔，衷心地为朋友取得的进步和荣誉感到高兴。如果确实有些许不服气，也要积极主动地与朋友交流经验，将那份小小的不平衡转化为自己前进的动力，用取得进步的愉悦来代替嫉妒他人的苦闷。培根曾说："每一个埋头沉入自己事业的人，是没有工夫去嫉妒别人的。"当大家都专注于自己的学习和进步时，也就无暇去嫉妒他人了。因此，为了让自己的大学生活变得更充实、更有前进的动力，不妨为自己设定将要达到的学习目标，并且不断地为之努力。在精力允许的情况下，尽己所能地参与班级活动和校园活动，在实现集体成就感的同时也扩大了自己的朋友圈。而猜疑和嫉妒失去了滋生的土壤，自然就会远离。总之，猜疑和嫉妒并不可怕，关键在于同学们能否正视它们并且积极地去化解，这一切都取决于同学们自己。

（三）消除羞怯和封闭心理

有些大学生在与人交往时，会不由自主地感到紧张、害羞，甚至语无伦次，手足无措，严重者甚至选择回避人际交往。要克服这种心理，首先要放下思想包袱，从小事做起，试着去交朋友，当胆怯、尴尬、不知所措时，可以坦率地向对方表达自己内心的真实状态，例如"我有点紧张""我不知道该怎么说好"。此外，还要看到自己的长处，发现自己的闪光点，给予自己积极的暗示，勇敢地战胜自己。所谓"万事开头难"，同学们，当你勇敢地迈出第一步并收到良好效果时，你会发现与人交往并没有想象中那么难。客观来讲，人际交往更多的是一种社会需要，是日常生活的重要组成部分。大家要有意识地去锻炼自己的人际交往能力，不断地给予自己信心，战胜羞怯和封闭心理。同时，对人际交往切勿苛求完美、过分在意他人的看法，要主动放下思想包袱，用平常心对待即可。在日常生活中，要多参加一些户外团体活动，在增强体质的同时，也开阔了心胸，结识了更多的朋友。美国作家马克·吐温说过，一个人学不会溜冰，是因为害怕摔跤，而学会溜冰的方法只有一个，就是到溜冰场去多多地摔跤，摔到一定程度的时候，你自然就学会了溜冰。在人际交往中比较害羞的同学，要主动与人接触，多与他人交往，刚开始难免会紧张，没关系，时间长了，羞怯心理自然就会得到缓解，这在心理学上被称为"刺激疗法"。

三、注重人际交往技巧，掌握人际交往艺术

刚刚踏入大学校园的新生，在陌生环境中人际交往暂时不顺实际上是一种正常现象。每个人都有不同于他人的生活经历、教育背景、个性特征和行为习惯，这必然导致大家对同一个问题有迥然相异的观点和看法。当大家不能很好地协调沟通时，人际交往的矛盾或冲突就产生了。在面对这些矛盾或冲突时，大家应秉持正确的态度，做好应对的心理准备，恰当地运用人际交往技巧来巧妙地解决。事实上，成功的人际交往也是一门复杂的学问，大学生在与人交往时，要有意识地掌握一些技巧并熟练地加以运用。

（一）建立良好的第一印象

第一印象在人际交往中起着至关重要的作用。加拿大社会学家戈夫曼研究了在社会机构内发生的互动。他把人们的活动比作剧院里的演出，从戏剧的角度研究社会互动，因此，他的理论也被称为"戏剧论"。戈夫曼认为：在这种表演中，人们都非常关心和试图控制自己给他人的印象，大家期望通过言语、姿态、手势等技巧在他人心目中创造自己所希望的印象。可以说这是在为他人定制"情境定义"，戈夫曼将此过程称为"印象管理"。为了实现"印象管理"，人们就会运用一些手段或工具来装点门面。同时，为了让表演顺利地进行下去，还必须实现剧组与观众之间的合作。表演者的"自我"并不是一个完全独立的、不依赖于他人的自我。在互动中，互动双方对于维持彼此之间的身份共同承担着责任，一方的失败意味着另一方的活动也无法顺利进行。戈夫曼的"戏剧论"对改善大学生的人际交往具有非常重要的指导意义。大学生应恰当地注重自己的仪表和言

行，根据自己的身份和所处环境选择合适的装束和恰当的语言，尽量给他人留下良好的第一印象，这有助于彼此之间人际关系的进一步发展。随着交往的深入，外在形象的作用在逐渐淡化，交往双方会更在意彼此之间的一些内在品质。因此，在与人交往的过程中大学生还需注意基本礼节，学习一些人际交往的基本礼仪，注重自身人格品质的提高，让外在美与内在美更好地协调一致。

（二）学会尊重和理解

尊重和理解是健康人际交往的前提。人与人之间的交往要建立在彼此尊重和理解的基础上才能更加牢固。大学生在交往中应平等相待，要给予他人以尊重和理解，"有呼必应"才能形成良好的人际关系。一方面要做到一视同仁。不能因家境的好坏、经济条件的优劣、相貌的美丑等因素而区别对待。要尊重对方的人格、喜好、习惯等品质，真正从内心深处摒弃那些世俗的交往取向，平等对待每一个人。只有自己做到平等待人，才能换取他人的平等相待。另一方面要相互理解，不可以自我为中心，要学会换位思考，设身处地地为他人着想。和尊重一样，理解也是相互的，只有真诚地理解他人，才会换来他人的理解。实际上，在人际交往中，多一些尊重和理解，可以减少很多不必要的人际冲突。可以说，尊重和理解是建立良好人际关系的一剂良方。

（三）宽容谦让，真诚相待

宽容谦让是中华民族的优秀传统美德之一。大学生在日常相处中难免存在不协调、不统一之处，尤其是在宿舍，每天朝夕相处，加之来自天南地北，生活习惯和行为作风难免出现冲突，这时需要大家宽容谦让，彼此理解。实际上，在非原则问题上，同学之间不必斤斤计较。如果大家都有一颗宽容的心，相处起来自然愉快美好。当然，宽容谦让并不是鼓励大家一味忍让、逆来顺受，它是一种涵养、一种美德，是成熟心态、完美人格的体现。清朝名相张英在京城做官时，在老家生活的家人准备修建一个后花园，同时在花园外留一条三尺宽的巷子。可邻居说那是他的地盘，坚决反对留巷子，于是两家为一墙之地发生了纠纷。无奈之下，宰相的家人修书一封向远在京城的他求助。而宰相将就家书题诗一首："千里家书只为墙，让他三尺又何妨，万里长城今犹在，不见当年秦始皇。"家人看后深感惭愧，就把自家的院墙后移了三尺，邻居得知移墙原因后也感到惭愧，又主动让地三尺，最后三尺之巷变成六尺之巷，这就是今日备受推崇的安徽桐城礼仪胡同——六尺巷。大学生构建良好人际关系还需坚持真诚相处的原则。备受今人推崇的礼仪胡同——六尺巷，体现的正是真诚之礼、和谐相处之道。同学之间相处，贵在真诚相待，将心比心。俗话说"远亲不如近邻"，同学们独自在外求学，同学、舍友就是最亲近的人，真诚地对待对方，对方自然也会真诚相待。正所谓"以诚感人者，人亦诚而应"。真诚相处，可以缩短彼此间的距离，消除隔阂、误解。大学生与人交往时，要信守承诺，言必行，行必果，彼此之间要相互信任，才能创建和谐友爱的人际关系。

（四）掌握主动，热情待人

在人际交往中，主动热情的态度很重要。它不仅有助于大学生拓宽交际圈，结识更多的朋友；还有助于大学生在人际关系亮起红灯前转危为安。

大学生在日常交往中要注意培养自己主动热情的交友态度，学会向他人主动发出友好的信号，主动与他人打招呼，主动关心他人，主动给予他人帮助，摒弃"主动与他人打招呼显得自己很没身份"等错误观念。健康的人际关系是在良好的交往氛围中建立起来的，大学生可以从身边熟悉的同学开始，主动与他们打招呼；主动发掘共同感兴趣的话题并愉快地聊天；主动参与各种集体活动或发起活动，组织大家共同参与。当然，大家的主动和热情要建立在真诚的基础上，要掌握好分寸，切忌让人觉得有用力过度之感。此外，在人际交往受阻时还应懂得主动放下身段与他人化干戈为玉帛。切勿总是将自己置于被动的地位，一味等待他人主动开口道歉，其实这是一种很不成熟的做法。众所周知，良好人际关系的维系在很大程度上取决于自己。

（五）求同存异，互补共进

大学生人际交往的范围大到学校、社会，小到班级、宿舍，彼此之间都有各自不同的生活背景、行为习惯和个性特点，存在差异甚至产生分歧，都是再正常不过的事。同学们要学会理解和包容，相互之间要懂得尊重对方的习惯，求大同存小异，将差异视为多元学习的机会，通过与不同特点的人接触，提高自己的人际交往能力，拓宽人际交往范围。

朋友之间要礼尚往来，互补共进。在交往过程中，同学们要考虑彼此之间的共同需要，让双方都能从交往中各取所需，获得满足，共同进步。当然，这绝不意味着交往就要心存功利，健康的交往模式永远是交往双方在满足需要的同时，也有同等程度的付出，这样才能使人际交往得以永续发展。也就是说，在向他人求助或寻求关怀时，也要关注对方是否也有某种需要，并且主动地向对方提供帮助或关怀。健康的人际交往永远是双向选择、双向互动的过程。人际交往是一门复杂的学问，大学生要用积极乐观的心态去对待。在实际交往中，大学生要不断地总结经验教训，进而提升自己、升华自己。良好的人际交往能力可以让大学生结识更多的朋友，让友谊之花在菁菁校园中绚烂绽放，为美好的大学生活锦上添花，同时也为日后步入社会取得成功打下坚实的基础。

课后阅读

非暴力沟通

美国心理学家马歇尔·卢森堡博士认为人天生热爱生命、乐于助人，但语言及表达方式却使日常生活充满了痛苦。他在《非暴力沟通》一书中提出了一种与暴力相对的沟通方式——非暴力沟通，又称"爱的语言"。它是一种持续不断的提醒，提醒人们要专注于彼此的观察、感受、需要和请求，通过转变谈话和聆听方式来减少人与人之间因语言带来的痛苦。这种沟通方式的核心是不被情绪干扰，倾听和理解彼此最底层的心理需求，强调表达感受和需求，用情感作联结，让人与人之间自然、本真的关爱在相互理解和尊重中流动，最终突破困难和偏见，推动和达成双方都能接受的结果。

"非暴力沟通"包括四个要素：观察、感受、需要、请求。其中，观察是第一要素，即仔细观察正在发生的事情，并能够清楚地说出观察结果。它提倡观察要在特定时间、特定情景下进行，强调要把观察和评论区分开来，不能对他人及其行为进行评判、指责或以其他方式进行分析。例如，某人迟到10分钟，如果人们评判他是一个不守时或者没有时间观念的人，这就是评论，而不是观察结果。感受是第二要素，即人们要善于体会和表达感受。在表达感受时要注意区分感受和想法，当人们说"我觉得"时，常常不是在表达感受，而是在表达想法。例如，"我觉得我字写得不好"，这句话只是在评价字写得不好，并没有表达感受。该理论主张使用具体的语言，应用表达感受的词汇使人们更清楚地表达感受，从而更好地进行沟通。需要是第三要素。人们的需要和期待，以及对他人言行的看法，最终形成了人们的感受。听到不中听的话时，人们往往出现责备自己、指责他人、了解自己的感受和需要、用心体会他人的感受和需要四种选择。批评他人实际上间接地表达了人们的需要尚未得到满足。如果人们通过批评来表达自己的想法，往往会受到他人的反击。反之，如果想让他人做出积极的回应，人们可以尝试直接说出自己的需要。请求是第四要素。人们在沟通时应通过具体的描述来提要求，避免使用抽象的语言，要清楚地告诉对方，希望他怎么做。例如"我希望你每天回家可以做一些家务"而不是"我不希望你每天回家后都在玩游戏"。有时，人们想要表达的意思可能与他人的理解不一致，此时就需要他人的反馈。非暴力沟通的目的不是让他人做出改变来迎合自己，而是帮助自己在诚实和倾听的基础上与他人进行沟通联系。非暴力沟通的万能表达公式为：我感觉（情绪、感受），是因为（观察到的事实），我希望（需求、请求）。其核心要求做到三个尊重，即尊重自己、尊重他人、尊重情景。至于句式，可以根据个人风格和实际所处情景灵活应用，无须机械照搬。

第七章　创新创业实践

本章导读

　　本章将介绍大学生创新创业实践的理论、实施和大学期间的准备。当前，大学生就业难的问题日益凸显，并逐渐成为社会关注的焦点。为了缓解就业压力，国家制定了一系列鼓励大学生创业的政策和法规，这些政策和法规的出台逐步改善了大学生创业的环境。创业是一项实践性极强的工作，对大学生而言，无疑是一个巨大的挑战。通过本章的学习，希望能为那些准备创业以及正在创业的大学生提供有益的参考和借鉴。本章将从创业的各个方面进行深入探讨，帮助大家更好地理解创业的全貌，并提供一些实用的建议和策略。

　　首先，本章对大学生创新创业实践进行解释和定义，帮助大家了解大学生创新创业实践的重要性。接着，围绕大学生创新创业政策展开讲解，为大家提供方法和建议。最后，探讨如何培养大学生创业的必备素质和相关知识。

　　通过本章的学习，大家将深入了解大学生创新创业实践的理论基础和实践方法，并对自己的未来有更清晰的规划，明白创新创业的重要性和可行性，充分挖掘自己的潜力和优势，进一步深入学习和实践，不断地提升自己的能力和水平。这些知识不仅为大家提供了宝贵的理论指导，还能够帮助大家建立一套完整的实践框架，为未来发展打下坚实的基础。

经典案例

王兴的创业人生

王兴是一个备受瞩目的连续创业者，也是我国大名鼎鼎的校内网、饭否网和美团网的联合创始人。他高中毕业后保送清华大学就读，并在大学毕业后获得美国特拉华大学全额奖学金赴美攻读电子与计算机工程系，师从第一位获得麻省理工学院计算机科学博士学位的内地学者高光荣。在创业道路上，王兴经历了不少起伏。最先他创立了校内网，后来又创办了饭否网和美团网。其中，校内网被千橡集团以 200 万美元收购，而饭否网则因故被关闭，使他的创业激情遭遇了不小的挫折。但是，王兴并没有放弃，他以更大的热情继续投身创业并创办了美团网。美团网在"千团大战"中脱颖而出，名列行业前三，并先后获得了红杉资本和阿里巴巴数千万美元的融资。现在，他的事业已走上正轨，美团的单月流水早已突破 10 亿元人民币。王兴的创业经历表明，只要有才华和毅力，即使没有丰富的职业经验，大学生也可以在创业领域取得成功。他的故事是一个充满激情、坚持和不断努力的典范。

点评：王兴创业成功的因素很多，主要因素如下：

1. 敏锐的商业嗅觉。王兴能够敏锐地察觉到市场上的商机，并且能够快速地做出反应。他能够准确地把握市场趋势，并顺应趋势进行创业。

2. 创新精神。王兴具有创新精神，他不断地尝试新的商业模式，并且能够从中发现商机。他注重用户体验，不断改进产品，以满足用户的需求。

3. 坚持和执着。王兴在创业过程中遇到了很多挫折和困难，但是他能够坚持不懈地追求自己的目标。他相信自己的能力和判断，并且能够保持对未来的信心。

4. 强大的融资能力。王兴具有强大的融资能力，他能够为创业项目筹集到足够的资金，以支持项目的快速发展。

以上因素共同促成了王兴的创业成功。

第一节　了解创新创业

一、创新的概述

（一）创新的含义

"创新"一词源于拉丁语，包含三层含义：首先，意味着更新；其次，创造新的东西；最后，进行改变。"创新"在《现代汉语词典》的解释是：①抛开旧的，创造新的；②指创造性；新意。从词源上考察，"创"表示破坏，意味着开始做某事，而"新"则表示刚获得或刚出现的事物，与"旧"相对应，侧重于事物在性质上得到更好的改变，是从未使用过的新事物。将这两个概念结合起来，主要指抛弃旧事物、创造新事物，具有鲜明的创新特征。

创新是指在现有认知和行为习惯的基础上，通过引入新颖的、具有原创性的想法、产品或服务，进行创新性的思考和实践，旨在满足市场需求，推动经济发展，并为社会带来积极影响的行为。创新可以涉及技术创新、产品创新、品牌创新、服务创新、商业模式创新、管理创新、组织创新、市场创新、渠道创新等方面。它需要创业者具备相应的实践能力和经验，并具备较强的综合素质和团队协作能力。创新是推动社会进步和经济发展的重要力量，也是创业者实现自己梦想的关键。通过深入的学习和实践，同学们可以更好地理解和应用创新，为自己的未来创造更多的机会和价值。

（二）创新的分类

从不同的视角出发，创新有以下几种分类方式：

1. 按创新的规模和影响程度分类

按创新的规模和影响程度可分为局部创新和整体创新。

局部创新是指在特定领域或项目中进行的创新，其影响范围相对较小。这种创新形式可以在小范围内引起改变，以提高效率、增加价值或改善社会贡献，但不会对整个系统产生根本性的转变。局部创新是在现有框架内进行的，可以带来渐进式的改变，有利于保持整体的稳定性和持续性发展。而整体创新是指在更大范围内，如整个组织、行业或社会进行的创新，其影响程度更为深远。整体创新的核心是通过更加系统化和协同化的方式，汇聚各个方面的智慧和资源，以更高效、更有成效的方式进行创新。

2. 按创新与环境的关系分类

按创新与环境的关系可分为防御性创新和攻击性创新。

防御性创新是在外部环境威胁下，为保持系统稳定和避免损失而进行的局部或全局性调整。它的目标是维持系统稳定和应对外部挑战，通过改进现有产品、流程或服务来提高效率和增加价值，保护现有的地位和利益。而攻击性创新是指为了主动寻求新的机会和突破现有格局而进行的创新，是一种积极主动的创新方式，通过预测和利用未来环境中的有利机会，采取创新的战略和技术来抢占市场先机，获取竞争优势。其目的是开拓新的市场和领域。

3. 按组织系统组建的过程分类

按组织系统组建的过程可分为系统初建期的创新和运行中的创新。

系统初建期的创新是指在组织或系统的建立初期进行的创新，这种创新需要突破现有框架，从整体上规划和设计一个新的系统，对系统的未来发展和成长具有重要的影响，是系统发展的基础和起点。其目的是确立新的方向和模式。而运行中的创新是指在组织或系统的运行过程中进行的创新，其目的是优化现有的流程和提升效率。

4. 按创新的组织形式分类

按创新的组织形式可分为自发创新和有组织的创新。

自发创新是由个体或团队独立进行的，基于兴趣、专长和市场需求进行的创新活动，其特点是自由度高、灵活性强。这种创新需要自我激励和自我管理，适应市场需求，但资源有限、缺乏系统支持和管理。而有组织的创新是在企业、组织或社会层面上进行的系统性、有计划、有组织的创新活动。它需要领导力和变革管理能力的支持，以克服障碍和挑战，并建立合作关系，实现资源和知识的共享与整合。其特点是资源整合度高、效率高。有组织的创新旨在创造更大的价值、提高效率或社会贡献，可以提升国家创新体系整体效能，加强战略协同，推动政策集成，促进生态互洽，实现更高质量的发展和更广泛的合作共赢。

（三）创新的特征

创新的主要特征包括：

1. 创造性

创造性是指个体或团队在创新过程中产生新的、独特的、有价值的想法或解决方案的能力，是创新活动的核心驱动力，它推动人们突破现有的思维和框架，探索新的可能性。创新是创造性的思想观念及其实践活动，强调创新者应解放思想，开拓进取，勇于变革和革新，勇于从事创造性的思维及其实践活动。创新活动及其成果是创造性的劳动及其结晶，是前人或他人未能认识、未能做到或未能更好利用的。

2. 高风险性

创新活动的创造性也决定了其具有风险性。市场风险表现在很难把握市场需要的基本特征并将这些特征融入创新过程，因而创新的决策和最终结果很难判定能否为用户所接受、为市场所欢迎，能否超越竞争对手。技术风险表现在能否克服研发、商品化过程中的技术难题和高成本问题，因而存在技术上能否成功的不确定性。同时，创新还存在管理上的风险。

3. 高效益性

高效益性是指创新活动能够为企业或社会带来显著的经济或社会效益。创新活动旨在创造更大的价值、提高效率或改善社会贡献，而高效益性则是实现这些目标的关键。为了实现高效益性，创新者需要进行深入的市场分析、精心的策划以及卓越的管理和执行能力。只有经过这样的努力，创新活动才能真正地为企业或社会带来实实在在的好处。创新一旦成功，就能获得极高的甚至是意料不到的效益。即从总体上讲，创新获得的效益（经济效益、社会效益、生态效益）要大于创新的投入和风险造成的损失。

4. 系统性

创新是涉及战略、市场调查、预测、决策、研发、设计、安装、调试、生产、管理、营销等一系列过程的系统活动。这一系统活动是一个完整的链条，其中任何一个环节出现失误都会影响企业的创新效果。这意味着创新是一个复杂的过程，需要整合各种资源和技术，并考虑市场需求、竞争态势、政策法规等因素。因此，创新者需要具备全局观念和整合能力，能够协调各方面资源，推动创新活动的顺利进行，并实现预期的创新成果。

5. 动态性

事物是发展变化的，不仅组织的外部环境和内部条件在不断发生变化，而且组织的创新能力也要不断积累、不断提高，决定创新能力的创新要素也在进行动态调整。可见，创新不是静止的，而是动态的。

6. 时机性

创新的时机性是指创新的机会往往存在于一定的时间范围内。如果人们能正确地识别客观存在的时机，抓住并充分利用这一时机，就有可能获得创新的成功；相反，如果人们错失良机，创新活动就会前功尽弃。由于消费者的偏好不同并处于不断发展变化中，同时社会的整体技术水平也在不断提高，创新的时机在不同方向上不同，甚至在同一方向上随着阶段性的不同也不同，而且由于创新成果的确认和保护与时间密切相关，人们只承认和保护那些在第一时间获得确认并以专利形式表现出来的创新成果，所以人们一定要把握住时机，争取创新成功。

二、创业的概述

（一）创业的含义

创业的含义是开创基业，是指通过创新和自主创业，创造出新的商业机会和价值的过程。创业是一种创造性的社会活动，需要创业者具备较高的能力素质和资源条件，同时还需要具备创新意识和市场洞察力等核心素质。创业有广义和狭义之分，广义的创业是指创造一番事业，而狭义的创业是指创办一家企业。创业是一个具有多重不确定性和风险的社会工程，需要创业者具备较高的能力素质。

（二）创业的分类

从不同的角度出发，创业有以下几种分类方式：

1. 按创业主体分类

按创业主体可分为个人创业、团队创业和企业创业。

个人创业是指个人根据自己的兴趣、技能和市场需求，独立开展经营活动的过程。团队创业是由两个或两个以上的个人组成团队，共同开展创业活动的过程。企业创业是在已有企业的基础上，通过创新、拓展业务领域等方式，实现企业升级和发展的过程。

2. 按创业动机分类

按创业动机可分为机会型创业和生存型创业。

机会型创业是指创业者为了抓住、利用市场机遇而开展的创业活动，其目的是创造新的市场、满足潜在需求，而非加剧市场竞争。生存型创业是指创业者为了谋生而开展的创业活动，大多属于尾随型和模仿型，规模较小，项目多集中在服务业，并未创造新需求，是在现有市场上寻找创业机会。

3. 按创业领域分类

按创业领域可分为传统产业创业、新兴产业创业和微创业。

传统产业创业是指在传统产业领域内开展的创业活动，如制造业、农业等。新兴产业创业是指在新技术、新业态、新模式等新兴产业领域内开展的创业活动，如互联网、新能源等。微创业是指利用微小的资源、投入，开展小规模的创业活动，如网络营销、家政服务等。

4. 按创业方式分类

按创业方式可分为实业型创业、网络型创业和创新型创业。

实业型创业是指通过实体经济来实现创业目标，如开办工厂、开设店铺等。网络型创业是指借助互联网平台开展的创业活动，如电子商务、网络营销等。创新型创业是指通过创新的方式来实现创业目标，如技术研发、模式创新等。

（三）创业的特征

创业具有以下特征：

1. 创新性

创业是通过引入新的产品、服务或商业模式，创造新的市场机会和价值。创业者通常致力于解决现有市场或社会中的问题，提供创新的解决方案，并满足消费者的新需求。

2. 高风险性

创业涉及风险和不确定性。创业者需要面对市场竞争、技术变革、财务风险等多种不确定因素。创业者通常需要承担投资风险和经营风险，并做好应对风险的准备。

3. 创造价值

创业者的目标是创造经济和社会价值。他们努力创造就业机会，提供有益的产品和服务，推动经济增长和社会发展。创业不仅追求个人利益，而且追求共同利益和社会影响。

4. 自主性和独立性

创业者通常具有自主性和独立性，他们能够自主决策和管理自己的企业。创业者往往具有强烈的愿望和动力，希望自主掌握自己企业的命运，并追求个人成就和自我实现。

5. 目的性

创业具有明确的目的性，不同的人创业的目的性不同。有的人创业是为了生存，有的人创业是为了致富，有的人创业是为了造福百姓等。

6. 主动性

创业者有权选择适合自己的行业和项目进行创业，也可以选择适合的时间和合伙人进行创业。这一特征决定了创业者可以最大限度地做自己喜欢做的事情。

7. 持续学习与适应

创业者需要不断学习和提升自己的能力，以适应市场变化和竞争环境。他们通过经验积累、知识更新和技能提升来增强自己的竞争力，以应对各种挑战和困难。

三、创新创业的概述

（一）创新创业的含义

创新创业是指基于技术创新、产品创新、品牌创新、服务创新、商业模式创新、管理创新、组织创新、市场创新、渠道创新等方面的某一点或几点创新进行的创业活动。创新是创新创业的特质，创业是创新创业的目标。创新创业与传统创业的根本区别在于创业活动中是否有创新因素。这里的创新不仅是指技术方面的创新，还包括管理创新、知识创新、流程创新、营销创新等内容。在创新创业概念中，创新是创业的基础和前提，创业是创新的体现和延伸。

（二）创新创业的分类

根据不同的维度，创新创业有以下几种常见的分类方式：

1. 按创新程度和创新性质分类

按创新程度和创新性质可分为连续性创新、颠覆性创新、激进式创新和累积式创新等。这些类型具有不同的特点和适用范围。

2. 按创新的范围分类

按创新的范围可分为局部创新和整体创新。局部创新是对现有产品或服务进行改进，而整体创新是对全新产品或服务的开发。

3. 按创新的来源分类

按创新的来源可分为原发性创新和继发性创新。原发性创新是自主开发、原创性的创新，而继发性创新是借鉴、模仿既有产品或服务进行的创新。

4. 按创新的内容分类

按创新的内容可分为产品创新、技术创新、流程创新、组织创新和市场创新等。这些类型具有不同的侧重点和作用。

5. 按创新的领域分类

按创新的领域可分为制造业创新、服务业创新、金融业创新、信息技术创新等。不同领域的创新具有不同的特点和要求。

6. 按创新的层次分类

按创新的层次可分为微观创新和宏观创新。微观创新是指具体产品或服务的改进，而宏观创新是对整个系统、模式或机制的变革。

7. 按创新的周期分类

按创新的周期可分为短期创新和长期创新。短期创新是指短期内就能实现的创新，而长期创新是指需要长期时间积累和发展的创新。

8. 按创新的主体分类

按创新的主体可分为个人创新、团队创新和企业创新等。个人创新通常是个人或小团队进行的独立创新，团队创新是公司或组织内部团队进行的协同创新，而企业创新则是整个企业进行的系统性创新。

（三）创新创业的特征

创新创业的特征主要包括以下几个方面：

1. 创新性

创新创业的核心是创新，包括产品创新、技术创新、品牌创新、商业模式创新等方面。创新是创新创业的特质，能够打破现有市场格局，满足市场需求。

2. 风险性

创新创业是一个充满不确定性和风险的过程，需要承担失败和挫折的风险。创新创业者需具备较高的风险意识和风险管理能力，理性评估风险并制订相应的应对措施。

3. 成长性

创新创业是一个不断成长和发展的过程，具有很强的自我驱动力和成长性。创新创业者需要具备较高的学习能力和成长意识，不断拓宽自己的能力和视野。

4. 竞争性

创新创业是一个充满竞争的过程，需要在市场竞争中获得优势。创新创业者需要具备强烈的竞争意识和市场洞察力，了解市场需求和竞争对手情况，制订有效的竞争策略。

5. 系统性

创新创业是一个系统性的过程，需要整合各种资源，包括人才、资金、技术、市场等方面。创新创业者需具备较高的系统思维能力和资源整合能力，将各种资源有机地结合起来，进而实现商业目标。

6. 创造性

创新创业需要创造性地解决问题和创造价值，能够带来新的商业机会和竞争优势。创新创业者需具备较高的创造力和创新思维，充分发挥自己的想象力和创造力，进而创造出独特的商业模式和产品。

总之，创新创业的特征很多，包括创新性、风险性、成长性、竞争性、系统性和创造性等。这些特征相互作用，共同构成了创新创业的独特属性和魅力。

四、创新创业的作用

创新创业的作用可以从宏观和微观两个层面进行分析。

（一）在宏观层面上

创新创业的作用主要体现在以下方面：

1. 引领经济发展

创新创业通过创造新的产品、服务和商业模式，推动经济增长和产业升级。它能够激发市场活力，促进就业，提高人民群众的生活水平。

2.改善经济结构

通过企业的自由竞争和市场自由化，有助于整合资源、提高利润，并推动生产力的发展，而这些方面也可以深刻地改善经济结构。

3.提升国家竞争力

创新创业能够推动科技进步和创新，提高国家在全球市场上的竞争力。通过培养创新精神和创业文化，有助于建设创新型国家。

（二）在微观层面上

创新创业的作用主要体现在以下方面：

1.实现个人价值

创新创业为人们提供了一个实现自我价值和追求个人梦想的平台。通过创业，人们可以将自己的创意和想法转化为实际的产品或服务，为社会创造价值。

2.提升个人能力

创新创业需要人们具备创新思维、市场洞察力、团队协作和风险管理等能力。这些能力的提升有助于人们在未来的职业生涯中更好地应对挑战和机遇。

3.创造就业机会

创新创业不仅能够为自己创造就业机会，还能为社会创造更多的就业岗位。这有助于缓解就业压力，提高社会就业率。

4.推动社会进步

创新创业通过解决社会问题、满足人们的需求和提高生活质量，推动社会进步。它能够促进社会资源的优化配置，提高社会效益。

综上所述，创新创业在宏观和微观层面都具有重要作用。政府和社会应该为创新创业提供良好的环境和支持，以促进经济的发展和社会的进步。

第二节　创新创业相关政策

近年来，为了激励高校毕业生自主创业，以创业带动就业，国家制定了一系列优惠政策以鼓励和支持大学生自主创业。对于在校大学生来说，了解和掌握相关的创新创业政策法规显得尤为重要。这些政策法规包括国家对创新创业的扶持、税收优惠、创业培训、创业孵化等，旨在为高校毕业生提供更好的创业环境和创业条件，帮助同学们实现创业梦想。同时，这些政策法规也规定了高校毕业生在创业过程中应该遵守的法律法规和政策性文件，以确保他们的创业行为合法、合规，合理规避不必要的法律风险。

一、国家的相关政策

2023 年 12 月 1 日，为深入学习贯彻习近平新时代中国特色社会主义思想和党的二十大精神，全面落实党中央、国务院对高校毕业生就业创业工作的决策部署，教育部决定实施"2024 届全国普通高校毕业生就业创业促进行动"，进一步完善高校毕业生就业创业服务体系，全力促进高校毕业生高质量充分就业。各地区和相关部门需进一步落实和完善对创业的各种扶持政策，以创造一个更加有利的创业环境。

（一）税收优惠

持《就业创业证》（注明"自主创业税收政策"或"毕业年度内自主创业税收政策"）的毕业年度内高校毕业生。高校毕业生是指实施高等学历教育的普通高等学校、成人高等学校应届毕业的学生；毕业年度是指毕业所在自然年，即 1 月 1 日至 12 月 31 日。2019 年 1 月 1 日至 2025 年 12 月 31 日，持《就业创业证》（注明"自主创业税收政策"或"毕业年度内自主创业税收政策"）的毕业年度内高校毕业生从事个体经营的，自办理个体工商户登记当月起，在 3 年（36个月）内按每户每年 12000 元为限额依次扣减其当年实际应缴纳的增值税、城市维护建设税、教育费附加、地方教育附加和个人所得税。限额标准最高可上浮20%，各省、自治区、直辖市人民政府可根据本地区实际情况在此幅度内确定具体限额标准。

（二）增值税小规模纳税人减免增值税

自 2023 年 1 月 1 日至 2023 年 12 月 31 日，对月销售额 10 万元以下（含本数，以一个季度为一个纳税期的，季度销售额未超过 30 万元，下同）的增值税小规模纳税人，免征增值税。自 2023 年 1 月 1 日至 2023 年 12 月 31 日，增值税小规模纳税人适用 3% 征收率的应税销售收入，减按 1% 征收率征收增值税；适用 3% 预征率的预缴增值税项目，减按 1% 预征率预缴增值税（此政策执行至2027 年 12 月 31 日）。

（三）小微企业减免地方"六税两费"

2022 年 1 月 1 日至 2024 年 12 月 31 日，由省、自治区、直辖市人民政府根据本地区实际情况，以及宏观调控需要确定，对增值税小规模纳税人、小型微利企业和个体工商户可以在 50% 的税额幅度内减征资源税、城市维护建设税、房产税、城镇土地使用税、印花税（不含证券交易印花税）、耕地占用税和教育费附加、地方教育附加。

（四）吸纳重点群体就业税费扣减

自 2019 年 1 月 1 日至 2025 年 12 月 31 日，企业招用建档立卡贫困人口，以及在人力资源社会保障部门公共就业服务机构登记失业半年以上且持《就业创业证》或《就业失业登记证》（注明"企业吸纳税收政策"）的人员，与其签订1年以上期限劳动合同并依法缴纳社会保险费的，自签订劳动合同并缴纳社会保险当月起，在3年内按实际招用人数予以定额依次扣减增值税、城市维护建设税、教育费附加、地方教育附加和企业所得税优惠。定额标准为每人每年6000元，最高可上浮30%，各省、自治区、直辖市人民政府可根据本地区实际情况在此幅度内确定具体定额标准。

二、四川省的创业扶持政策

（一）扶持对象

①省内普通高等学校全日制在校大学生和毕业5年内、处于登记失业状态的普通高等学校全日制毕业生（含国家承认学历的留学回国人员）。

②服务基层项目的大学生同等享受大学生创业培训补贴和创业补贴。

③大学生村官、服务期满"三支一扶"人员可按规定享受创业担保贷款政策。

④省内高校就读的港澳台学生，以及毕业5年内、国家承认学历、在川创业的港澳台大学生，同等享受创业扶持政策。

（二）创业培训补贴

大学生可在常住地（在校生可在就读高校）参加创业培训并取得培训合格证的，可享受培训补贴。

（三）创业补贴

①对省内普通高校全日制在校大学生、服务基层项目的大学生、毕业5年内处于失业状态的高校毕业生（含国家承认学历的留学回国人员，技工院校高级工班、预备技师班和特殊教育院校职业教育类毕业生）的创业实体和创业项目，符合条件的，给予每个1万元的一次性创业补贴，领创多个创业项目的累计补贴最高不超过10万元。

②对领办创业实体和创业项目的毕业年度脱贫家庭、低保家庭、零就业家庭及残疾高校毕业生，按照提高50%的标准给予一次性创业补贴。

（四）科技创新创业苗子工程项目支持

支持在川高校就读的大学生、研究生或全日制高校毕业5年以内在川工作的青年科技人员，申报四川科技英才培养计划创新创业苗子工程项目。评审通过的创新创业苗子工程培育项目给予1万～5万元资金支持，重点项目给予不超过10万元资金支持。

（五）创新创业大赛获奖项目支持

对参加"创客中国"四川省中小企业创新创业大赛的获奖项目给予一定资金支持，同时享受"投贷服"联动机制等帮扶措施。

（六）创业吸纳就业奖励

大学生创办企业吸纳劳动者就业并与之签订1年以上期限劳动合同、按规定缴纳社会保险费的，按其吸纳就业人数给予一次性创业吸纳就业奖励。招用3人（含3人）以下的按每人2000元给予奖励，招用3人以上的每增加1人给予3000元奖励，总额最高不超过10万元。

（七）创业担保贷款及贴息

高校毕业生、登记失业青年自主创业且符合条件的，可申请贷款额度最高不超过30万元、贷款期限最长不超过3年的创业担保贷款。对具有较大创新价值和发展潜力的项目可实行"一事一议"。健全担保基金持续补充与管理机制，鼓励市（州）、县（市、区）财政部门把筹集担保基金纳入年度预算。

（八）青年创业贷款

符合条件的创业大学生可向创业所在地市（州）团委申请3万~10万元免利息、免担保、免抵押，为期36个月的创业启动资金贷款，并配备1名志愿者导师"一对一"帮扶。

（九）创业提升培训

对创办企业或从事个体经营的大学生，以及在创新创业园区（孵化基地）内有创业项目的大学生，可申请免费参加全省"我能飞"大学生成功创业者提升培训。

（十）高素质农民培育

①将符合政策条件的从事农业就业创业的大学生纳入高素质农民培育对象。

②引导和鼓励高校毕业生等青年到农村创业，发展农业适度规模经营，支持创办领办家庭农场、农民合作社等新型农业经营主体，同等条件下优先给予扶持。

（十一）税费减免

①自2023年1月1日至2027年12月31日，持《就业创业证》（注明"自主创业税收政策"或"毕业年度内自主创业税收政策"）的毕业年度高校毕业生、登记失业半年以上的青年，从事个体经营的，自办理个体工商户登记当月起，在3年（36个月）内按每户每年24000元为限额依次扣减其当年实际应缴纳的增值税、城市维护建设税、教育费附加、地方教育附加和个人所得税。

②自2023年1月1日至2027年12月31日，大学生创办的企业招用脱贫人口，以及在人力资源社会保障部门公共就业服务机构登记失业半年以上且持《就

业创业证》（注明"自主创业税收政策"或"毕业年度内自主创业税收政策"）或《就业失业登记证》（注明"自主创业税收政策"）的毕业年度高校毕业生等人员，与其签订1年以上期限劳动合同并依法缴纳社会保险费的，自签订劳动合同并缴纳社会保险当月起，在3年内按实际招用人数和每人每年7800元定额标准依次扣减增值税、城市维护建设税、教育费附加、地方教育附加和企业所得税优惠。

第三节　创新创业的必备素质及能力

创业者要在市场竞争中获得成功，必须具备多方面的素质。一要具备坚定的自信和决心，才能支持他们在困难和挑战面前保持坚韧不拔的决心。二要拥有出色的基础素质，包括沟通能力、团队合作能力、领导力等。这些基础素质能够帮助创业者更好地与人合作，管理团队，以及做出明智的决策。三要具备独特的创意。在竞争激烈的市场环境中，创意是吸引消费者并使其产生忠诚度的关键因素。只有具备创新思维的创业者才能在市场上崭露头角，创造新的商机。创业者具备这些素质不仅能够提高创业成功的概率，还能够更好地应对市场竞争。在激烈的市场竞争中，他们能够灵活地调整策略，抓住瞬息万变的市场机会，从而在竞争中保持领先地位。同时，这些素质也有助于创业者建立品牌形象，提升管理能力，使创业项目得以顺利发展并最终取得成功。

一、创新创业者的基本素质

（一）创业者的身体素质

身体素质是创业者在追求成功过程中不可忽视的重要因素，是成功创业的重要前提。由于创业本身充满挑战和压力，特别是在创业初期，创业者需要面对众多的不确定性和风险。这就要求他们不仅要有出色的商业头脑和创新能力，更要有强健的体魄和充沛的精力来支撑。在经营管理企业、推动企业成长的过程中，创业者需要不断地思考、决策和执行，这都需要高效的工作能力和出色的时间管理能力。这些能力的发挥，往往依赖于创业者良好的身体素质。同时，创业过程中的巨大压力也要求创业者必须具备强大的心理素质和身体素质。他们要有足够的韧性和毅力，才能应对可能出现的各种困难和挫折。因此，对于创业者来说，注重身体素质的提升和保持，不仅有助于他们更好地应对创业过程中的各种挑战，也是确保他们能够保持健康、平衡工作和生活的重要保障。在创业道路上，创业者应时刻关注自己的身体状况，通过锻炼和保持良好的生活习惯，为自己的创业之路提供坚实的身体基础。

在创业过程中，创业者需要具备以下几方面的身体素质：

1. 充沛的体力

创业者的身体素质对于创业成功至关重要。其中，充沛的体力是基础中的基础。创业是一项长期的、高强度的工作，需要长时间的思考、决策和行动。没有充沛的体力，创业者很难应对高强度的工作压力，也无法保持高效的工作状态。

2. 旺盛的精力

旺盛的精力是创业者身体素质的关键因素之一。在创业过程中，创业者需要足够的精力来应对各种挑战和压力，这些挑战可能包括市场竞争、产品创新、团队管理、资金筹集等方面。旺盛的精力能够使创业者保持高效的工作状态，迅速适应变化，抓住机遇，克服困难。

3. 敏捷的思路

除了充沛的体力和旺盛的精力，敏捷的思路也是创业者必备的重要身体素质之一。在竞争激烈的市场环境中，创业者需要具备快速反应和敏捷思维的能力，方能在竞争激烈的市场中迅速作出决策并及时应对市场的变化。

为了保持良好的身体素质，创业者应具有锻炼身体、维持健康的生活习惯。合理的饮食、规律的作息和适量的运动都是提高身体素质的有效途径。健康的生活习惯不仅能增强抵抗力，还能更好地应对创业过程中的各种挑战和压力。

综上所述，良好的身体素质是成功创业的重要前提。只有具备充沛的精力和强健的体魄，才能更好地应对创业过程中的各种挑战和压力，实现创业成功。

（二）创业者的道德素质

道德素质是创业者成功的关键因素之一。一个道德高尚的创业者能够在创业过程中造福一方，惠及他人，并且做到言出必行。在创业过程中，创业者需要具备以下两个方面的道德素质。

1. 创业者要适度控制私心小利

从个体角度来说，如果创业者过于看重自己的利益得失，不注重维护创业团队成员或企业员工的利益，那么他将失去支持者。从企业角度来说，如果创业者过于关注企业局部、短期的利益，企业则很难做大、做强、做久。因此，创业者需要具备高尚的道德情操，以更加长远和全面的视角来看待企业和团队的利益。

2. 创业者要做到得意不忘形、失意不失志

当创业顺利时，创业者需保持清醒的头脑，居安思危，不断地寻找新的发展机遇和挑战。当创业失利时，创业者需保持坚定的信念和斗志，积极应对困难和

挫折，使企业转危为安。

总之，一个成功的创业者需要具备高尚的道德素质，以引领企业和团队的发展。在追求利益的同时，创业者需要适度控制私心，不因成功而得意忘形，也不因失败而意志消沉。他们应以更全面和长远的视角看待企业和团队的利益，从而在竞争激烈的市场中站稳脚跟并获得成功。

（三）创业者的心理素质

创业成功与创业者的心理素质紧密相关。在创业过程中，可能会遭遇各种挑战与困难，如挫折、压力和失败等，故创业者必须具备强大的心理调控能力。即他们必须保持积极、沉稳、自信、自主、刚强、坚韧和果断的良好心态，这些健康的创业心理素质能够帮助创业者克服困难，继续前行并最终创业成功。

健康的心理素质对于创业者来说非常重要。首先，创业者要具备积极的心态。在面对挫折和失败时，他们不要轻易放弃，而是积极寻找解决问题的方法。其次，创业者需要具备沉稳的心态。在面对压力和不确定性时，他们能够保持冷静，做出明智的决策。此外，创业者还要具备自信、自主的心态，相信自己的能力和判断力，不被他人的意见所左右。同时，刚强、坚韧及果断的心态也是必不可少的，这些素质能够帮助他们在竞争激烈的市场中脱颖而出。

总之，健康的心理素质是创业者成功的关键因素之一。当面对创业中的挑战和压力时，创业者需具备处变不惊的能力，以保持冷静和专注。这种心理素质能够帮助创业者更好地应对困难，并保持积极的心态，从而取得创业成功。

（四）创业者的思想素质

创业者必须具备特殊的思想素质，才能将企业逐步做大做强。这些思想素质包括：

1. 创业者需志存高远，同时又要脚踏实地

他们不仅要为企业制订全局、长期的战略规划，还要按照市场规律办事，从小事做起，实现精细管理。这意味着创业者需要具备全局视野和务实精神，能够将宏大目标与实际操作相结合，逐步实现企业愿景。

2. 创业者既要有胆有谋，又要有风险防范意识

创业不是靠运气，而是需要胆识和谋略的理性投资。这要求创业者具备敏锐的市场洞察力和决策能力，能够正确识别并抓住机遇。同时，创业也伴随着一定的风险，因此创业者需要具备风险意识及防范风险的意识。他们需要理性评估风险，制订相应的应对策略，确保企业的稳健发展。总之，创业者必须具备特殊的思想素质，才能在激烈的市场竞争中立足并推动企业不断壮大。这些思想素质包括全局视野，使创业者能够洞察市场趋势并做出相应调整；务实精神，让创业者

脚踏实地地推进企业发展；胆识和谋略，有助于创业者勇敢地面对挑战并制订制胜策略；风险防范意识，有助于创业者预见并应对潜在的风险。这些素质共同构成了创业者成功的基石。

（五）创业者的知识素质

创业者的知识素质对于创业成功至关重要。创业者需具备创造性思维，才能在复杂的市场环境中做出正确的决策。要具备这种思维能力，创业者需掌握广博的知识，并具备一专多能的知识结构。具体来说，创业者应具备以下几方面的知识：

1. 正确理解国家政策法律法规是至关重要的

只有充分了解并遵守国家政策法律法规，创业者才能用足、用活有利条件，依法办事，并应用法律来维护自己的合法权益。

2. 创业者需了解科学的经营管理知识和方法，以提高管理水平

科学的经营管理知识包括市场营销、财务管理、人力资源管理等方面的知识。这些知识有助于创业者更好地管理企业，提高运营效率。

3. 掌握与本行业、本企业相关的科学技术知识是必不可少的

随着科技的不断发展，创业者需要不断地更新自己的知识，以便跟上时代的步伐。具备科学技术知识可以帮助创业者依靠科技进步来增强竞争能力。

4. 市场经济方面的知识也是必不可少的

市场经济方面的知识包括财务会计、市场营销、国际贸易、国际金融等方面的知识。了解市场经济方面的知识可以帮助创业者更好地适应市场变化，制订更加合理的经营策略。

总之，创业者要具备广博的知识和一专多能的知识结构，才能更好地应对创业过程中的各种挑战和机遇。这种知识结构不仅有助于创业者做出明智的决策，还能够提升他们的创新能力和应变能力。只有通过不断地学习和积累知识，创业者才能更好地把握市场动态，发掘商业机会，并带领企业不断地向前发展。

（六）创业者的经验素质

经验素质是创业者在创业过程中积累的实践经验。经验是形成管理能力的中介，是知识升华为能力的催化剂。缺乏创业经验是创业者特别是大学生创业者面临的一个重要问题。创业需要创业者具备很强的综合能力，一些创业者虽然有一些好的创业构想，但是由于缺乏创业经验，项目很难得到市场的认可，或者容易被他人复制。为了提高创业成功率，创业者应考虑如何积累创业经验，切实提高经验素质。

（七）创业者的协调素质

创业者在创业过程中既要协调企业内部各部门、各成员之间的关系，同时还

要协调企业与外部相关组织、个人之间的关系。这种关系既包括工作关系也包括人际关系，因此要求创业者必须具备良好的协调素质。创业者的协调素质是一种性质复杂的素质，要求创业者懂得一套科学的组织设计原则，熟悉并善于运用各种组织形式，善于用权，能够指挥自如、控制有方、协调人力物力财力有术，从而在企业管理上获得最佳效果。

二、创新创业者的基本能力

（一）创业机会识别能力

创业机会识别能力是指创业者运用各种手段来发现并抓住市场机会的能力。创业者需具备从各种渠道获取信息，发现市场机会，分析市场环境，判断市场趋势的能力。这种能力不仅需要敏锐的洞察力，还需要广泛的知识储备和经验积累。

（二）风险决策能力

风险决策能力主要体现在创业者的战略决策上。创业者需要在充分调查和细致分析企业外部经营环境和内部经营环境的基础上，确定企业发展目标，选择经营方针和制订经营战略。这种能力需要创业者具备冷静的头脑、严谨的分析能力和果断的决策能力。

（三）战略管理能力

创业战略管理能力是指创业者全面考虑企业经营环境，理解如何适应市场，如何建立竞争优势的能力。创业者需要根据企业的优势和劣势，结合外部环境的机会和挑战，制订企业发展的战略目标。这种能力需要创业者具备全局观念、市场洞察力和创新能力。

（四）开拓创新能力

开拓创新能力的实质是一种综合能力，它是在新的层面上将各种智力因素和能力品质相互作用和有机结合所形成的一种合力。它以智能为基础，具有一定的科学依据，能够产生新的、有价值的创意和想法。拥有开拓创新能力对追求事业成功的人非常重要。

（五）网络构建能力

创业者应当善于建立广泛的社会网络，包括本行业的现代计算机网络。这些网络有助于创业者获取高回报的创业信息，促使创业者在网络提供的海量信息中吸取经验教训、培养创业精神。同时，"网络"素质较高的创业者能够更好地利用网络获取资源，提高决策的科学性和成功率。

（六）组织管理能力

创业者需具备组合生产要素、形成系统合力的组织管理能力。这包括对自己经营的事业了如指掌，有预测生产和消费趋势的能力，善于选择合作伙伴，有组织或领导他人、驾驭局势变化的能力。这些能力的核心是协调和领导能力，能够帮助创业者有效地组织和调动团队资源。

（七）社交能力

创业者需具备较强的社交能力，以便与不同的人进行有效的交往。这不仅有助于获取信息和资源，还可以帮助创业者建立人脉资源，提高企业的知名度和影响力。社交能力的提升需要创业者具备良好的沟通技巧、高超的人际交往能力和情商水平。

三、提高创新创业素质的途径

（一）未雨绸缪，做好创业思想准备

大学生创业必须具有充分的创业思想准备，充分认识到创业的困难和挑战。在平时的学习和生活中，要注重培养自己的创业意识，明确自己的创业目标和方向。同时，要注意积累创业经验，不断拓展自己的人脉和资源，提高自身的综合素质和能力。只有这样，才能在创业实践中做到未雨绸缪，从容应对各种风险和挑战。

（二）寓学于行，提高创业素质水平

大学生欲创业成功，必须具备扎实的商业知识和相关技能。这需要大学生在平时的学习中积极学习商业知识，广泛参加各种社会实践活动，锻炼自己的商业思维和创业能力。同时，要善于收集和利用信息，敏锐地观察市场动态，寻找并积极创造商业机会。在创业实践中，要注重自我反思和总结，不断地调整自己的创业策略和思路，以实现创业技能的全面提高。

（三）坚持不懈，科学调整创业心态

大学生创业者在创业过程中要具备坚韧不拔的精神和科学的创业心态。在面对困难和挫折时，要保持乐观向上的态度，坚定自己的创业理想和信念。同时，要学会科学调整自己的心态，不断地增强抗挫抗压能力。在创业实践中，要注重自我评估和反思，及时调整自己的创业策略和思路，以实现创业的成功和可持续发展。

四、提高创新创业基本能力的途径

（一）提升机会识别能力

大学生创业者可以通过以下四个方面来提高自身的机会识别能力：

①关注技术、市场和政策的变化，提高对环境变化的敏感度和警觉性。通过

持续关注行业动态和相关政策，大学生创业者能够更好地把握市场机会和趋势，进而采取有效的应对措施。

②重视交往，组建自己的社会网络，丰富创业信息来源渠道。通过建立广泛的人脉关系，大学生创业者可以获取更多更有效的信息和资源，进而发现更多的商业机会。

③明确创业目标，提高创业机会评价能力。大学生创业者需明确自己的创业目标，并学会评估市场机会的价值和可行性。通过深入调研和分析，可以对市场机会进行科学评估，从而做出更明智的决策。

④重视自身创造力的培养，塑造创造型人格，提升机会识别潜力。大学生创业者需具备创造力和创新思维，勇于尝试新的方法和思路，进而发现和创造新的商业机会。

（二）培养决策能力

培养大学生创业者决策能力需注意以下几点：

1. 克服从众心理

成功的大学生创业者需具备独立思考和判断的能力，不盲从他人的意见和行为。只有摆脱从众心理的束缚，才能独具慧眼，捕捉到更多的机遇。

2. 增强自信心

大学生创业者首先要有迎难而上的胆量，要有直面困难和挑战的勇气。其次要化被动思维为主动思维，积极主动地寻求解决问题的方法。最后要培养自己的责任感和义务感，对自己的决策负责并承担相应的责任。

3. 决策不求十全十美，但应注意把握大局

在进行决策时，大学生创业者需权衡利弊和风险收益，并考虑长期发展的需要和利益。同时要具备全局观念和大局意识，从整体上把握企业的发展方向和目标。

（三）提升决策能力

提高大学生创业者的决策能力有以下几种途径：

1. 从博学中提高决策的预见能力

大学生创业者需不断地学习新知识、新技能，拓宽知识面和视野，从而更好地把握市场趋势和机遇。通过深入了解行业动态和市场情况，大学生创业者才能做出更加科学、准确的预判。

2. 从实践中提高决策的应变能力

实践是检验真理的唯一标准。大学生创业者需通过实践积累经验教训，学会在不同情境下灵活应对各种变化和挑战。通过不断地尝试和实践，才能更好地掌握市场规律和行业趋势。

3. 从思想上提高决策的冒险能力

大学生创业者需具备冒险精神，勇于尝试新的思路和方法。通过挑战自我、突破舒适区，能够激发自身的创造力和创新力，同时还需学会控制风险并制订相应的应对策略。

4. 从心理上提高决策的承受能力

大学生创业者需具备强大的心理素质和抗压能力，面对困难和挫折能够保持冷静和乐观的态度。通过培养积极的心态和自我调节的能力，才能更好地应对压力和挑战。

5. 从思维上提高决策的创造能力

大学生创业者需具备创造力和创新思维，勇于尝试新的思路和方法。通过拓展思维方式和角度，能够发现更多的商业机会和创新点子，同时还需借鉴他人的经验和智慧，不断地完善自己的创新方案。

6. 从信息上提高决策的竞争能力

信息是作出科学决策的关键因素之一。大学生创业者需通过各种渠道获取及时、准确的市场信息和竞争对手情报，从而更好地把握市场机遇和竞争态势。同时还需对信息进行筛选和分析，以便提取有价值的信息支持决策制订。

7. 从群体上提高决策的参与能力

群体智慧是无穷的。大学生创业者可以组建一个由不同领域的专家和人才组成的团队来共同参与决策制订环节，大家通过集思广益、相互学习、相互支持，能够提高决策的科学性和可行性。同时还需合理地分配权力和责任，确保团队成员之间的有效沟通与协作。

（四）培养开拓创新能力

1. 积累知识和才干

开拓创新需要一定的知识和才干。没有足够的知识储备和必要的才干，开拓创新便无从谈起。大学生创业者只有通过不断学习、不断实践和积累经验，才能提高自身的开拓创新能力。只有具备丰富的知识和经验，才能拥有超群的才干、过人的胆识，才能更快地接受新思想，吸纳新知识，抓住新机遇，创造新成果。

2. 培养想象力

想象力是从事任何职业的人都需要的，对需要具备开拓创新能力的大学生创业者而言，进一步培养自己的想象力就变得更为重要。爱因斯坦认为："想象力概括着世界上的一切，推动着进步，并且是知识进化的源泉。"大学生创业者可以通过多种途径培养自己的想象力，例如通过观察、思考、创造等方式激发自己的灵感和想象力。

3.培养发散思维能力

发散思维又称创造性思维、求异思维，这是沿着不同方向、不同角度，全方位、多层次地寻找解决问题答案的一种思维方式。具备发散思维能力，对培养大学生创业者的开拓创新能力无疑是有帮助的。大学生创业者可充分利用自身资源等因素争取与行业企业建立广泛联系，通过信息共享、相互学习、相互借鉴等方式了解行业发展动态，吸取经验教训，做出科学决策。同时，大学生创业者还需全面地把握自己企业的现状，并预测未来可能出现的情况。通过提高自身的人格魅力、加强与员工的联系等方式组织、协调和管理好各方人力，相互配合、相互支持，有效地执行决策，提高效率，为组织目标不懈奋斗。

📖 课后阅读

大学生创业的原因及利弊

一、大学生创业的原因

1."创业"本身就是一种职业

在就业高峰的当下，大学生选择创业，是希望给自己开辟一片更广阔的职业天空。而且，很多人预测，在未来社会，自主创业的人将越来越多，甚至会成为就业的主流，成为大学生毕业后就业的首选。除了对职业的追求，经济原因也是不少大学生选择自主创业的一个重要因素。在当前以经济建设为中心的大环境下，工作待遇是大学生就业考虑的一个重要因素。他们认识到，通过自主创业，可以创造良好的经济效益，带来可观的经济收入。

2.替他人打工不如为自己打工

他们坚信，只有自己的事业，才能让自己投入更多的精力和热情，从而更容易取得成功。这种成功是大学生自己的成功，无论成败，都是自己努力的结果，他们不会怨天尤人，也不会感到遗憾。

3.证明自己的能力

在一些单位，由于制度的约束，大学生无法按照自己的想法做事。如果选择创业，大学生就可以充分发挥自己的才能，实现自我价值，并得到社会的认可。

4.愿意冒险，追求未来

不少大学生认为，趁年轻应多出去走走看看，正所谓读万卷书不如行万里路，行万里路不如阅人无数。大学生创业是一个极具挑战性的过程，需要敢想敢做，不一定会成功，但可以更接近成功。一个人无论成功与否，至少努力过，为自己活过，就无悔人生。

5. 创业是实现财务自由的最佳途径

绝大部分人参加工作是为了维持生计，为了生活得更美好。当工作不再是唯一的收入来源时，人们便获得了财务自由和快乐的基础。创业是大学生实现财务自由的最佳途径，可让大学生不再为金钱而担忧。此外，创业还是一道分水岭，一边是就业者，另一边是创业者。

6. 创业不仅改变生活，也改变命运

创业是改变生活的起点，同时也是适应生活、改变自己的开始。选择什么样的生活，生活就会给予人们相应的回报。大学生创业是将自己的命运牢牢地掌握在自己手中的最佳选择，因为可以掌控创业的投入与回报，并且这种掌控是真实而可靠的。

7. 被逼无奈的选择

高校扩招造成大量的毕业生涌向市场，一些人必然会面临找不到工作或在短时间内找不到合适工作的问题。在这种情况下，大学毕业生选择创业也是一种无奈之举。

二、大学生创业的利弊

（一）大学生创业的优势

大学生创业的优势在于他们拥有对未来充满希望的态度，以及年轻人的热情和初生牛犊不怕虎的精神。这些特质为他们在创业过程中提供了宝贵的动力和决心。

大学生在校学习期间积累了丰富的理论知识和技术优势，这使他们在高科技领域具有更加显著的优势。他们能够将所学知识应用于实践，用智力换取资本，在创业过程中能够较快地取得重要的技术突破。现代大学生普遍具有创新精神，对传统观念和行业颇有挑战的信心和欲望。这种创新精神成为大学生成功创业的精神基础，推动他们不断地探索和创造财富。

大学生创业不仅增强了大学生的动手能力、组织协调能力和心理承受能力，还增长了社会实战经验，提高了团队合作能力，使其更好地适应社会。此外，创业也是解决大学生实现就业的一种途径。创业最大的吸引力在于通过成功创业实现了自己的理想并证明了自己的价值。

（二）大学生创业的劣势

1. 大学生由于社会经验不足，往往容易盲目乐观，缺乏充足的心理准备

面对创业中的挫折和失败，许多创业者会感到痛苦茫然，甚至沮丧，乃至意志消沉。由于人们看到或听到的成功例子较多，故心态容易偏向理想主义。然而，成功的背后往往意味着更多的失败。了解并接受成功与失败并存

的市场现状，有助于年轻的创业者们更加理智地面对创业过程。

2. 急于求成和缺乏市场意识及商业管理经验是影响大学生成功创业的重要因素

尽管大学生掌握了一定的理论知识，但缺乏实践能力和经营管理经验。此外，由于对市场营销等缺乏足够的认识，他们可能难以胜任企业经理人的角色。

3. 大学生对创业的理解往往停留在一个美妙的想法和概念上

在提交的创业计划书中，许多大学生试图用自认为很新奇的创意来吸引投资。然而，投资人更看重的是一份创业计划中真正的技术含量有多少、在多大程度上是不可复制的，以及市场盈利的潜力有多大。对于这些关键要素，必须有一整套细致周密的可行性论证与实施计划，不可能仅凭三言两语就让人家投资。

4. 大学生的市场观念较为淡薄

大学生往往乐于向投资人介绍技术的先进性与独特性，却很少涉及这些技术或产品究竟有多大的市场空间。即使谈及市场问题，他们也多半选择重金投放广告方式，对于目标市场定位与营销手段组合等重要问题，完全没有概念。实际上，真正引起投资人兴趣的并不一定是那些超前、先进的理念，相反，技术含量一般却能切中市场需求的产品或服务，常常会获得投资人的青睐。同时，创业者应当制订长远的市场营销计划，才能强有力地保证盈利的可能性。

第八章　大学生生涯规划

🔍 **本章导读**

　　本章将介绍大学生生涯规划的理论、实施和大学期间的生涯准备。目前，就业市场上竞争日益激烈，就业压力日益增大。作为新时代的大学生，肩负着成为社会主义建设者和接班人的重任。在这样的时代背景下，大学生应当深思：如何规划自己的大学生活，为自己的未来找到明确的方向和目标？大学生应了解什么是生涯规划，学习如何实施生涯规划，以及在制订生涯规划时应做哪些准备。本章首先对大学生生涯规划进行解释和定义，帮助同学们了解大学生生涯规划的重要性。接着提供方法和建议，为同学们详细讲解如何实施大学生生涯规划。最后将讨论大学生在校期间应如何为自己将来的职业生涯做准备，并指导同学们如何进行生涯规划。

　　通过本章的学习，同学们将全面了解大学生生涯规划的理论基础以及实践方法。同时，还将具备为自己制订一份生涯规划的能力，从而为自己的未来打下坚实的基础。

📖 **经典案例**

两颗种子，两种人生

　　春天到了，轻柔的风吹拂着这个睡眼惺忪的大地，万物开始复苏。这个时候，两颗种子也醒了，它们躺在一片肥沃的土壤里憧憬着自己的未来。

第一颗种子说："我一定要努力生长！我要向下扎根，让生命在土壤里变得更坚强！我要'出人头地'，让茎叶随风摇摆，歌颂春天的到来！我还要开出美丽的花朵，结出丰硕的果实，给大地增添些许沁人的花香，为人们提供香甜的果实。这样我既可以感受春晖照耀脸庞的温暖，也可以体味晨露滴落花瓣的喜悦和生命成熟的欢欣！"第二颗种子听后皱着眉头颤抖地说："我可没有你那么勇敢！我若向下扎根，也许会碰到坚硬的石块；我若用力往上钻，可能会伤到我脆弱的茎；我若长出幼芽，难保不会被蜗牛吃掉；我若开出美丽的花，只怕小孩看了会将我连根拔起；我若结出果实，还怕被不劳而获的家伙偷偷摘去。我还是等情况安全些再做打算吧！"于是它继续瑟缩在那片它认为十分安全的土壤里。几天后，一只母鸡在庭院里觅食，它就这样不声不响地进了母鸡的肚子。而第一颗种子一直在努力生长，这期间它受过伤，挨过冻，哭过，笑过，被人踩踏过，被蜗牛啃食过。但是，它始终没有忘记自己向上生长的梦想。每当寒夜来临，万籁俱静的时候，它也会感到一种难以抑制的孤独和凄凉，但它总是一遍一遍地对自己说："我不能放弃，也不会放弃！因为我有梦想啊！"终于有一天，它长大了，开出了娇艳的花朵，结出了累累的果实。它笑了，很开心！

点评：通过以上案例，我们明白了一个道理：每个人都可以通过努力和决心实现自己的目标，无关背景。成功的关键在于我们是否能够明确自己的目标，制订实现目标的计划，并坚持不懈地追求目标。

第一节 大学生生涯规划概述

一、大学生生涯规划的概念

大学生生涯规划是指大学生在校期间进行系统性职业生涯规划的过程。它包括大学生在校期间的学习规划、职业规划，以及未来的职业生涯规划。大学生生涯规划的目标是帮助大学生明确自己的职业目标，制订实现目标的策略和计划，并在大学期间进行有针对性的学习和实践，为未来的职业发展做好准备。

大学生生涯规划是大学生对自身和环境等相关因素以及对大学生涯的主客观条件进行分析和总结的基础上，结合自身兴趣爱好和时代特点，根据自身条件确定的奋斗方向和目标，并为之去努力和制订实施的计划。

二、大学生生涯规划的重要性

当今社会是个竞争激烈的社会，大学生涯规划的重要性日益凸显。它不仅关乎大学生的职业发展，更关系到他们的个人成长和未来前景。通过科学合理的生涯规划，大学生可以更好地了解自己，从而明确职业目标，提高自身的就业竞争力，进而实现个人价值。同时，大学生涯规划还有助于培养大学生的适应性和可迁移能力，以应对未来不断变化的职业环境。

根据麦可思《2020 年中国大学生就业报告》可知，有 90% 的大学生认为职业生涯规划很重要。其中，认为非常重要的大学生比例为 42.8%，比较重要的比例为 46.9%，二者合计 89.7%。根据智联招聘《2020 年大学生就业力报告》，超过 70% 的大学生对自身今后的职业发展有大致规划。其中，有规划但没有详细步骤的超过四成（44.9%），有规划方向但尚未深入考虑的占三成（34.2%），有清晰规划的仅占一成（13.7%）。

上述数据表明，大多数大学生都意识到了生涯规划的重要性，并对未来的职业发展有了大致的规划和方向。同时，这也提醒大家，在大学期间进行科学合理的生涯规划对于大学生的成长和发展至关重要。

（一）帮助大学生明确职业目标

大学生涯规划可以帮助大学生了解自己的兴趣、优势和潜力，进而明确自己的职业目标。通过制订具体的职业目标，大学生可以更好地规划自己的学习和实践，为未来的职业发展做好准备。

（二）提高大学生的就业竞争力

在日益激烈的就业市场上，大学生需具备更多的能力和更强的素质才能脱颖而出。通过大学生涯规划，大学生可以更好地了解自己的优势和不足，并采取切实措施提高自己的能力和素质，进而提高自己的就业竞争力。

（三）增强大学生的自我认识和自我管理能力

大学生涯规划需要大学生对自己进行深入的自我认识和自我评估，从而明确自己的职业方向和学习目标。同时，通过制订具体的计划和实施策略，大学生可以提高自己的自我认识和自我管理能力。

（四）促进大学生的个人成长和发展

大学生涯规划既关注大学生的职业发展，又关注大学生的个人成长和发展。通过制订个人目标和计划，大学生可以更好地挖掘自己的潜力，培养自己的领导力、创新能力和团队合作精神，为未来的职业发展和社会责任做好准备。

（五）帮助大学生更好地适应未来的职业变化

随着科技和社会的发展，职业变化和转型成为避无可避的时代趋势。通过大学生涯规划，大学生可以培养自己的适应性和可迁移能力，以便更好地应对未来的职业变化和挑战。

总之，大学生涯规划对于大学生的成长和发展具有重要意义，它可以帮助大学生明确职业目标、提高就业竞争力、增强自我认识和自我管理能力、促进个人成长和发展，以及更好地适应未来的职业变化。因此，大学生应当重视生涯规划的重要性，并在大学期间积极地进行规划和准备。

三、大学生生涯规划的理论

（一）萨伯的职业生涯五阶段理论

美国职业管理学家唐纳德·E.萨柏于1951年提出了著名的职业生涯五阶段理论。萨柏认为，个体的职业生涯发展是一个动态过程，要经历一系列阶段，每个阶段都有不同的特点和目标。通过对不同职业阶段的分析和研究，萨柏提出了这个理论，旨在帮助人们更好地理解和规划自己的职业生涯。

1. 成长阶段

成长阶段是指0～14岁。在此阶段，个人开始对职业产生幻想和兴趣，并对工作之于人们生活的重要性有所了解。在成长阶段的初期，个人欲望和空想起支配作用，其后对社会现实产生注意和兴趣，个人的能力与趣味则是次要的。在成长阶段，个人开始建立自我概念，对职业充满好奇，并逐渐有意识地培养职业能力。这个阶段可以分为三个时期：

（1）幻想期（10岁之前）

儿童从外界感知到许多职业，并对自己觉得好玩和喜爱的职业充满幻想或进行模仿。

（2）兴趣期（11～12岁）

以兴趣为中心，理解、评价职业，并开始作职业选择。

（3）能力期（13～14岁）

开始考虑自身条件与喜爱的职业是否相符，并有意识地进行能力培养。

2. 探索阶段

探索阶段是指15～24岁。在此阶段，个人开始深入探索自己的兴趣、能力和职业选择，通过实习、兼职或全职工作来了解不同行业的职业要求和工作环境。

探索阶段可以分为三个时期：

（1）试验期（15～17岁）

综合认识和考虑自己的兴趣、能力与职业社会价值、就业机会，开始进行择业尝试。

（2）过渡期（18 ~ 21 岁）

正式进入职场，或者进行专门的职业培训，明确某种职业倾向。

（3）尝试期（22 ~ 24 岁）

选定工作领域，开始从事某种职业，对职业发展目标的可行性进行实验。

在探索阶段，个人需要对自己的兴趣和能力有更深入的了解，并开始进行职业探索和尝试。既可通过实习、兼职或全职工作来了解不同行业的职业要求和工作环境，也可通过参加职业培训或社交活动来拓展自己的人脉和视野。这一阶段是个人确定自己的职业方向和目标的重要时期，对于个人的职业发展具有重要影响。

3. 建立阶段

建立阶段是指 25 ~ 44 岁。在此阶段，个人的主要任务是获取一个合适的工作领域，并谋求发展。这个阶段是大多数人职业生涯周期中的核心部分。

建立阶段可以分为两个时期：

（1）尝试期（25 ~ 30 岁）

个人在所选择的职业中安顿下来。在这个阶段，个人已经选定了一个职业领域，并开始在该领域中尝试和发展自己的能力。这个阶段的重点是寻求职业及生活上的稳定。

（2）稳定期（31 ~ 44 岁）

致力于实现职业目标，是一个富有创造性的时期。在这个阶段，个人已经稳定下来，并开始专注于实现自己的职业目标，可通过努力工作、学习和创新来提升自己的能力和地位，并逐渐成长为该领域的专家或领导者。

在建立阶段，个人需要对自己的职业领域有更深入的了解，并不断地提升自己的能力和技能，既可通过参加培训、研究、社交活动等方式来扩展自己的知识和人脉，也可通过努力工作、创新和承担风险来提升自己的职业地位和成就。这一阶段是个人职业发展的关键时期，对于个人的职业发展具有极其重要的影响。

4. 维持阶段

维持阶段是指 45 ~ 64 岁。在此阶段，个人的主要任务是维持已获得的成就和社会地位，并维持家庭和工作之间的和谐关系。

维持阶段的主要特点：

（1）开发新技能

随着科学技术的日新月异，个人需要不断地学习和掌握新技能，以保持自身的竞争力和适应性。

（2）维护已获得的成就和社会地位

在此阶段，个人已经取得了一定的职业成就和社会地位，需要努力维护和巩固这些成果。

（3）维持家庭和工作之间的和谐关系

随着年龄的增长，个人需要在家庭和工作之间寻求平衡，努力保持两者之间的和谐关系。

（4）物色接替人选

随着职位和职务的提升，个人需要物色合适的接替人选，以确保团队的稳定性和工作的延续性。

在维持阶段，个人需要更深入地了解自己的职业领域，并不断地提升能力和技能，同时还要学会管理时间和精力，以保持工作与生活的平衡。这个阶段是个人职业发展的重要时期，对于个人的职业发展具有重要影响。

5. 衰退阶段

衰退阶段是从 65 岁左右开始的。在此阶段，个人逐渐退出或结束职业生涯，开发新的社会角色，弱化权力意识和责任意识，适应退休后的生活。

衰退阶段的主要特点：

（1）逐步退出或结束职业生涯

随着年龄的增长，个人需要逐渐退出职业领域，结束自己的职业生涯。

（2）开发新的社会角色

个人可以开发新的社会角色，例如成为祖父母、志愿者等，以保持自己的社会地位和价值。

（3）弱化权利意识和责任意识

随着年龄的增长，个人应逐渐弱化自己的权利意识和责任意识，将机会让给年轻人。

（4）适应退休后的生活

个人应逐渐适应退休后的生活，调整自己的心态和生活方式，享受晚年生活。

在衰退阶段，个人需要学会管理自己的时间和精力，以保持工作与生活的平衡。同时还要学会接受自己的年龄和身体的变化，保持积极乐观的心态。这一阶段是个人享受晚年生活的重要时期，对于个人的心理健康和社会适应性具有重要影响。大学生面临的生涯发展阶段与任务如表 8.1 所示。

表 8.1　大学生面临的生涯发展阶段与任务

职业生涯发展阶段	角色	主要任务	重大心理议题
职业准备期	大学生低年级	探索个人兴趣和能力，为从事特定职业打下基础	自我认识，职业幻想的处理，学业压力的适应

续表

职业生涯发展阶段	角色	主要任务	重大心理议题
职业探索期	大学生中高年级	初步了解职场环境，对个人发展方向进行初步定位和规划	职业选择的困惑和不确定性，自我价值的探索和确认
职业选择期	面临毕业的学生	在充分进行自我分析和环境分析的基础上选择职业，设定人生目标	职业选择的压力和责任承担，对未来不确定性的处理
职业进入期	初涉职场的新人	在新的环境中调节自己，建立初步的人际关系，掌握工作方法和流程，积累工作经验	工作与学习的平衡，角色转变的压力，对组织和职场文化的适应问题
职业适应期	工作1~8年	学会做事，成为工作岗位上的行家里手；学会共事，学会与人相处，树立个人形象；学会求知；学会生存；学会如何被同事、环境所接受	根据新的知识和组织所需要的能力，重新评估个人的职业生涯规划；勇于承担个人责任；建立稳定的生活形态
职业稳定期	工作8年以上至退休	根据形势的变化和自身条件不断修订事业目标，勇攀新高峰；学会承担责任，努力平衡工作和家庭的关系	工作与家庭的平衡问题；对自身能力和自我价值的确认和反思；对退休生活的规划和适应问题
职业衰退期	退休人员	享受事业的收获与人生，适应生活标准与节奏的变化，寻找表现个人天赋与兴趣的新途径	对个人发展的新途径保持开放态度；适应退休生活和角色转变；规划晚年生活和追求幸福感

（二）霍兰德人格—职业匹配理论

霍兰德人格—职业匹配理论是由美国职业指导专家、心理学家霍兰德于1959年提出的。该理论主张人的人格类型、兴趣与职业密切相关，兴趣是人们活动的巨大动力，凡是具有职业兴趣的职业都可以提高人们的积极性，促使人们积极、愉快地从事该职业。霍兰德的人格类型和职业兴趣理论是一个核心观点，根据这个理论，人格类型与职业环境的匹配是形成职业满意度、成就感的基础。人们努力寻找适合自己的职业环境来充分发挥自己的能力、价值，表达自己承担工作和责任的态度。

该理论将人格类型划分为六种：现实型、研究型、艺术型、社会型、管理型和常规型。每种类型的人格都有其独特的兴趣和职业倾向。例如，具有艺术型人格的人通常被那些包含自我表现、艺术创造、情感表达以及个性化活动的职业所吸引，像艺术家、广告制作者以及音乐家等（表8.2）。

表 8.2　兴趣类型的特点及其较为适宜的职业环境

类型	劳动者特点	适宜职业环境
现实型 （Realistic）	1. 偏好动手解决问题，喜欢通过实践和实验来学习； 2. 对机械、工具和物体具有浓厚兴趣； 3. 往往具有较高的技术技能和组织能力； 4. 倾向于直接解决问题，而非依赖抽象理论或概念	机械师、厨师、技工、建筑工人、木匠、摄影师、工程师、电工等
研究型 （Investigative）	1. 偏好思考和抽象思维，喜欢通过分析和理解来学习； 2. 对自然现象和科学问题有浓厚兴趣； 3. 往往具有较高的分析能力和逻辑思维能力； 4. 倾向于深入思考和解决复杂的学术或研究问题	研究员、教师、生物学家、化学家、心理学家、程序员、数据分析师、实验室技术员等
艺术型 （Artistic）	1. 偏好自由和创造性的工作，喜欢通过想象和表达来学习； 2. 具有强烈的情感和审美感受； 3. 往往具有较强的创新能力和表达能力； 4. 倾向于在工作中表达个性情感	艺术家、作家、音乐家，设计师、演员、编舞家、营销专员、设计师、摄影师等
社会型 （Social）	1. 偏好与人交往，关注社会问题和人际关系； 2. 具有较强的人际交往能力和领导能力； 3. 往往具有较高的沟通能力和人际敏感性； 4. 倾向于与他人合作和影响他人	社会工作者、咨询师、护士、教育家、慈善家、销售人员、人事专员、教育顾问、公关专员等
管理型 （Enterprising）	1. 偏好领导和影响他人，具有冒险和创业精神； 2. 具有较高的自信和决策能力； 3. 往往具有较高的领导能力和商业敏感性； 4. 倾向于追求权力和成功，以及冒险和创新的工作环境	商人、企业家、经理人、律师、会计师、金融分析师、项目经理、市场营销经理、投资顾问等
常规型 （Conventional）	1. 偏好结构化和规律性的工作，喜欢按照既定的规则和流程来学习； 2. 具有较高的组织能力和细节关注能力； 3. 往往具有较高的文书能力和组织能力； 4. 倾向于处理数据和文件以及遵守既定流程	文员、秘书、会计、银行职员、图书管理员、编辑、数据录入员、行政助理、档案管理员等

　　该理论的广泛应用可以帮助人们更好地了解自己的性格特点，发掘自己的潜在能力，并寻找最适合自己的职业。当个体所从事的职业与其职业兴趣类型相匹配时，个体的潜在能力就可以得到最充分的发挥，工作业绩也更加显著。总之，霍兰德人格—职业匹配理论提供了一种实用框架，有助于人们更好地理解自己的人格类型和职业兴趣，并找到与之相匹配的职业环境，从而实现个人和职业的共同发展。

四、大学生生涯规划遵循的基本原则

⚖ 相关链接

篮球巨星迈克尔·乔丹的故事

乔丹在高中时期就展现出了出色的篮球天赋，但他并未因此而沾沾自喜。相反，他为了提高自己的篮球技能，每天都比其他球员多练几个小时。他相信只有通过不断的努力和训练，才能成为最好的球员。

在大学期间，乔丹选择了芝加哥北卡罗来纳大学，并加入了学校篮球队。在球队中，他不仅要面对激烈的竞争，还要应对各种挑战和困难。但他从未放弃过，始终坚信自己的梦想和目标，并为此不断地付出努力。

毕业后，乔丹参加了NBA选秀并被芝加哥公牛队选中。在职业生涯中，他通过不断地努力和积累经验，成为篮球史上最伟大的球员之一。他的成功不仅来自天赋和努力，更多的是来自对职业规划的清晰认识和不断追求卓越的精神。

点评：这个故事告诉我们职业规划的重要性和努力追求卓越的价值观，强调了选择对未来的决定性作用，强调了积极乐观的态度、适应变化的能力以及不断学习和积累经验的重要性，这些都是职业规划和人生发展的重要因素。这个故事提醒我们要综合考虑自己的兴趣、能力和价值观，以及未来的社会需求和发展趋势，制订符合自身特点的职业规划，将有助于我们在未来职场中获得优势和成功。

大学生制订职业生涯规划时，需考虑各种因素，并且要设定明确的目标和完成时间，以便逐步实施并评估规划的执行情况。如果没有相应的目标和完成时间，规划很可能起不到引导和激励作用，导致行动上的拖延，并可能影响规划的实现。制订合理的职业生涯规划，应从个人发展需要出发，在正确认识自身条件以及相关环境、机遇的基础上，尽早确定自己未来的发展方向。在大学生涯中，职业生涯规划应当是一个持续性过程，大学生从跨入大学校园开始，就应当确立自己未来的职业发展目标。在制订未来的职业生涯规划时，应遵循以下基本原则。

（一）职业生涯规划必须与未来的社会需求相结合

在制订职业生涯规划时，大学生必须考虑未来的社会需求和发展趋势，了解行业和职业的发展趋势和前景，以便做出符合社会需求的职业选择。例如，随着科技的发展和互联网的普及，互联网行业和科技行业的发展前景广阔，大学生可以考虑这些领域的职业机会。同时，还需了解当今社会的经济、政治和文化环境，以便更好地适应社会的发展变化。

（二）职业生涯规划必须与所学专业相结合

大学生在选择职业时，应当考虑自己的专业背景和优势，了解所学专业的就业前景和职业发展方向，以便更好地发挥自己的专业优势。例如，学习计算机科学专业的大学生可以考虑从事软件开发、互联网开发和计算机技术支持等职业；学习医学专业的大学生可以考虑从事医生、护士、医学研究人员等职业。将职业生涯规划与所学专业相结合，大学生可以更好地发挥自己的专业优势，提高职场竞争力。

（三）职业生涯规划必须与提高综合能力相结合

除了专业知识外，大学生还需具备多种综合能力，如沟通能力、团队合作能力、领导能力、创新能力、解决问题的能力等。这些能力可以帮助大学生更好地适应职场环境和工作要求，提高职业发展的潜力。例如，通过参加学生组织和社会实践项目，大学生可以锻炼自己的团队合作能力和领导能力；通过参加实习和培训项目，可以提升自己的实践经验和技能水平；通过参加文化活动和艺术比赛，可以拓宽自己的视野和创新能力。

（四）职业生涯规划必须与增强身心健康相结合

身心健康是大学生职业生涯规划中不可或缺的一部分。大学生应注意身体健康和心理素质的培养，通过合理的饮食、锻炼和休息，保持良好的身体状态；同时，还应学会情绪管理、自我减压、增强自信心等方式，提高自己的心理素质。例如，大学生参加体育活动和健身训练，可以提高身体素质和增强自信心；通过学习心理学知识和参加心理咨询活动，可以改善情绪状态和减轻压力。通过增强身心健康，大学生可以更好地应对职场挑战和职场压力，提高职业发展的持久性。

由此可见，大学生制订职业生涯规划时需综合考虑社会需求、所学专业、综合能力和身心健康等因素，方可更好地制订符合自身特点和未来发展需求的职业生涯规划，提高职业发展的竞争力和持久性。

第二节　大学生生涯规划的实施

大学生生涯规划的实施涵盖多个重要环节，包括自我评估、生涯目标的确立、职业评估、未来职业定位、制订职业规划方案、评估与反馈。每个环节都应认真对待，以确保自己的生涯规划能够符合自身特点和未来发展需求，为实现职业目标打下坚实的基础。

一、自我评估

自我评估是对自己进行全面、深入的了解和评估，以确定自己的兴趣、能力、价值观和优势、劣势的过程。这是大学生生涯规划实施的第一步，也是核心部分。通过自我评估，大学生可以更加清晰地认识自己，了解自己的优势和不足，为后续的生涯规划提供基础。

（一）兴趣

一个人的兴趣爱好可以反映他的内在需求和个性特点。通过了解自己的兴趣爱好，大学生可以更好地了解自己的喜好和需求，从而在生涯规划中做出更符合自己兴趣的选择。

（二）能力

大学生通过评估自己的能力特长，可以了解自己擅长的领域和技能，从而在生涯规划中更好地发挥自己的优势。同时，还可以发现自己的不足，进而在后续的学习和实践中加以提高。

（三）价值观

作为自我评估的核心内容之一，价值观是指一个人对于人生、职业和社会的看法和评价标准。通过明确自己的价值观，大学生可以更好地了解自己对职业的要求和期望，从而在生涯规划中做出更符合自己价值观的选择。

（四）人格

人格是指一个人的性格、行为、情感等方面的特征。通过人格评估，个体可以更好地了解自己的性格特点和个人风格，从而在职业规划中更好地发挥自己的优势和特长。

二、生涯目标的确立

一个人学业或事业上的成功，在很大程度上取决于自己是否有明确且适当的奋斗目标。目标在人生旅程中发挥着关键性的导向作用，有了目标，人们才能坚定信念、勤勉努力、无畏困难，积极付诸实践。具备明确目标的人，在他有限的生命时光里能够最大限度地释放出能量，并走向成功。相反，若无目标的指引，一个人就如同一艘航行在茫茫大海上的孤舟，飘摇不定，不知将驶向何方。大学生在规划自己的职业生涯时，应当综合考虑短期、中期和长期目标。短期目标应当是具体的、具有可操作性的，并且需要约定完成时间。短期目标是为实现中期目标而采取的行动步骤，例如，在大学四年里如何提升自己的能力、积累经验等。通过实现一个个的短期目标，大学生可以逐渐积累经验和能力，为未来的职业发展打下坚实的基础。中期目标是从完成的短期目标中综合得出的目标，又为实现长期目标打下基础。这些目标通常都有比较具体的完成时间，也可以根据情况进行适当的调整。中期目标应当与个人的未来发展相结合，并且符合自己的价值观。长期目标是经过认真思考后选择的，符合自身价值观，并与自己的未来发展相结合的愿望。这些目标既有挑战性，同时也有实现的可能性。长期目标的实现需要中期目标和短期目标的支持和铺垫。因此，大学生首先应当规划好自己的短期目标，并努力实现这些目标。通过积累经验和能力，他们可以为未来的职业发展打下坚实的基础，并逐渐实现更高层次的中期目标和长期目标。

大学生在规划职业生涯时，需考虑职业生涯目标的性质，包括外职生涯目标和内职生涯目标。外职生涯目标涉及工作内容、职务、工作环境和经济目标等方面，这些目标与职业的外在表现和成果相关。而内职生涯目标则关注在职业生涯过程中积累知识、经验、观念和能力的提高以及内在感受，包括观念目标、工作能力目标、工作成果目标、提高心理素质目标、掌握新知识目标、处理与其他人生目标活动关系的目标等。

根据萨柏的职业生涯发展理论，大学生正处于职业生涯发展的探索阶段和学习奠基阶段。在这个阶段，大学生通过各种途径尝试不同的职业角色，认识不同的社会职业，不断修正职业期望值。他们根据个人的兴趣、需求、能力、价值和就业机会等因素进行暂时性的选择和实验性的尝试，使职业偏好具体化，并在此基础上正式进入就业市场。在这一过程中，大学生从一般性的职业选择转变为特定职业目标的选定，正式选定适合自己的职业，并将其作为自己未来的主要职业发展方向。因此，大学生应当注重内职生涯目标的实现，通过不断学习和积累经验来提高自己的能力和素质，同时也要关注外职生涯目标的实现，确保自己的职业发展与个人兴趣和价值观相符。

大学生生涯规划主要目标如下：

①发展和完善自我意识，了解和接受自我，发现个人特质、期望和抱负，搜集职业生涯发展资料，厘清个人价值观，建立和完善适合自己的价值观。

②明确自己的偏好和生活工作价值观。

③培养职业生涯决策技能，在面对各种决策情境时，应准确界定问题，并运用各种信息，科学分析利弊得失，最终做出最恰当的决定。

④通过规划和选择，寻找最适合自己的、与自己职业生涯目标相匹配的职业路径，同时熟悉职业决策的过程。

⑤整合自身特质、潜在的职业选择和工作世界，并制订实现目标的计划和策略。

⑥形成面对社会变革、科技不断发展的适应能力和应变能力。

这些目标旨在帮助大学生更好地规划自己的职业生涯，提高自己的能力和素质，以适应未来的职业发展需求。

三、职业评估

自我评估和职业评估是大学生了解自身特性和职业要求的两个重要方面。自我评估帮助大学生更好地认识自己，发掘自身潜力；职业评估则帮助大学生了解各种职业的要求、发展趋势、就业前景等，从而更好地选择适合自己的职业方向。大学生应将二者有机地联系起来，才能做到知己知彼，顺利发展职业生涯。如图 8.1 所示，图中内圈表示人的内在世界（知己），外圈表示外在的工作世界（知彼）。

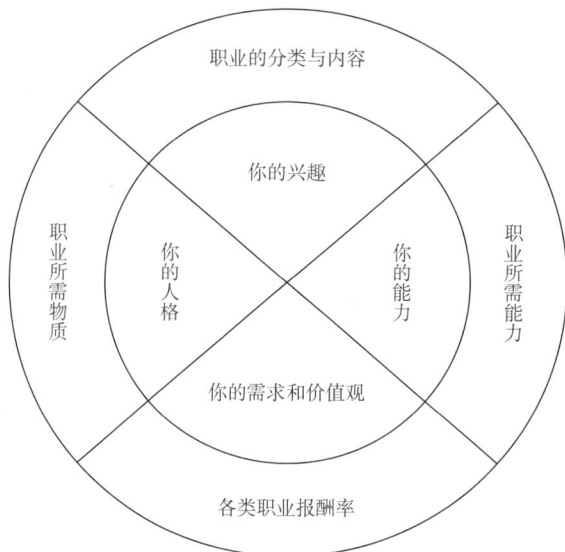

图 8.1　知己知彼的联结

自我评估是对个体特征进行主观评估的过程，而职业评估则是分析所处的客观环境因素对职业发展的影响。职业评估是一个全面分析的过程，包括对职业环境、社会上整体就业形势、专业就业圈、行业环境、企业环境等进行评估。对就业环境进行认真分析有助于大学生深入了解当前客观的就业环境和形势，明确就业市场的需求，并据此有针对性地学习和提升自身能力，为毕业后进入职场做好充分的准备，避免闭门造车。同时，大学生必须根据就业形势来制订自己的职业生涯规划，并根据自己对就业形势认识的不断深入以及就业形势的变化，适时调整自己的职业生涯规划。

四、未来职业定位

环境评估包括对社会环境和职业环境的评估。环境因素对个人的成长与发展具有重要影响，它为每个人提供了活动空间和发展条件，同时也为个人成功提供了机遇。欲在职业生涯中取得成功，必须全面分析和把握所处的环境，例如，了解环境带来的机遇、认清自身在实现职业目标过程中面临的挑战、明确环境中可以利用的资源和需要规避的风险。为了有效地进行环境评估，同学们要通过各种途径了解和认识政治、经济、社会、文化、教育等社会环境因素。同时，同学们还要探索不同职业的特性和工作内涵，了解不同企业的人才需求状况，并分析自身的优势和劣势。结合用人单位对大学生专业基础、实践操作、团队协作等能力的要求，我们可以得出环境对自身发展的最新要求。只有在进行环境评估的基础上，结合评估结果进行职业生涯规划，这样的生涯规划才具有科学性和现实意义。否则，得到的将是脱离现实、没有依据、无法实现的个人职业发展目标。因此，在进行职业生涯规划时，同学们要重视环境评估的重要性，全面分析和把握自身所处的环境，以便更好地制订职业发展规划。

相关链接

黔驴技穷

在古时的贵州地区，有一头非常强壮的驴子。这头驴子有着浓密的灰色毛发和强健的四肢，看上去非常威武。然而，它并没有什么特殊的技能或本领。

有一天，这头驴子被带到了一个陌生的地方，那里有一只凶猛的狮子。狮子看到驴子后，心生畏惧，因为它看上去非常强壮。然而，驴子并不知道自己根本没有什么特殊技能，因此它开始表现出一些愚蠢的行为。首先，驴子开始大声地叫喊，试图用声音吓退狮子。然而，狮子并不害怕，反而觉得驴子的叫声很可笑。接着，驴子开始用蹄子踢地，试图用这种方式吓退狮子。但是，狮子仍然不为所动，反而觉得驴子的动作很幼稚。

最后，驴子筋疲力尽，没有任何技能可以再展示了。而狮子则抓住这个机会，猛地向驴子扑去。驴子没有还手之力，只能束手就擒。

职业定位是一个人职业发展的战略性和根本性问题，它决定了个人在职业生涯中的发展方向。职业定位有三层含义：一是确定自己适合做什么工作，二是告诉他人自己擅长做什么工作，三是根据自己的爱好、特长、能力和个性找到适合自己的工作岗位。缺乏职业生涯教育会导致大学生在毕业时感到十分迷茫，不知道自己该做什么，也不清楚自己该学什么。对于已经工作了若干年的职场人士，很多也不明了自己真正适合做什么。因此，职业定位不仅对即将步入职场的大学生来说很重要，对于已经在职场中打拼多年的职场人士同样重要。为此，大学生在进行职业定位时，需对自己的兴趣、特长、能力和个性有清晰的认识，同时还需了解不同职业的要求和特点，以便找到最适合自己的工作岗位。此外，职业定位还需根据个人发展情况及时进行调整，以适应不同阶段的需求和发展。

根据领英的一项研究，只有30%的年轻人在选择职业时有清晰的目标，而40%的人对自己的职业选择感到迷茫。此外，根据智联招聘发布的《2022年大学生就业力报告》，55.4%的毕业生在求职前没有找到自己满意的工作，41.6%的毕业生表示自己没有明确的职业规划。这些数据表明，许多年轻人在职业发展方面感到迷茫和困惑，关键在于缺乏明确的职业规划和目标。

职业定位需要考虑多种因素，包括性格类型、兴趣爱好、职业价值观、自身需求、学历、工作经历以及能力水平和可利用的资源状况等。这些因素需进行综合考量，以确定最适合个人的职业方向。

在职业规划过程中，性格和价值观与职业的匹配是必须考虑的重要因素。性格外向的人更适合与外界广泛接触的职业，如管理人员、律师、政治家、推销员、记者、教师等；而性格内向的人则更适合从事有计划的、稳定的、不需要过多交往的职业，如科学家、技术人员、设计师、打字员、统计员、资料管理人员、一般办公室职员等。职业价值观也是职业规划需要考虑的重要因素。个人在面对各种职业选择时，需依据自己的价值观对这些职业进行价值评估与判断，考虑自己的职业期望，也就是个人对从事某一职业希望得到的回报或报偿，然后做出最符合自己需要的职业选择。

总之，职业定位是一个非常复杂的过程，需要考虑多种因素。只有综合考量这些因素，才能找到最适合自己的职业方向，实现个人职业发展的最大化。

五、制订职业规划方案

制订个人职业规划方案需要一个系统性思考和自我评估的过程。首先，需对自己进行全面的反思，了解自己的优点和不足，包括自己的兴趣爱好、职业目标、能力特长以及环境支持等方面。在自我评估的基础上，开始回答六个"What"问题，这些问题旨在帮助同学们对自己有更深入的了解和思考。

（一）What are you？（你是什么样的人？）

这个问题要求同学们全面、客观地认识自己，包括自己的优点和不足，以及自己的兴趣爱好和职业目标。

（二）What do you want？（你想要什么？）

这个问题要求同学们思考自己的职业发展方向，提出自己的职业目标，并考虑这些目标是否与自己的兴趣爱好相符。

（三）What can you do？（你能做什么？）

这个问题要求同学们全面总结自己的能力和潜力，了解自己擅长的领域和技能，以及如何更好地发挥自己的优势。

（四）What can support you？（什么能支持你？）

这个问题要求同学们考虑外部环境对自己职业发展的支持或限制，包括经济发展、人事政策、企业制度、职业空间以及同事关系、领导态度、亲戚关系等因素。

（五）What fits you most？（什么最适合你？）

这个问题要求同学们在了解自己的职业目标和环境支持的基础上，找到最适合自己的职业方向和目标。

（六）What can you be in the end？（你最终能成为什么样的人？）

这个问题是在前五个问题的基础上自然得出的结论，它要求同学们清晰地确定自己的职业目标，并考虑如何实现这些目标。

通过回答上述六个问题，同学们可以明晰自己的职业规划和目标，并找到实现这些目标的最优途径。同时，同学们还要不断地评估和反馈自己的职业规划，及时调整和修正自己的职业目标，以适应不断变化的环境和社会需求。

六、评估与反馈

评估与反馈是职业生涯规划中非常重要的环节。同学们要定期检查和评估计划的执行情况，分析实际情况与计划之间的差异，找出存在的问题和原因，及时进行调整和修正。同时，同学们还要及时收集反馈意见，包括自己的感受、同事的评价、老师的建议等，以便不断地完善自己的职业生涯规划。通过评估与反馈，同学们可以使职业规划更加符合实际情况和社会发展的需要，为实现职业目标打下坚实的基础。

第三节　大学期间的生涯准备

职业生涯发展理论将生涯分为六个阶段，大学阶段处于学生生涯与职业生涯交界处，需要为将来的职业生涯做好准备。在校期间，大学生可以采取以下措施进行生涯准备：

一、识别大学生职业规划误区

（一）忽视生涯规划

大学生普遍缺乏职业生涯规划意识，主要原因在于高校和社会对职业生涯规划的认识和实施还不够充分，导致大学生在职业生涯规划方面缺乏必要的知识和有效的指导，造成大学生在学习过程中缺乏明确的目标、浪费宝贵学习时间的不良后果。因此，大学生应当认识到拥有明确目标的重要性，并通过职业生涯规划来全力以赴地实现自己的目标。

（二）认为生涯规划是大四才需考虑的事情

一些大学生错误地认为职业生涯规划是大四才需考虑的事情，现在为时尚早、无须考虑。实际上，职业生涯规划应当贯穿整个大学阶段。即使大一还面临许多不确定因素，同学们也应积极思考自己未来的职业发展方向和目标。通过制订短期和长期的职业规划，同学们可以更好地为未来的职业发展做准备。

（三）生涯规划等同于职业选择

一些大学生将职业生涯规划等同于职业选择，忽略了其他重要步骤和环节。实际上，职业生涯规划是一个周而复始的连续过程，包括确定志向、自我评估、生涯机会评估、职业选择、职业生涯路线选择、确定目标、制订行动计划、评估与反馈等步骤。除了找到适合自己的工作，还需考虑自己的兴趣、能力和发展目标等因素。

（四）急功近利型生涯规划

由于近年来就业压力剧增，一些大学生一踏进大学校门就着手准备考研，在校与放假期间大部分时间都在学习，很少考虑工作事宜和社会活动。一部分大学生罔顾自己的实际情况盲目地考证或参加培训；还有一部分大学生看到社会上某种职业收入高就想从事该职业，看到另一种职业收入更高又想改行，把自己的规划抛之脑后。这种急功近利的做法不仅有碍大学生的长远发展，还可能对他们的未来职业发展产生负面影响。因此，大学生应根据自己的兴趣爱好、优势长处和市场需求等因素进行合理的职业规划，并考虑长远发展和职业目标的实现，避免盲目追求功利却忽略了自己的实际情况和未来发展的需要。

二、规划大学期间目标

（一）自我探索期

大一是学生求学时期的一个重要转折点，标志着学生从高中跨入大学阶段。在此阶段，学生需适应新的学习和生活环境，探索自我，并开始规划自己未来的职业生涯。这一阶段的目标是帮助学生了解自己的兴趣、能力和价值观，以及了解专业和职业选择，为未来的职业发展奠定基础。

阶段目标：适应大学生活、自我探索和职业规划、提高综合素质和能力。

具体实施方案：

了解大学规章制度和文化活动。学生需要了解大学的各项规章制度，如学籍管理、课程设置、考试制度等，以及校园文化活动，如学生会、社团、文艺比赛等。通过积极参与这些活动，逐渐适应大学生活。探索专业和职业选择。学生需要了解自己所学专业的课程设置和人才培养目标，以及相关职业的选择和发展前景。可以通过与老师、学长、行业专家等交流互动，了解专业和职业选择的信息。制订职业规划方案。学生需要制订初步的职业规划方案，包括职业目标、实现路径、时间安排等。可以通过参加职业规划课程、实习和志愿服务等活动，制订更加具体的职业规划方案。提高综合素质和能力。学生需要积极参加各种课外活动和学生团体，提高自己的综合素质和能力。可以参加文艺比赛、演讲比赛、辩论赛等活动来提高语言表达能力，参加社团和学生会等活动来提高人际交往能力和组织管理能力，参加实习和志愿服务等活动来提高实践能力和社会责任感。学习与时间管理。学生需要注重学习与时间管理，合理安排时间，提高学习效率。可以通过制订学习计划、定期复习功课、避免拖延等方法来提高学习效率。同时还要注意保持身心健康，合理安排作息时间，避免过度劳累和压力过大。

（二）定向期

进入大二，学生已经顺利地完成了角色转变，对自己也有了一个比较客观的了解，但需要继续探索和收集关于职业发展领域的信息，以确定自己未来的职业发展方向。这一时期的目标是初步确定职业方向以及相应能力与素质的培养。为了实现这个目标，学生需要关注所学专业相关技术前沿和行业发展，了解行业企业和职位等情况，并采取多种途径尽量了解专业情况。同时，学生需要保持积极的心态和行动，不断地追问自己上大学想要获得什么，并学会争取资源，开拓实践，通过暑期兼职、实习及一些志愿服务来提高自己的责任感、主动性和受挫能力。此外，学生还需要增强英语口语和计算机应用能力，并开始有选择地辅修其他专业来充实自己。

阶段目标：明确就业方向，培养所需能力和素质。

具体实施方案：

了解专业发展前景和就业情况。学生可以通过查阅相关专业书籍、网站、论坛等途径了解专业发展前景和就业情况。此外，学生还可以参加某些与专业相关的讲座、招聘会等活动，与业内人士交流，了解行业最新动态与发展趋势；确定职业发展方向。学生可以通过自我评估、职业咨询、实习等方式了解自己的兴趣、能力和价值观，并初步确定自己的职业发展方向。同时，学生还需要了解当今社会未来的职业发展要求，并根据这些要求确定自己未来的职业发展方向；培养相应的能力与素质。学生可以适当地参加一些社团组织、志愿服务等课外活动来提高自己的能力与素质。例如，通过参加英语角、英语口语比赛、英语夏令营等活动来提高英语口语能力；通过参加计算机相关的课程、比赛等方式来增强计算机应用能力。此外，学生还可以通过考取英语和计算机的相关证书来证明自己的能力；开始有选择地辅修其他专业的知识。学生可以根据自己的兴趣和职业规划选择辅修与所学专业相关的其他专业，以丰富自己的知识和技能。例如，如果希望将来从事与本专业相关的工作，那么可以选择辅修相关的课程或参加相关的实习、科研等活动。另外，学生还可以参加暑期兼职、实习等实践活动来提高自己的责任感、主动性和受挫能力。

（三）冲刺期

大三是学生面临的职业发展关键期，需要为将来的职业选择做好准备。在这个阶段，学生常常会思考"我应该为这个职业准备些什么"，表现出对职业规划的关注和期待。为此，学生需要掌握求职技能，为择业做好充分准备。具体实施方案包括对自我进行再认识、再评估，确定下一阶段的发展方向，考取与目标职业有关的职业资格证书或职业技能鉴定，提高求职技能，关注就业信息和就业政策等资讯。

阶段目标：提升求职技能，做好求职准备。

具体实施方案：

学生对自己进行再认识、再评估，重新审视自己的兴趣、价值观和职业倾向，并评估自己在这些方面的优势和不足。同时，学生还需要了解自己的职业发展目标，并思考如何实现这些目标。在此基础上，学生需要确定下一阶段的发展方向，根据兴趣、能力和职业发展目标选择就业或继续深造。如果选择就业，学生需要考取与目标职业有关的职业资格证书或职业技能鉴定，并在专业学习中注重提高相关能力和技能，同时参加求职指导课程、工作坊或实习等提高求职能力。此外，学生还需要关注就业市场和就业政策的变化，了解相关行业的招聘信息和就业趋势，以便更好地把握职业发展机会。如果选择继续深造，学生需要多收集和了解报考研究生的信息，了解报考学校、专业和导师的情况，以及考研的考试科目和复习方法等，并做好复习准备，注重提高自己的学术水平和研究能力。希望出国留学的学生可以参加留学展览、讲座等活动，了解留学国家的文化、教育体制和签证政策等信息，同时准备 TOEFL、GRE 等留学考试，注意收集留学考试资讯并向相关教育部门索取招生简章等资料。

（四）分化期

在这个阶段，大学生已经确定了毕业方向，大部分学生的目标是找到适合自己的工作。因此，成功就业成为这一阶段的主要目标。

阶段目标：成功就业。

具体实施方案：

大学生在成功就业阶段，需要明确职业目标并检验准备情况。利用学校资源了解就业形势与政策法规，获取就业信息并开始求职。根据大学三年所学的知识和能力积累，以及自身发展确定求职意向，加强求职技巧培训并进行模拟面试等训练。重视实习机会，通过实习了解工作方式、运转模式和工作流程，拓展人脉并持续学习和自我提升。保持积极心态并灵活调整求职策略和方法，以不变应万变。

三、培养职业能力素养

职业能力是人们展现出的、从事某一职业的各种技能的综合表现，它构成了大学生在就业市场上的核心竞争力。只有具备出色的职业能力，大学生才能在职场上保持自己的核心竞争力，逐步实现个人的职业目标。

职业素养是职业的内在标准和要求，它涵盖了职业道德、职业技能、职业行为、职业作风和职业意识等多个方面。大学生如果具备了良好的职业素养，就能增强自己在就业竞争中的软实力。

作为职业能力和职业素养的主要塑造者，大学生应当积极、主动地提升自身的职业能力和职业素养。这是大学生应当积极追求的人生修炼，也是其在未来职业生涯中取得成功的关键。

（一）职业能力的组成

大学生职业能力可分为一般职业能力、专业能力和职业综合能力。

1. 一般职业能力

一般职业能力是指顺利完成各种活动所必备的基本能力，这种能力在认知活动中最突出，又被称为"认知能力""认知智力"。它涵盖了观察力、记忆力、思维力、想象力和语言能力等范畴。在职业活动中，对环境的适应能力、人际交往能力、团队协作能力和遇到挫折时良好的心理承受能力都是不可缺少的职业能力。

2. 专业能力

专业能力是指从事某一职业所应具备的专业技能，与某些职业活动紧密相关。例如，绘画能力、音乐能力、写作能力和运动能力等。在求职过程中，招聘方最关注的是求职者是否具备胜任岗位工作的专业能力。

3. 职业综合能力

职业综合能力是指所有的职业岗位都不可缺少、所有的就业者都应具备的能力，又称"关键能力"。其包括跨职业的专业能力、方法能力、社会能力和个人能力。

（1）跨职业的专业能力

跨职业的专业能力是指一个人在多个职业领域中都能展现出的专业技能。这些技能包括运用数学和测量方法的能力、计算机应用能力以及运用外语解决技术问题和进行交流的能力。具备这些技能可以让一个人在不同职业领域表现出色。

（2）方法能力

方法能力是指一个人在工作、生活中解决问题或做出决策的能力。这些能力包括收集和筛选信息的能力、制订工作计划和独立决策及实施的能力。此外，方法能力还包括准确的自我评价能力和接受他人评价的心理承受能力，以及从成功和失败的经验中学习的能力。

（3）社会能力

社会能力是指一个人在团队中协作与人际交往的能力。这些能力包括协同他人完成工作的能力、对他人公正宽容、具有准确判断事物的能力和自律能力等。社会能力是胜任工作岗位和在工作中取得成功的关键条件之一。

（4）个人能力

随着中国经济体制改革的深入和法治建设的不断完善，个人的社会责任心和诚实信用品质越来越受到人们的重视。坑蒙拐骗的行为将越来越受到打击，个人的职业道德水准将越来越受到人们的尊重和赞赏。爱岗敬业、工作负责、注重细节的职业人格将得到全社会的肯定和推崇。

（二）职业素养的组成

职业素养是人类在社会活动中所表现出的道德、知识、技能和行为习惯的集合。它由四要素组成：职业道德、职业思想、职业行为习惯和职业技能。四要素相互关联，共同构成了个人的职业素养。职业道德是人类从事职业活动的道德准则，包括诚信、责任感、尊重他人、公正和敬业等核心价值理念。这些道德准则不仅指导着人们在职业活动中的行为，同时也是评价一个人职业素养的重要标准。职业思想是人类对职业的理解和认知，包括职业观念、职业意识和职业心态等范畴。这些思想观念是人们在职场中思考问题、看待工作的内在依据，同时也是形成良好职业素养的重要基础。职业行为习惯是人们在工作中养成的行为习惯，包括工作态度、工作纪律和工作作风等范畴。这些行为习惯是人们在工作中表现出来的外在行为特征，是评价一个人职业素养的重要标准。前三要素是职业素养的根基，而职业技能则是支撑职业人生的表象内容。前三要素属于世界观、人生观、价值观范畴，是一个人从出生到退休或至死亡逐渐形成、逐渐完善的产物，而要素四可以通过学习、培训获得。例如，计算机、英语、建筑等属于职业技能范畴，人们完全可以通过三年时间掌握入门技术，并在实践运用中日渐成熟，最后成为专家。但是，如果一个人的基本职业素养不够，例如忠诚度不够，则技能越高，危险性越大。因此，用大树理论来描述两者之间的关系比较直观。每个人都是一棵树，在理论上都可以长成大树，而根系则是一个人的职业素养。枝、干、叶、型就是职业素养的表象。要想枝繁叶茂，首先必须根系发达。一个人只有具备了扎实的职业素养，才能在职场中获得长足的发展并取得成功。

（三）大学生的职业能力和职业素养提升

1. 培养职业意识

智联招聘《2020年大学生就业力报告》统计数据显示，大学生对于自身今后职业发展有清晰规划的仅占一成。培养职业意识是个人未来规划和职业发展的重要基础，没有职业规划和职业意识就会导致个人就业时面临不小的压力。通过认识自己，明确自己的兴趣、能力和个性倾向，可以更好地制订职业发展目标，提高职业竞争力，并适应工作环境和社会需求。为了培养职业意识，个人需要注重自我评估、行业和职业调研、技能提升、建立人际关系网络以及持续学习和自我提升。通过这些方面的努力，可以更好地实现个人价值和职业目标。

2. 利用学校资源，主动培养自身能力

大学生应当积极配合学校的培养计划，认真完成学习任务，重视大学课堂，积极参与在校实践和校外实习，尽可能地利用好学校的教育资源，包括教师、图书馆等获得知识和技能，作为将来职业需要的能力储备。

3. 培养职业道德、态度和作风等职业素养

核心职业素养对大学生的未来职业发展至关重要，它包括独立性、责任心、敬业精神、团队意识和职业操守等内容。经调查，很多大学生在这些方面都存在严重不足。因此，同学们应积极主动地在学习和生活中培养独立性，学会分享和感恩，勇于承担责任。同时，要客观地、真实地认识自己，正视自己的缺点并努力扬长避短，将基本素质要求转化为个人内心的自我要求和坚定的自我信念。此外，还要乐于接受他人的评价，多听取他人的意见和建议，既能接受表扬也能欣然接受批评。大学生职业素养的自我培养还应加强自我修养，培养良好的心理素质，增强应对压力和挫折的能力，善于在逆境中寻找转机。

📖 **成长感悟**

大学生生涯规划案例

同学们，我们一直在追求美好的未来，不遗余力地实现内心深处曾经许下的诺言。简单地说，大学生职业生涯规划就是规划自己心中的未来蓝图。通过规划自己的职业生涯，同学们可以为自己的理想插上翅膀并指明前进的方向。理想虽然伟大，但需要坚实的基础作支撑。青春转瞬即逝，同学们应当立即行动，精心规划未来的职业发展道路，用青春的画笔描绘精彩纷呈的生命画卷。

一、个人资料

姓名：李明

性别：男

出生年月：1998 年 10 月

性格：内向与外向兼具

学历：大学一年级

专业：市场营销

座右铭：追求卓越，永不止步。

二、自我盘点

1. 兴趣爱好

业余爱好：阅读、写作、看电影、健身

心中偶像：马云、乔布斯

喜欢的文学作品：《活着》《红楼梦》

喜欢的歌曲：《平凡之路》《夜空中最亮的星》

2. 优势盘点

拥有良好的沟通能力，可以很好地与他人交流和合作。

对市场营销有浓厚的兴趣，并对此有自己独特的见解。

具备快速学习和适应新环境的能力。

3. 劣势盘点

缺乏实践经验，需要在工作中不断积累经验。

有时候过于追求完美，导致效率不高。

在团队中有时候难以表达自己的想法和意见。

4. 优点盘点

具备创新思维和独特视角，能够提出新颖的市场营销方案。

对于感兴趣的事情会全力以赴，具有强烈的责任心。

在面对困难时能够保持冷静，并迅速找到解决问题的方法。

5. 缺点盘点

在公众场合有时会表现得过于紧张，需要加强自信心的培养。

在处理复杂问题时容易犹豫不决，需要提高决策能力的培养。

经常忽视一些细节问题的处理，需要加强细心耐心的培养。

三、优化处理自我盘点中的劣势和缺点

面对自我盘点中的劣势和缺点，李明要勇敢面对，积极主动地采取措施解决这些问题。一是积极寻找实践机会，积累工作经验，这对他未来的职业发展至关重要。二是主动调整自己的工作方式，避免过于追求完美，以提高工作效率。三是更加注重与团队成员的沟通交流，努力表达自己的想法和意见，以便更好地融入团队。此外，李明还要培养自信心态，通过充分展示自己的才华和实力来提高自信心。在面对复杂问题时，他要努力提高自己的决策能力，学会权衡利弊。他还要更加注重细节问题，制订详细周密的计划和实施步骤，把控每一个细节，避免因细节问题而影响整体效果。通过这些措施的实施，李明会逐步改善自己的劣势和缺点，提高自身的能力和竞争力，更好地适应工作环境和职业发展要求。

四、社会环境分析

1. 一般社会环境

当今社会，随着电子技术和网络技术的飞速发展，知识、信息更新换代速度极快，科技浪潮持续不断地涌现，对人才的需求也日益激烈。各行各业的人才竞争非常激烈，方方面面的人才都在努力展示自己的能力和价值。这使得现代社会变化更加迅速，对个人的适应能力和学习能力也提出了更高的要求。

2. 特殊社会环境

对于将要从事的职业来说，其环境同样具有挑战性和机遇性。具体来说，可能面临激烈的竞争和不断变化的市场需求，需要个人具备极高的专业素养和适应能力。同时，也意味着潜在机遇，例如行业发展的前景和机会，以及个人在职业发展中的成长和提升。

五、角色建议

父亲建议：李明需要注重学习，为未来的职业发展奠定基础。同时，他还需要多锻炼自己，努力成为同龄人中的佼佼者。这表明父亲对李明的职业规

划和发展有着很高的期望，希望他具备扎实的基础知识和较强的适应能力。

母亲建议：李明需要认真学习，并考虑考研深造。这表明母亲希望他在学术上能有所成就，并具备更高的学历和知识水平。

老师建议：李明聪明、机灵古怪。这表明老师对李明的学习能力和智力水平有很高的评价，认为他具备很高的天赋和潜力。

同学建议：李明有较强的工作能力和聪明才智。这表明同学们对李明的职业能力和智力水平都有很高的评价，认为他拥有优秀的工作能力和极高的聪明才智。

六、职业生涯规划

1. 学习生活规划

在当今社会，英语和计算机在日常生活和工作中扮演着重要角色，因此应将这两门学科作为学习重点。同时，他还要注意提高自己的工作能力、交际能力、动手能力和环境适应能力，即锻炼自己独立解决问题的能力和创造性。

大学一年级：了解大学生活，了解专业知识，了解专业前景，了解大学期间应掌握的技能以及将来就业所需的证书。

大学二年级：通过大学英语四级考试，通过计算机应用二级考试，熟练掌握专业知识和技能。

大学三年级：着重提高自己的工作能力、交际能力、动手能力和环境适应能力，同时积极锻炼自己独立解决问题的能力和创造性。尽量体验兼职工作，积累工作经验。

大学四年级：将目标锁定在工作申请及成功就业上，积极参加招聘活动，在实践中检验自己的求职积累和准备工作是否充分。充分利用学校提供的各种有利条件，强化求职技巧，进行模拟面试等训练，尽可能地做好求职准备。

2. 近十五年的目标

从2023年开始，李明设定了最近十五年的职业发展目标：

2023—2026年：利用3年左右的时间，经过不断的尝试和努力，找到适合自身发展的工作环境和工作岗位。在这个阶段，他将积极主动地适应工作环境，学习新的知识和技能，不断积累工作经验。

2027—2030年：储备资金，积累经验。在这个阶段，他将努力提高自己的工作能力、交际能力和解决问题的能力，同时积极寻找机会积累更多的经验和资金。

2031—2034 年：了解市场行情。在这个阶段，他将深入研究市场趋势和行业动态，了解行业发展的前景和趋势，为将来创业做好准备。

2035—2038 年：筹措资金，办理相关手续，准备成立公司。在这个阶段，他将利用自己的经验和资金储备，积极筹划建立自己的公司，并逐步完善公司的各项制度和运营模式。

2039 年：拥有自己的公司。在这个阶段，他将正式成立自己的公司，并逐步实现公司的盈利和发展壮大。在这个过程中，他将不断地学习和创新，不断地提高自己的领导能力和管理能力，为公司的发展贡献自己的力量。

3. 求职计划

（1）学位证书和资格证书是求职的敲门砖，因此李明计划在大学就读期间考取各种相关证书。

（2）公司招聘人才看中的不仅是文凭和证书，更多的是注重个人能力与素质，因此李明应注重个人素质的提高和能力的培养。

（3）对于即将毕业的大学生来说，缺乏经验是一个相当突出的问题。欲在众多应聘者中脱颖而出，则需在应变方面力压群芳。因此李明计划在大学就读期间积累更多的工作经验，并不断地总结经验，不断地完善自己。

七、结语

任何目标，若无行动，只是空谈，终将一无所获。尽管现实多变，目标计划易受困扰，只要我们保持清醒的头脑，拿出十分的勇气，付出百般的努力、拼搏、奋斗，我们终将成功！成功不眷顾眼泪，未来需要我们自己去创造！尽管实现目标的过程充满艰辛与挑战，请勿因挫折而退缩，勿因失败而一蹶不振；我们要有不屈不挠的精神，要有愈挫愈勇的气魄；成功终会到来，成功也必然到来，记得每天对自己说：我一定能成功，我一定会按照目标去奋斗，直到胜利的那一天。既然认定了目标，就要坚定地走下去。至此，这份职业生涯规划文稿即将画上句号，然而，我们的实际行动才刚刚拉开序幕。同学们，要勇敢地踏出第一步，朝着自己认定的目标奋勇前行，满怀激情地走向最终的胜利。

参考文献

［1］ 彼得·德鲁克.创新与企业家精神［M］.蔡文燕，译.北京：机械工业出版社，2021.

［2］ 蔡松伯，王东晖，王小方.大学生创新创业指导［M］.成都：西南财经大学出版社，2016.

［3］ 常雪.高校思政教育视角下校园网贷的现状与对策研究［J］.黑龙江教师发展学院学报，2022，41（3）：9-11.

［4］ 陈彦宏.霍兰德职业人格测试在大学生就业指导中的应用［J］.中国成人教育，2016（5）：85-87.

［5］ 陈耀辉，游金辉.论高校安全教育的重要作用［J］.内江师范学院学报，2004，19（3）：112-115.

［6］ 崔邦军，薛运强.大学生入学教育与职业发展规划［M］.北京：北京理工大学出版社，2018.

［7］ 刁艳红.地方高校大学生职业兴趣、社会支持与应对方式的相关研究［D］.赣州：赣南师范学院，2012.

［8］ 董雨丽.基于提高学生探究能力和创新精神的高中化学教学设计与实践：以氯气的性质为例［D］.烟台：鲁东大学，2022.

［9］ 杜彩红.学校课程管理制度建设个案研究［D］.长春：东北师范大学，2009.

［10］ 杜易，赵晓光.创业中国：万众创新时代下的中国创业［M］.北京：民主与建设出版社，2019.

［11］ 冯华，杜红.创业胜任力特征与创业绩效的关系分析［J］.技术经济与管理研究，2005（6）：17-18.

［12］高桂娟．对大学生职业生涯规划的分析与思考［J］.中国高等教育，2007
　　　（7）：47-48.

［13］高亮，罗平，钱晓芳．入学教育［M］.西安：西北工业大学出版社，
　　　2020.

［14］高桥，葛海燕．大学生涯与职业规划［M］．北京：清华大学出版社，
　　　2007.

［15］戈夫曼．日常生活中的自我表演［M］.徐江敏，译．昆明：云南人民出版
　　　社，1998.

［16］郭鑫鑫．创新创业政策演进及其实施效应的评价研究［D］.沈阳：辽宁
　　　大学，2022.

［17］韩建强．"小组合作互助学习"对培养学生学习能力与合作精神的有效
　　　性：以邢台市第二十七中为个案的案例研究［D］.石家庄：河北师范大
　　　学，2014.

［18］胡邓．人际交往从心开始［M］.北京：机械工业出版社，2008．

［19］黄鑫．青少年健康人格品质的问卷编制和验证［D］.漳州：闽南师范大
　　　学，2014.

［20］JIN Z，CAO W Z，WANG K，et al.Mental health and risky sexual behaviors
　　　among Chinese college students：A large cross-sectional study［J］.Journal of
　　　Affective Disorders，2021，287：293-300.

［21］蒋露英．女大学生性犯罪被害的原因与预防：以微信约会强奸案为例［J］.
　　　现代物业（中旬刊），2013，12（10）：62-64.

［22］金树人．生涯咨询与辅导［M］.北京：高等教育出版社，2007.

［23］靳高风.2012 年中国犯罪形势与刑事政策分析［J］.中国人民公安大学学
　　　报（社会科学版），2013，29（2）：1-10.

［24］孔春梅，杜建伟．国外职业生涯发展理论综述［J］.内蒙古财经学院学报
　　　（综合版），2011，9（3）：5-9.

［25］匡增明．霍兰德人格类型理论对高校就业指导工作启示［J］.包头职业技
　　　术学院学报，2014，15（2）：19-22.

［26］雷宇.《道德经》"抱朴"思想对当代大学生自我认知的价值研究［D］.
　　　郑州：河南工业大学，2019.

［27］李春明．全球化背景下当代中国政治文化发展研究［D］.济南：山东大
　　　学，2005.

［28］李贵河，郭岩．大学生入学教育读本［M］.北京：北京理工大学出版社，

2020.

［29］李华琴，罗英．基于大众创业万众创新制度设计研究［J］．科学管理研究，2015，33（6）：16-19.

［30］李静．杜冈—巴拉诺夫斯基的经济周期理论及其影响［D］．昆明：云南大学，2011.

［31］李开发．民办高校大学生就业指导［M］．北京：北京交通大学出版社，2012.

［32］李乐康．基于STEM教育理念的风能主题综合实践活动设计与实施［D］．济南：山东师范大学，2020.

［33］李沛然．凯洛夫《教育学》的传播及对我国中学历史教学的影响［D］．苏州：苏州大学，2020.

［34］李倩楠．十九大以来《人民日报》"人民时评"专栏推进马克思主义大众化研究［D］．上海：华东师范大学，2022.

［35］李士，甘华鸣．创新能力训练和测验［M］．合肥：中国科学技术大学出版社，2008.

［36］李亚真，叶一舵，潘贤权．大学生生涯成熟状况及与自我同一性关系研究［J］．心理科学，2008，31（2）：447-450.

［37］林英姿．大学生入学教育［M］．北京：科学出版社，2015.

［38］刘红玉，彭福扬．创新理论的拓荒者［M］．北京：人民出版社，2013.

［39］刘咏宝．大学生职业生涯规划存在的问题及对策研究［D］．武汉：华中师范大学，2007.

［40］柳林，纪佳楷，宋广文，等．基于犯罪空间分异和建成环境的公共场所侵财犯罪热点预测［J］．地球信息科学学报，2019，21（11）：1655-1668.

［41］柳圣爱．大学生人际关系与团体心理咨询［M］．武汉：武汉大学出版社，2009.

［42］罗竞红．当代大学生缺乏自我管理能力的影响因素及对策［J］．成都大学学报（社会科学版），2008（4）：112-114.

［43］罗晓路，夏翠翠．大学生心理健康教育（慕课版）［M］．上海：上海交通大学出版社，2019.

［44］常容，黄琳．新编大学生心理健康教育［M］．成都：西南财经大学出版社，2023.

［45］马纪岗．大学生入学教育［M］．北京：北京理工大学出版社，2018.

［46］马歇尔·卢森堡．非暴力沟通［M］．阮胤华，译．北京：华夏出版社，

2009.

［47］梅伟惠 . 美国高校创业教育［M］. 杭州：浙江教育出版社，2010.

［48］明志君，陈祉妍 . 心理健康素养：概念、评估、干预与作用［J］. 心理科
学进展，2020，28（1）：1-12.

［49］牛素芬 . 极端利己主义对当代大学生的危害及其对策研究［D］. 石家庄：
河北师范大学，2014.

［50］彭雷 . 民办高校就业现状及对策分析［J］. 哈尔滨学院学报，2011，32
（3）：142-144.

［51］瞿晓理 . "大众创业，万众创新"时代背景下我国创新创业人才政策分析
［J］. 科技管理研究，2016，36（17）：41-47.

［52］舒显奇，刘江，姚婕 . 大学生入学教育［M］.2 版 . 北京：北京师范大学
出版社，2022.

［53］王寰 . 我国复合型外语人才培养改革的政策演进研究［D］. 上海：上海
外国语大学，2021.

［54］王沙，黄琴，江璐 . 四川省社区老年人艾滋病相关知识与歧视现状及其影
响因素［J］. 职业与健康，2021，37（10）：1360-1362.

［55］王晓磊 . 麻醉药品和精神药品监管主体法律问题研究［D］. 天津：天津
师范大学，2014.

［56］王玉帅 . 创业动机及其影响因素分析：以江西创业者为例［D］. 南昌：
南昌大学，2008.

［57］王占仁 . "广谱式"创新创业教育概论［M］. 北京：人民出版社，2016.

［58］王祖莉，简洁 . 大学生心理健康教育［M］. 北京：北京理工大学出版社，
2021.

［59］闫家进 . 大学校园网络诈骗事件的预防及对策研究［D］. 济南：山东财
经大学，2018.

［60］姚懿拾 . 论挑拨防卫［D］. 长春：长春理工大学，2021.

［61］野中郁次郎，胜见明 . 创新的本质［M］. 林忠鹏，鲍永辉，韩金玉，
译 . 北京：人民邮电出版社，2020.

［62］余德锋 . 浅析大学生安全教育存在的问题与对策［J］. 安徽科技学院学
报，2006，20（2）：94-96.

［63］岳红玲 . 习近平关于底线思维的重要论述研究［D］. 贵阳：贵州师范大
学，2021.

［64］张达明.剑桥的钟声为她响起［J］.半月选读，2009（22）：18-19.

［65］张建光.现代化进程中的中国特色社会主义生态文明建设研究［D］.长春：吉林大学，2018.

［66］张晶，刘焱.高智能犯罪研究［J］.法学，2005（3）：80-84.

［67］张媚，刘丰.独立学院人才"创意、创新、创业"教育路径探析：以厦门大学嘉庚学院为例［J］.大学教育，2021，10（8）：38-40.

［68］张明.学会人际交往的技巧：人际关系心理［M］.北京：科学出版社，2006.

［69］张娜，刘学龙，尹树佳.校园贷现状调查与教育引导机制研究［J］.大学教育，2023，12（5）：21-23.

［70］张文.大学生职业生涯教育课程体系改革与创新［J］.大学教育科学，2017，8（1）：110-116.

［71］张晓梦.大学生职业生涯规划课程设置研究：基于A大学的个案［D］.郑州：郑州大学，2013.

［72］张玉珍.新时期大学生暴力违法犯罪案件的特点及成因［J］.当代教育论坛（综合研究），2011（3）：77-78.

［73］赵之遄，林丽.心理视域下高校大学生校园贷行为分析及对策研究［J］.山东青年，2020（4）：65-66.

［74］郑日昌.大学生心理诊断［M］.济南：山东教育出版社，1999.

［75］左常颖.PBL教学法提升大学生网球教学质量研究［D］.淮北：淮北师范大学，2022.